위리 이야기 ①

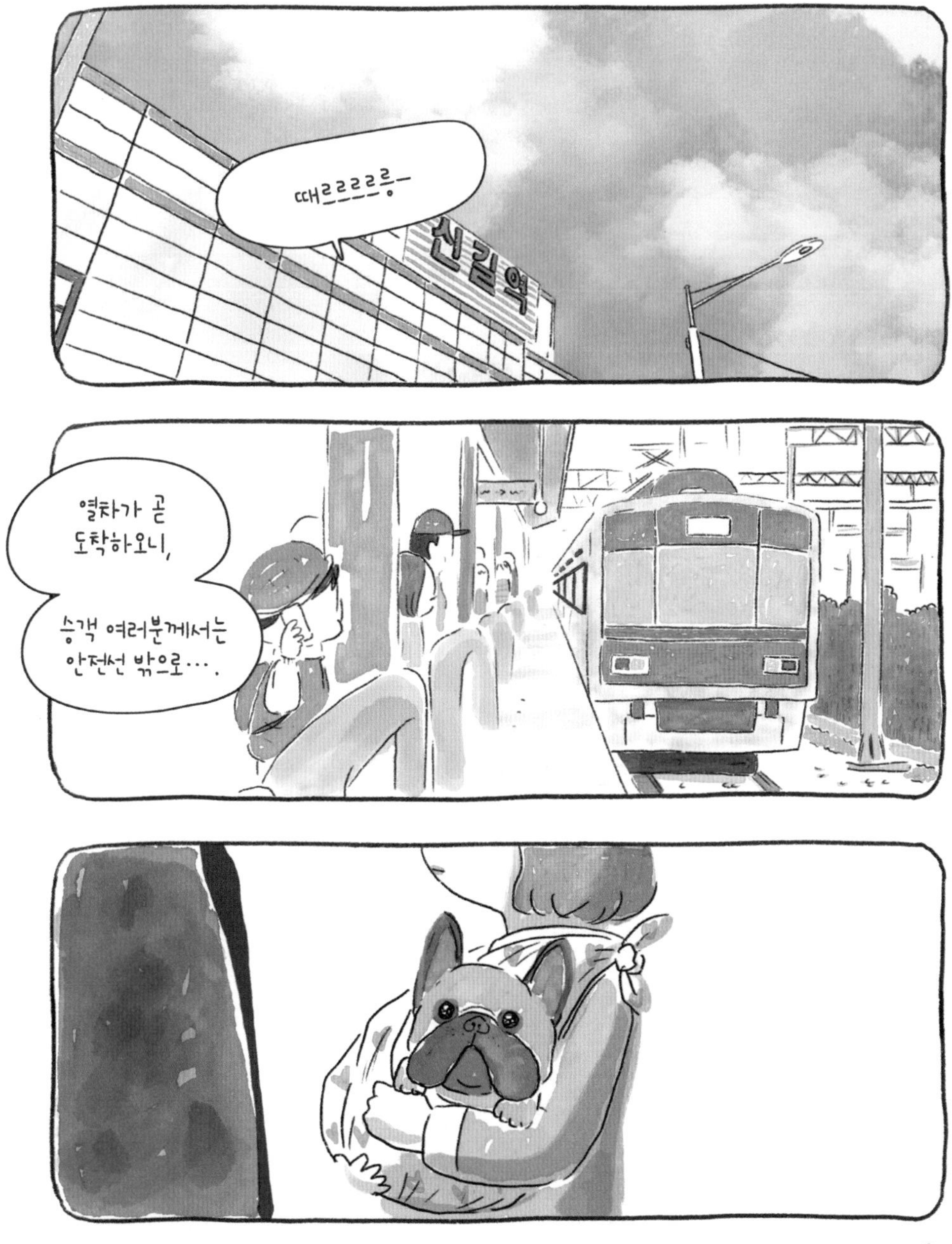

때르르르르릉—
신길역
열차가 곧 도착하오니,
승객 여러분께서는 안전선 밖으로….

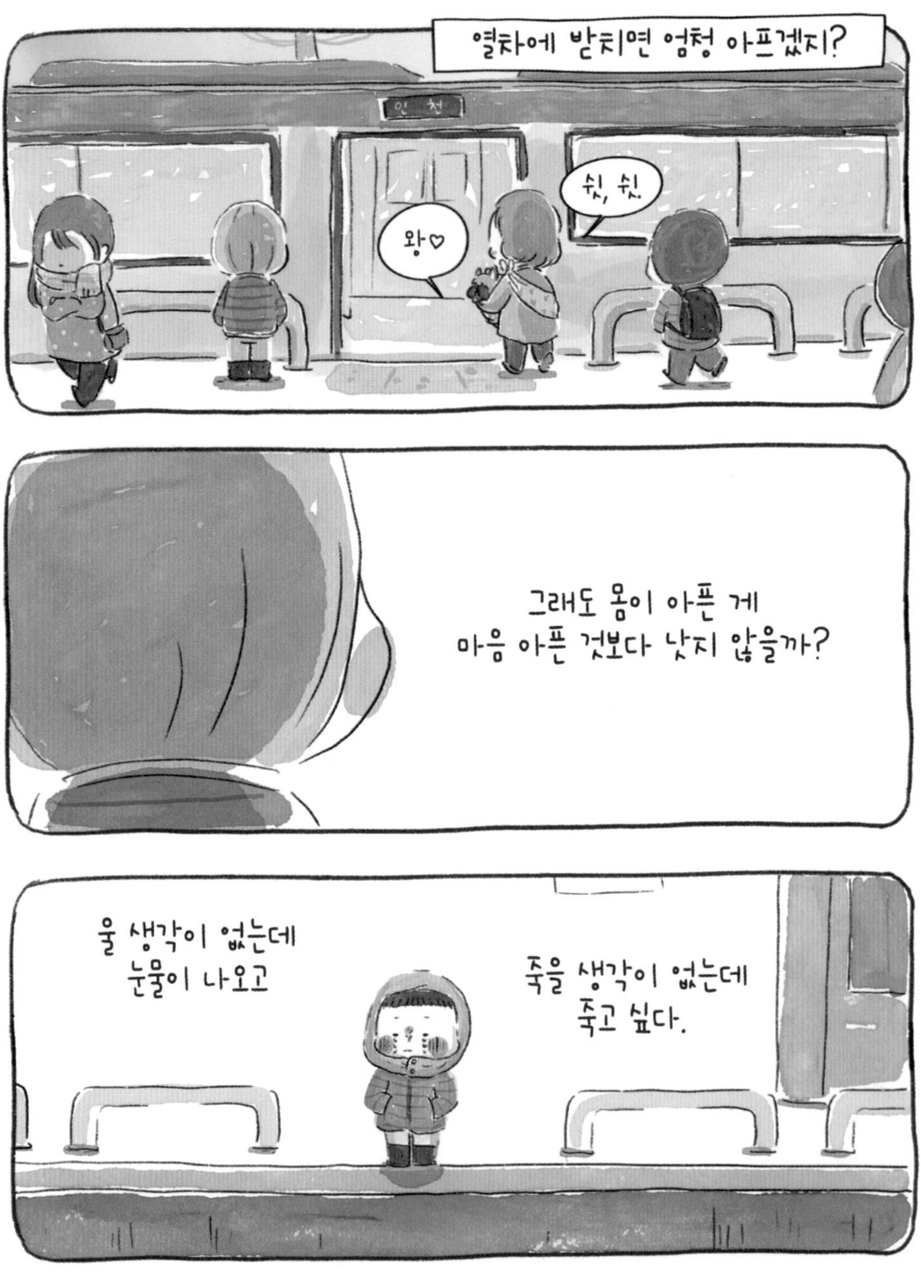

열차에 받치면 엄청 아프겠지?
인 천
쉿, 쉿.
왕♡
그래도 몸이 아픈 게
마음 아픈 것보다 낫지 않을까?
울 생각이 없는데
눈물이 나오고
죽을 생각이 없는데
죽고 싶다.

위리 이야기

1

모로 지음

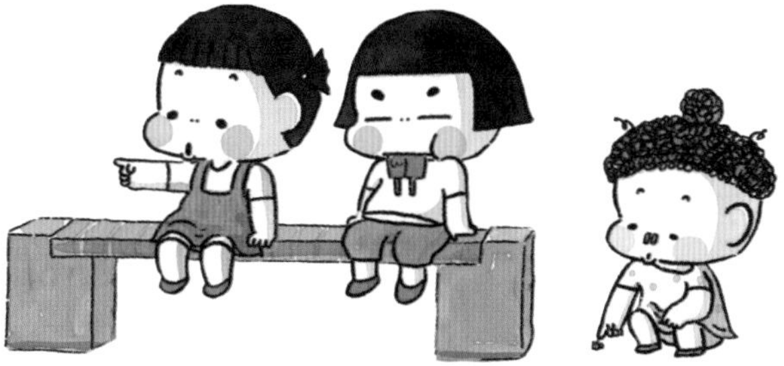

우리학교

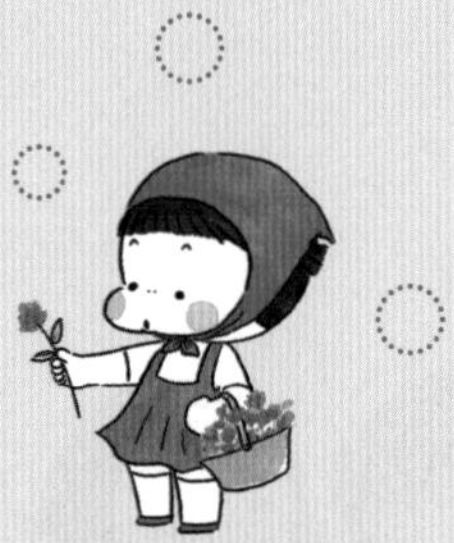

차례

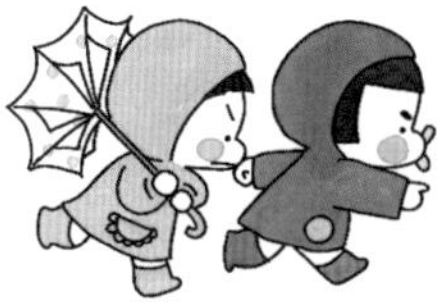

그럼에도 불구하고

나는 '그럼에도 불구하고'라는 말을 좋아한다.
그 뒤에 희망과 승리의 말이 뒤따라올 것 같아서다.

'그럼에도 불구하고 해냈어.'
'그럼에도 불구하고 지금은 행복해.'

「위리 이야기」에도 이 문구를 붙이고 싶다.
< 그럼에도 불구하고 >

그리고 이 책을 읽는 당신에게도 이 문구를 선물하고 싶다.
< 그럼에도 불구하고 이겨 냈어. >

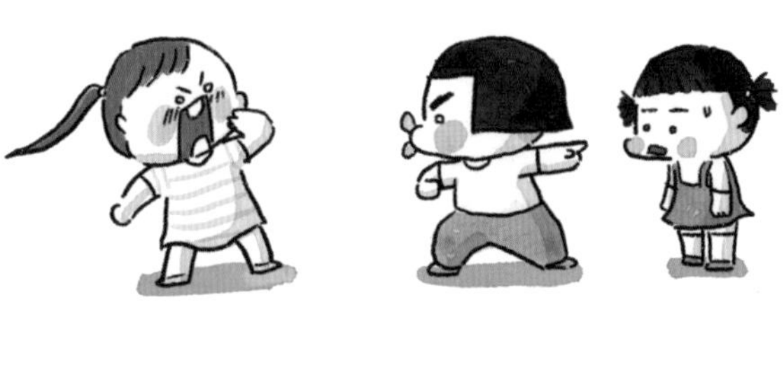

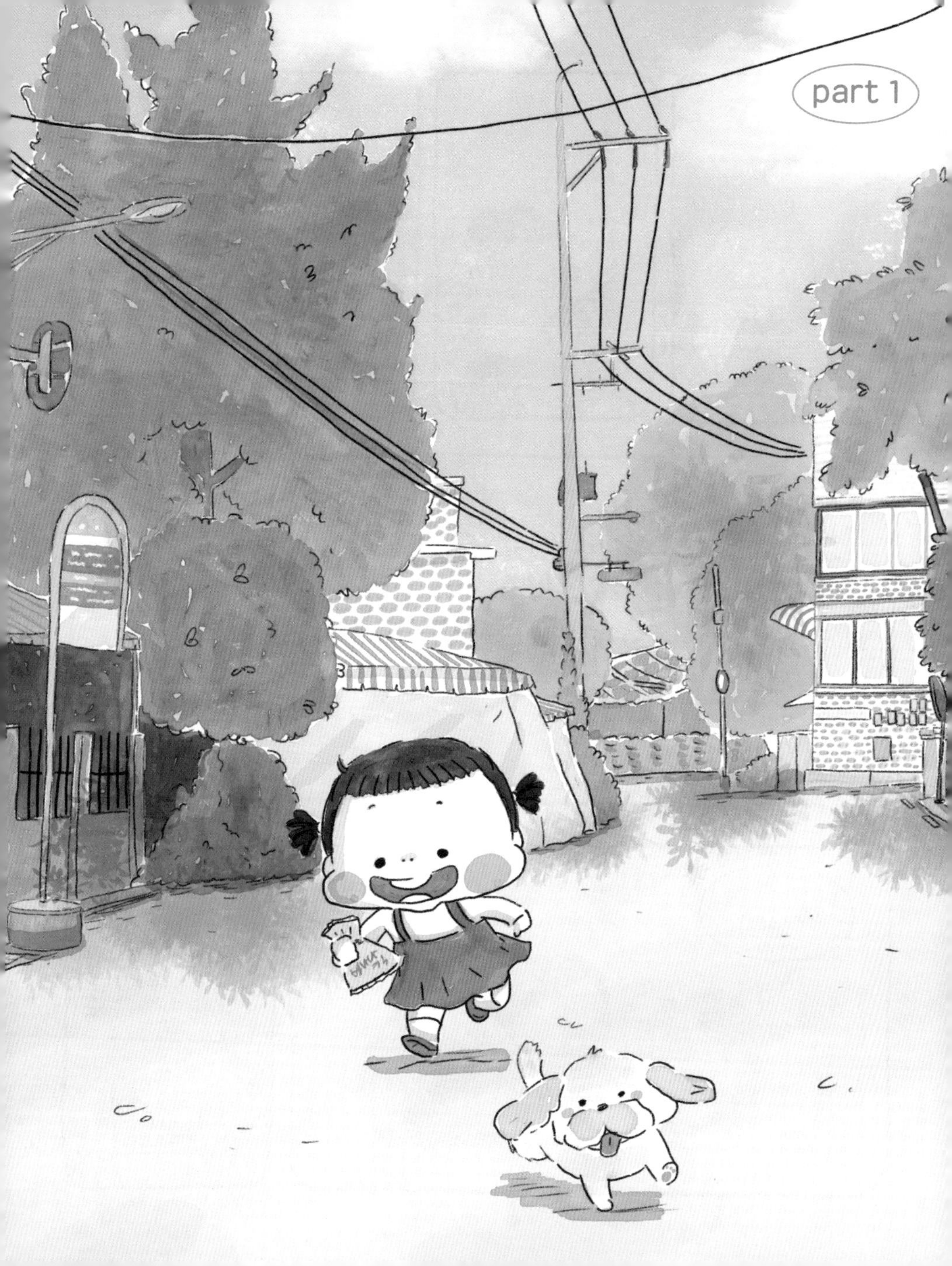
part 1

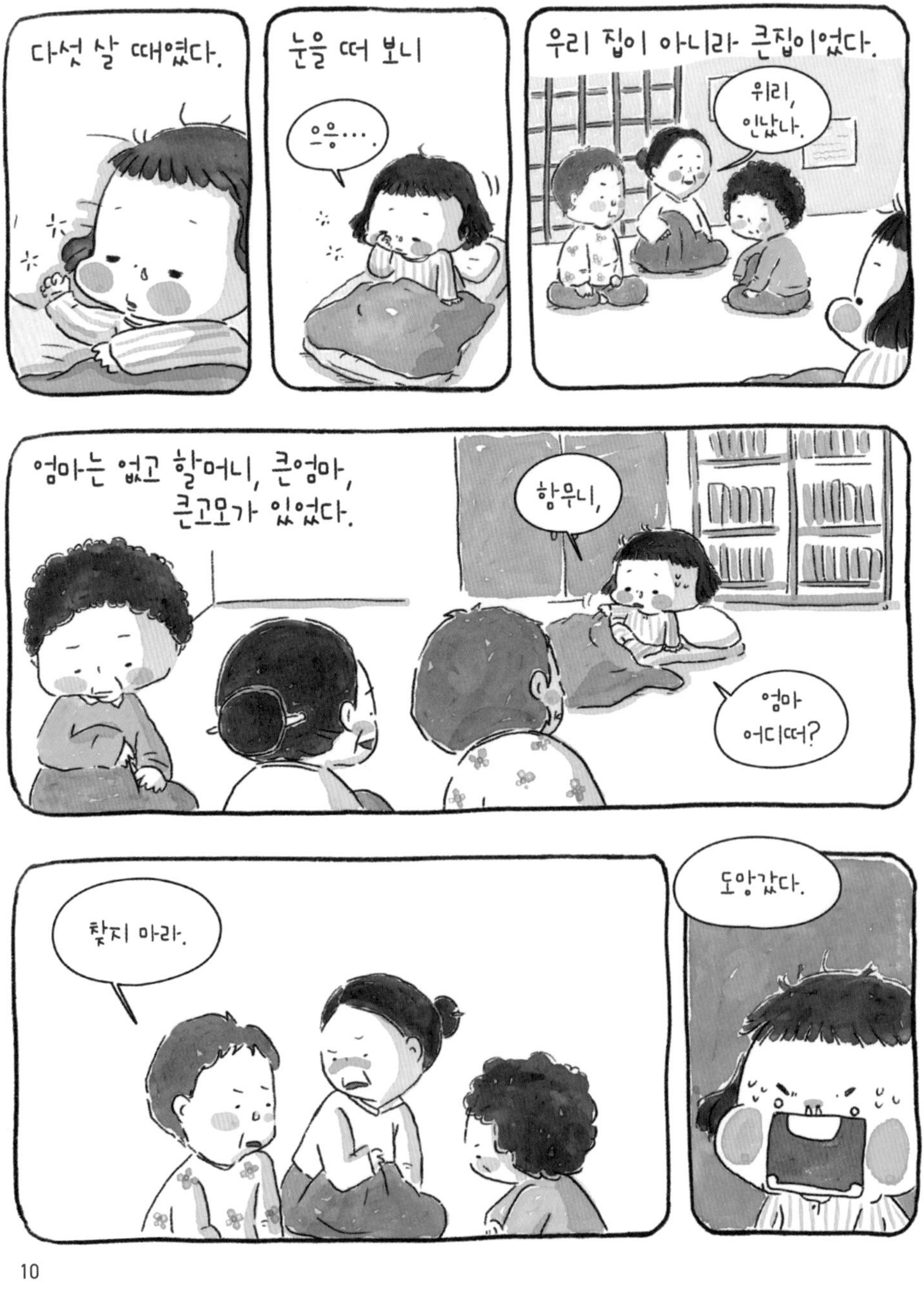
다섯 살 때였다.
눈을 떠 보니
으응….
우리 집이 아니라 큰집이었다.
우리,
인났나.
엄마는 없고 할머니, 큰엄마,
큰고모가 있었다.
함무니,
엄마
어디떠?
찾지 마라.
도망갔다.

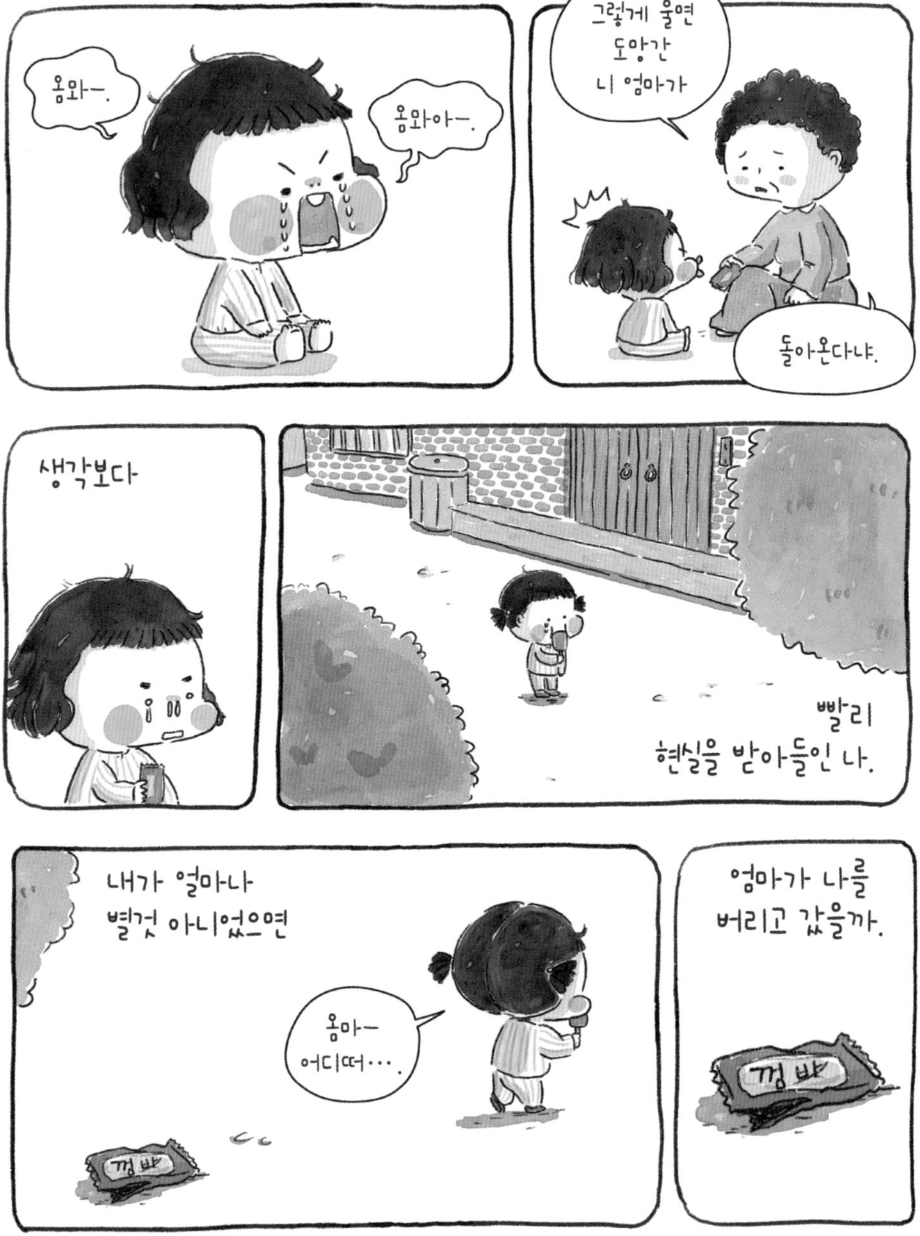
옴와ㅡ.
옴와아ㅡ.
그렇게 울면
도망간
니 엄마가
돌아온다냐.
생각보다
빨리
현실을 받아들인 나.
내가 얼마나
별것 아니었으면
옴마ㅡ
어디떠….
껌바
엄마가 나를
버리고 갔을까.
껌바

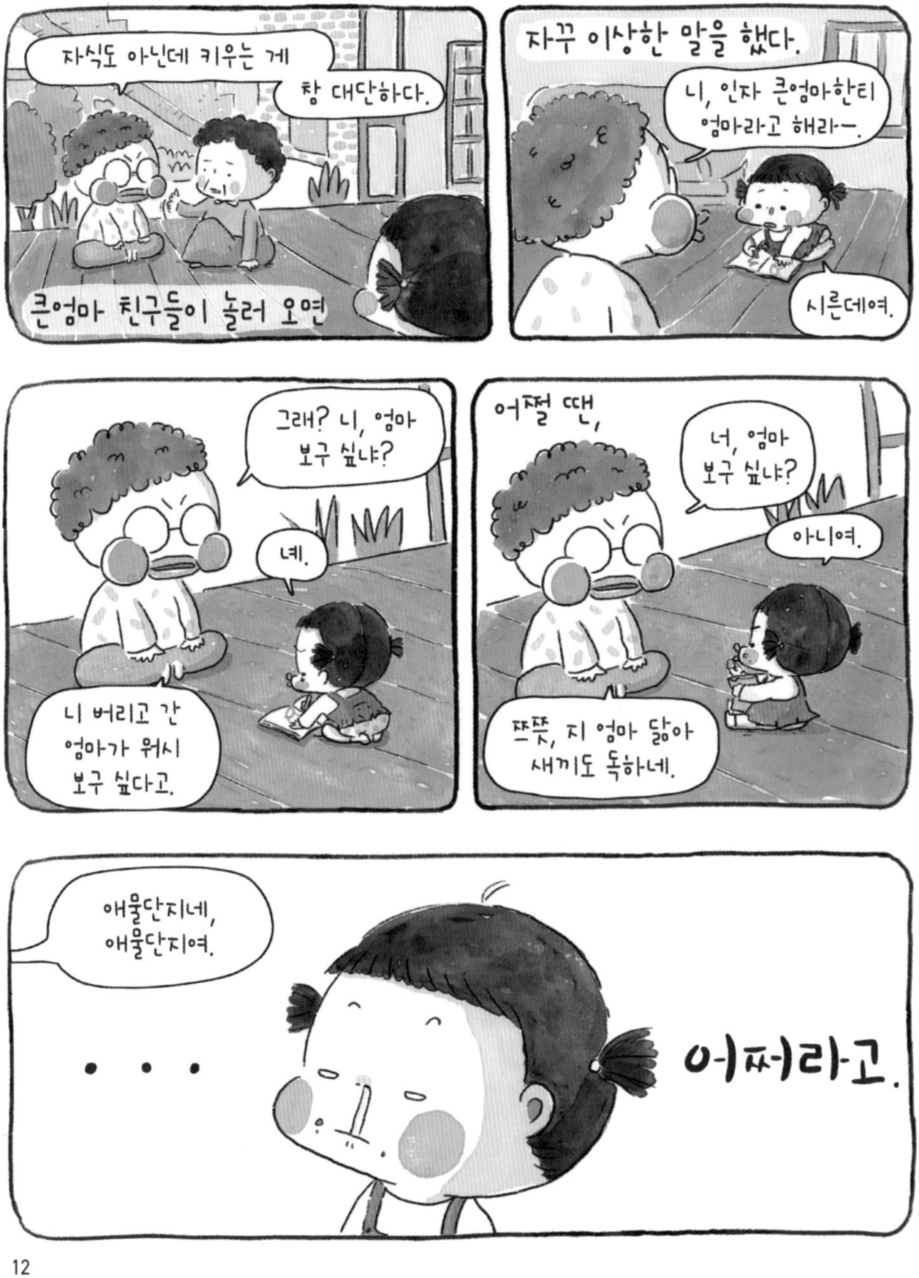
자식도 아닌데 키우는 게
참 대단하다.
큰엄마 친구들이 놀러 오면
자꾸 이상한 말을 했다.
니, 인자 큰엄마한티 엄마라고 해라~.
시른데여.
그래? 니, 엄마 보구 싶냐?
네.
니 버리고 간 엄마가 워시 보구 싶다고.
어쩔 땐,
너, 엄마 보구 싶냐?
아니여.
쯧쯧, 지 엄마 닮아 새끼도 독하네.
애물단지네, 애물단지여.
...
어쩌라고.

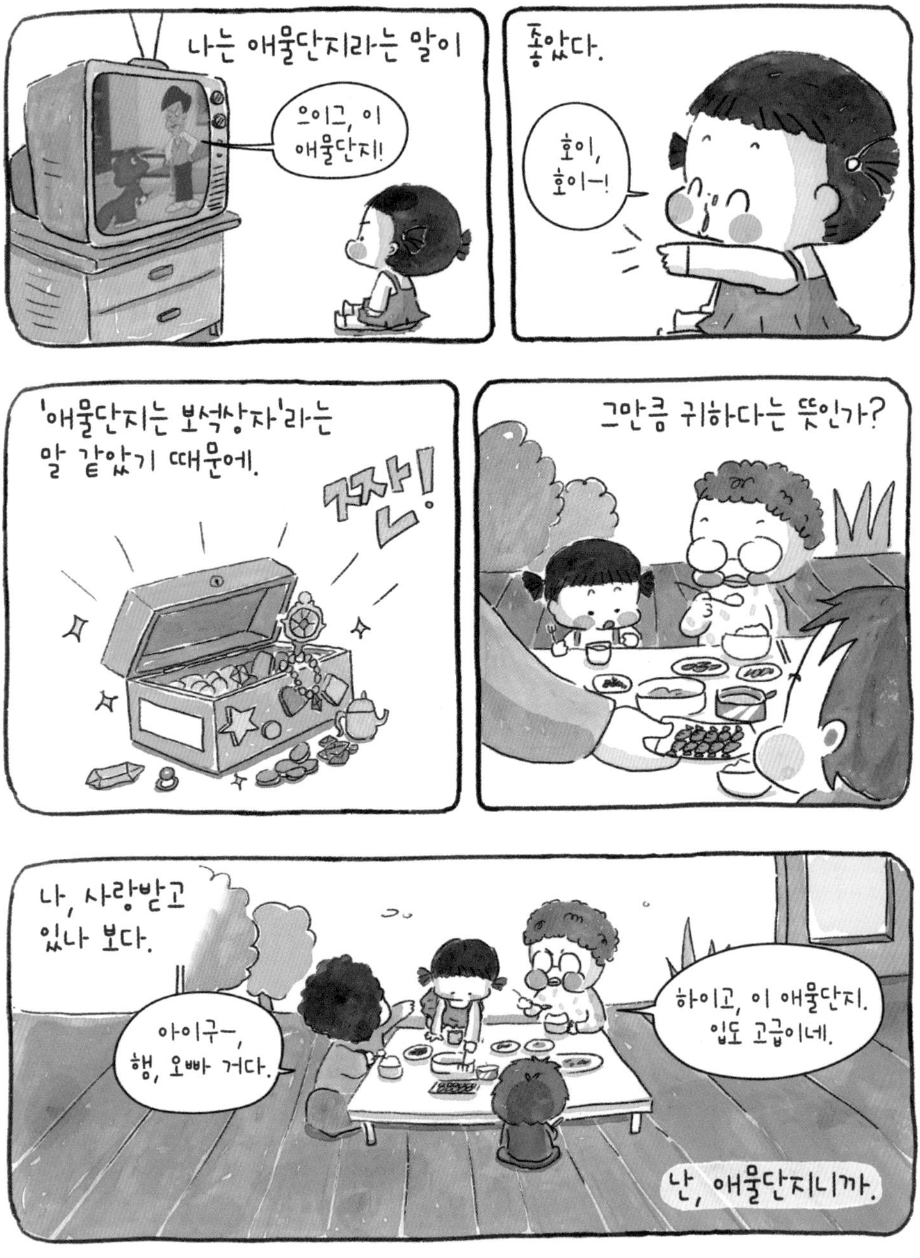
나는 애물단지라는 말이
으이그, 이 애물단지!
좋았다.
호이, 호이-!
'애물단지는 보석상자'라는 말 같았기 때문에.
짜잔!
그만큼 귀하다는 뜻인가?
나, 사랑받고 있나 보다.
아이구-, 햄, 오빠 거다.
하이고, 이 애물단지. 입도 고급이네.
난, 애물단지니까.

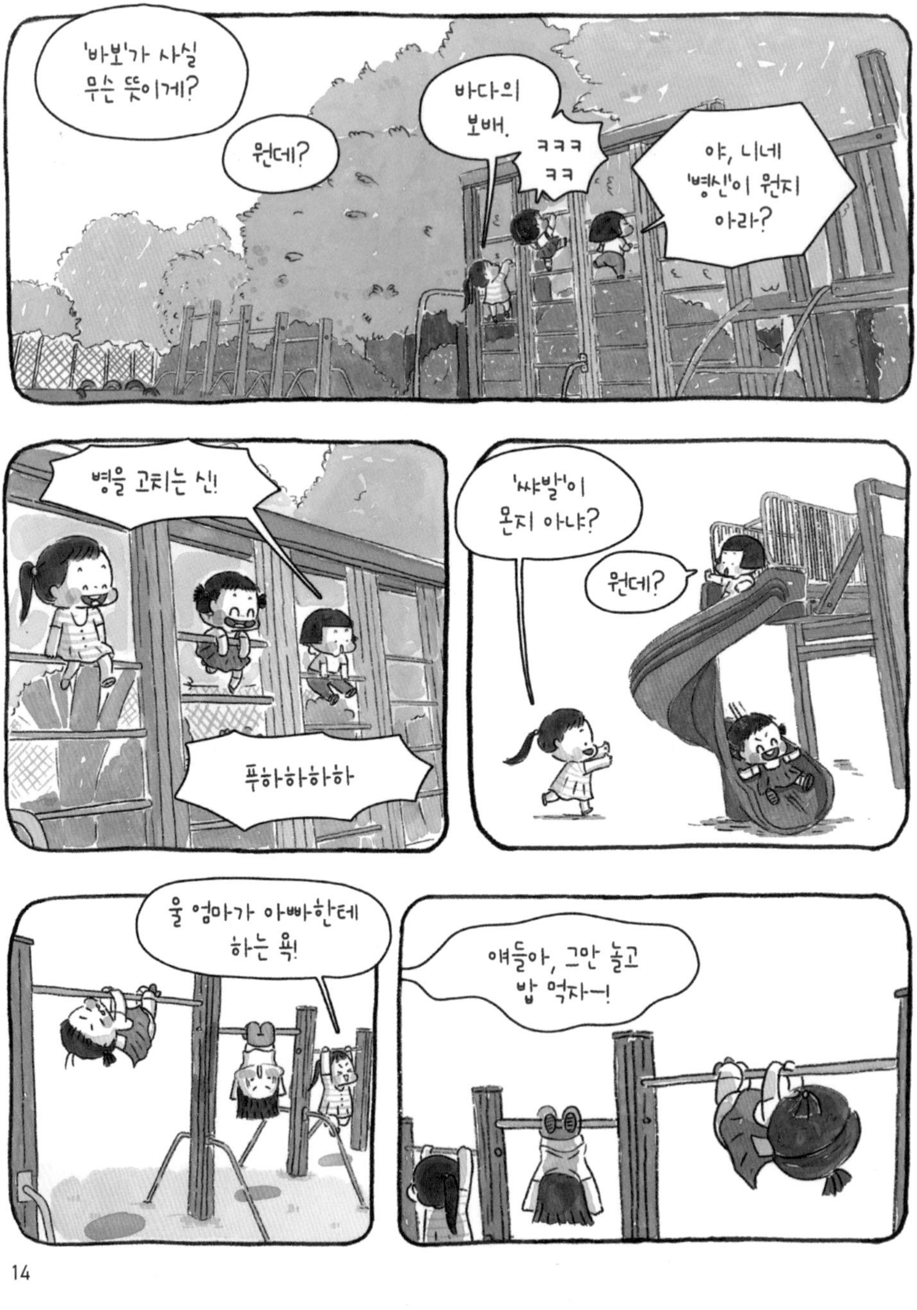
'바보'가 사실 무슨 뜻이게?
뭔데?
바다의 보배.
ㅋㅋㅋ ㅋㅋ
야, 니네 '병신'이 뭔지 아라?
병을 고치는 신!
푸하하하하
'쌰발'이 몬지 아냐?
뭔데?
울 엄마가 아빠한테 하는 욕!
얘들아, 그만 놀고 밥 먹자~!

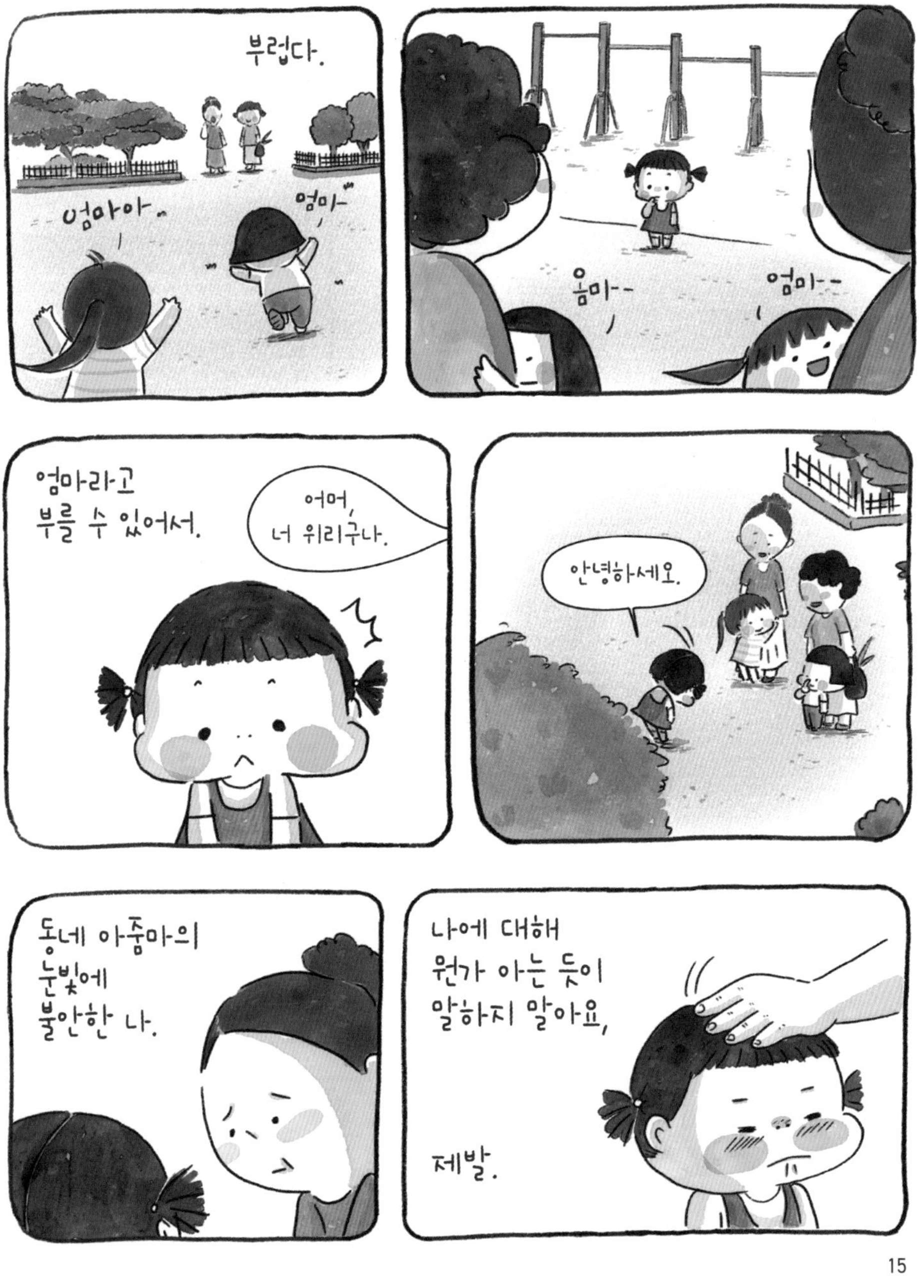

부럽다.
엄마아
엄마
음마--
엄마--
엄마라고
부를 수 있어서.
어머,
너 위리구나.
안녕하세요.
동네 아줌마의
눈빛에
불안한 나.
나에 대해
뭔가 아는 듯이
말하지 말아요,
제발.

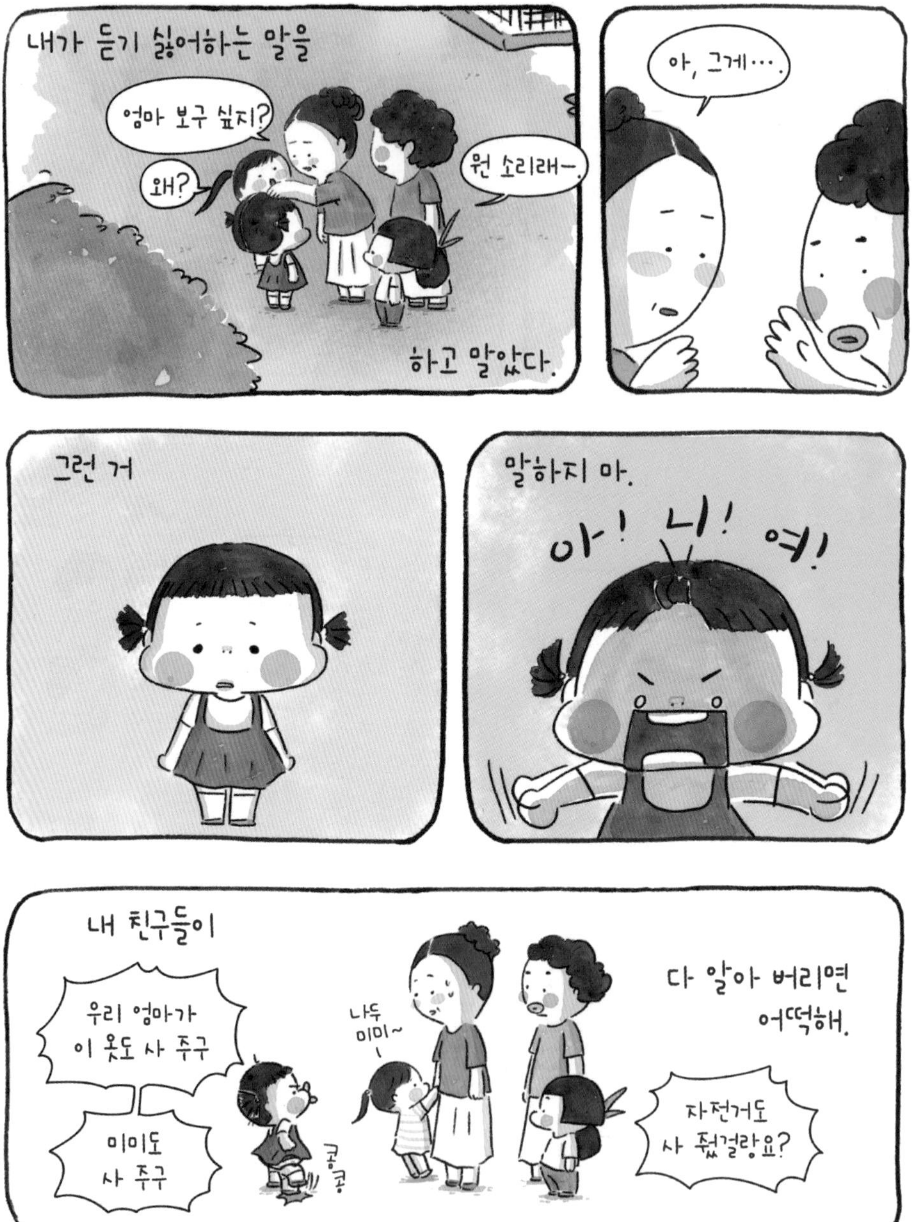
내가 듣기 싫어하는 말을
엄마 보구 싶지?
왜?
뭔 소리래~.
하고 말았다.
아, 그게….
그런 거
말하지 마.
아! 니! 여!
내 친구들이
우리 엄마가 이 옷도 사 주구
미미도 사 주구
콩콩
나두 미미~
다 알아 버리면 어떡해.
자전거도 사 줬걸랑요?

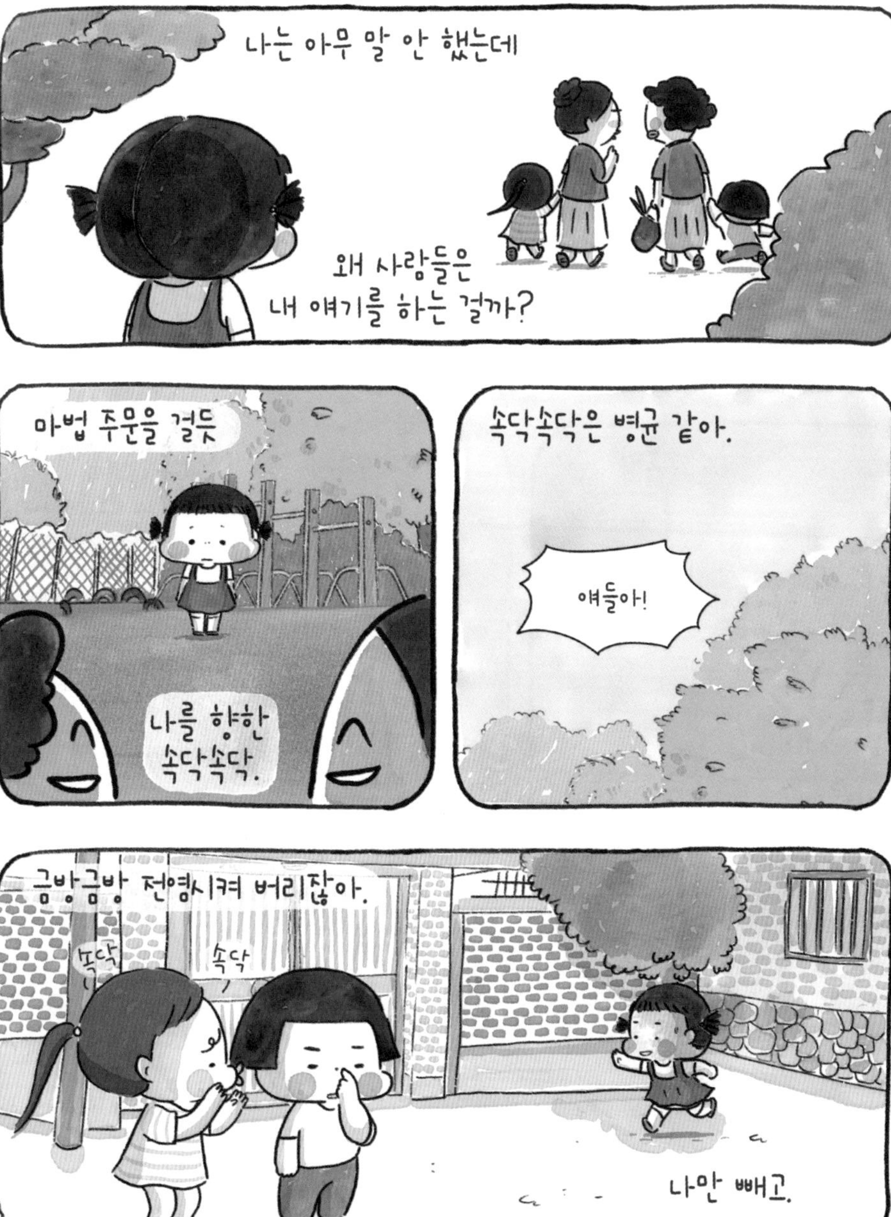

나는 아무 말 안 했는데
왜 사람들은
내 얘기를 하는 걸까?
마법 주문을 걸듯
나를 향한
속닥속닥.
속닥속닥은 병균 같아.
얘들아!
금방금방 전염시켜 버리잖아.
속닥
속닥
나만 빼고.

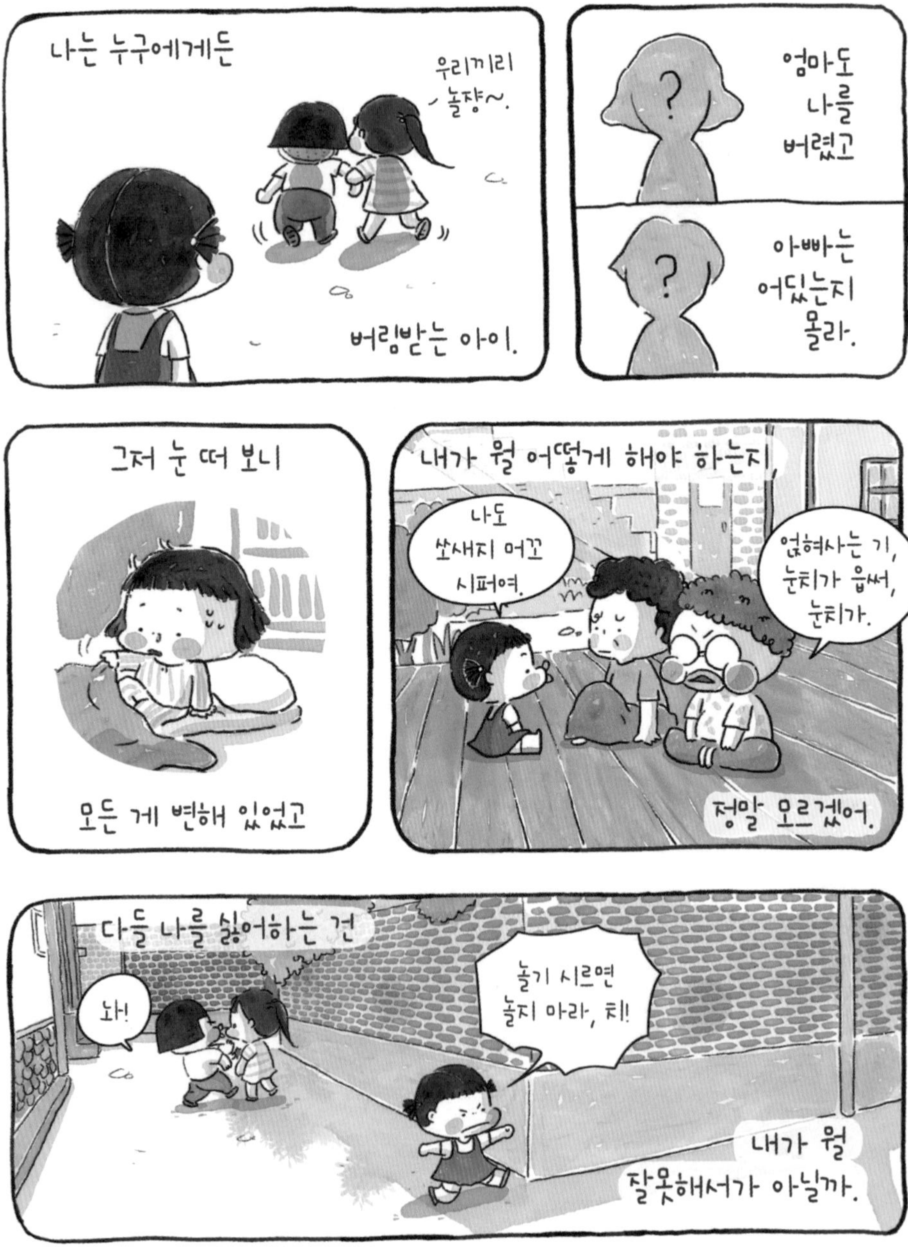

나는 누구에게든
우리끼리 놀쟝~.
버림받는 아이.
엄마도 나를 버렸고
아빠는 어딨는지 몰라.
그저 눈 떠 보니
모든 게 변해 있었고
내가 뭘 어떻게 해야 하는지,
나도 쏘새지 머꼬 시퍼여.
얹혀사는 기, 눈치가 읎써, 눈치가.
정말 모르겠어.
다들 나를 싫어하는 건
놔!
놀기 시르면 놀지 마라, 치!
내가 뭘 잘못해서가 아닐까.

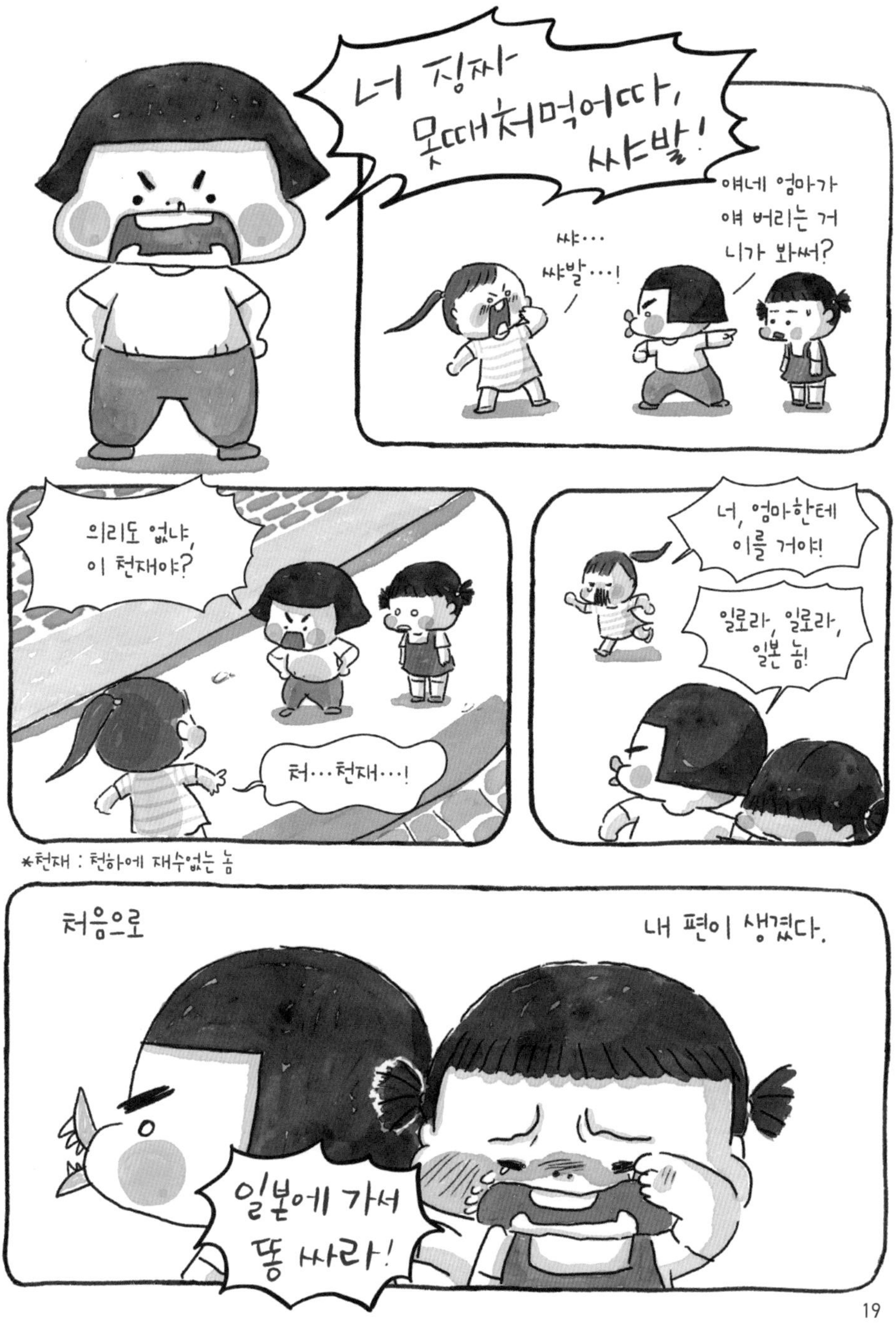
너 징짜
못때처먹어따,
싸발!
얘네 엄마가 얘 버리는 거 니가 봐써?
싸…
싸발…!
의리도 없냐, 이 천재야?
처…천재…!
너, 엄마한테 이를 거야!
일로라, 일로라, 일본 놈!
*천재 : 천하에 재수없는 놈
처음으로
내 편이 생겼다.
일본에 가서 똥 싸라!

너를 만나고

너를 만나기 전에는
내가 이렇게 용기 있는 사람인 줄 몰랐어.

너를 만나기 전에는
내가 이렇게 남을 이해하는 사람인 줄 몰랐어.

너를 만나기 전에는
내가 이렇게 남을 용서할 수 있는 사람인 줄 몰랐어.

너를 만나고 나서는
너를 알아가는 것보다
나를 더 많이 알아가는 것 같아.

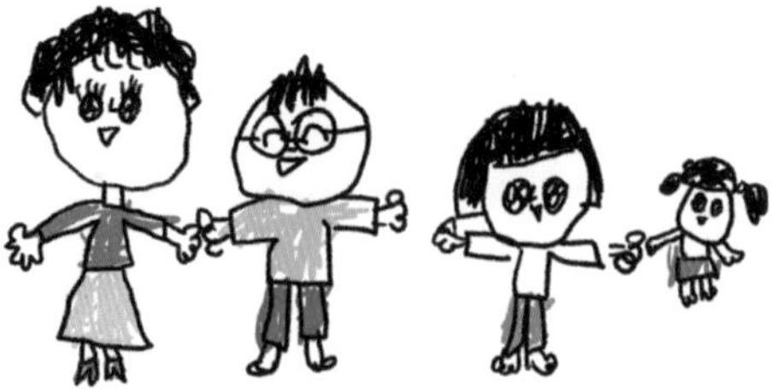

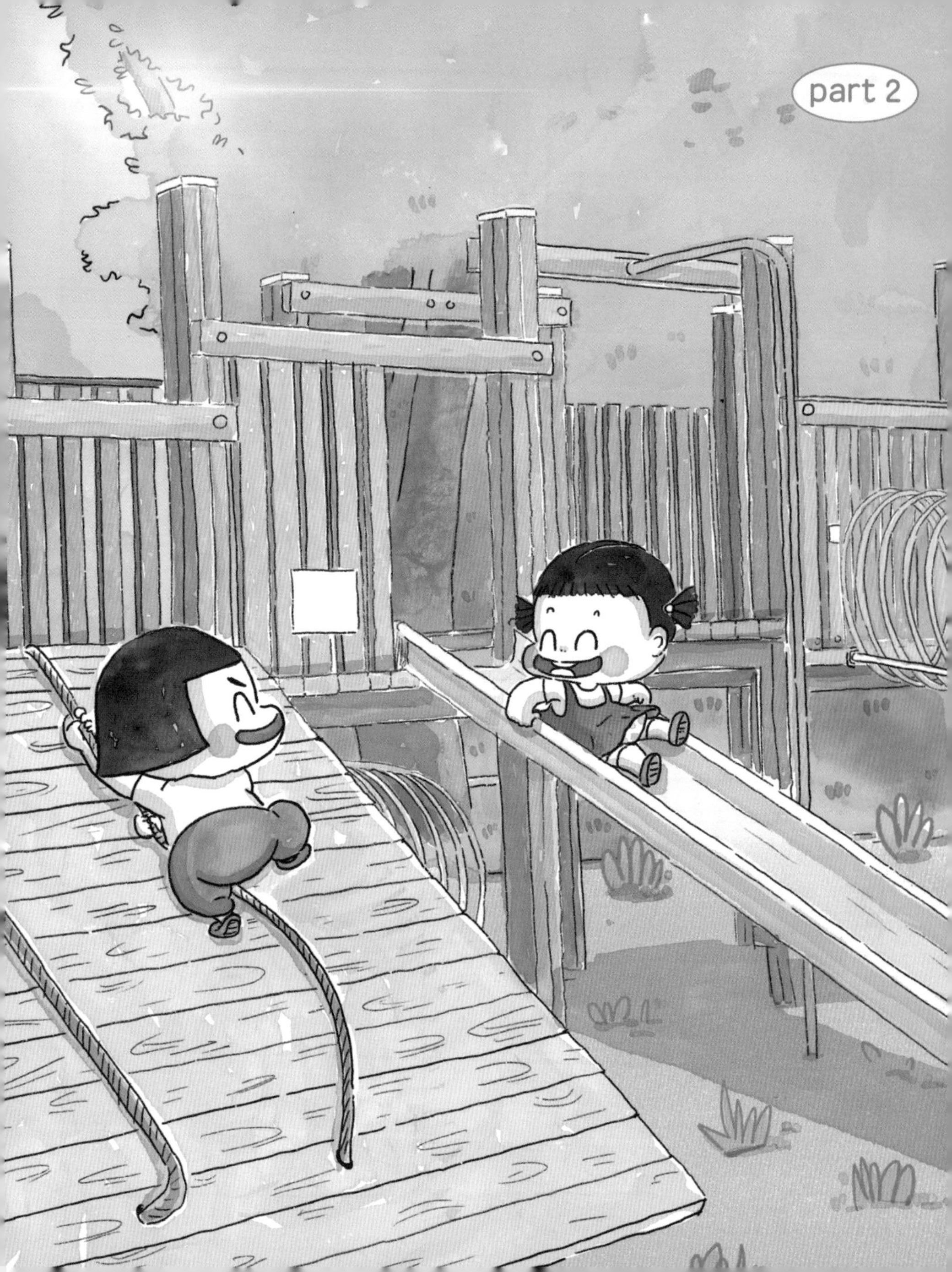
part 2

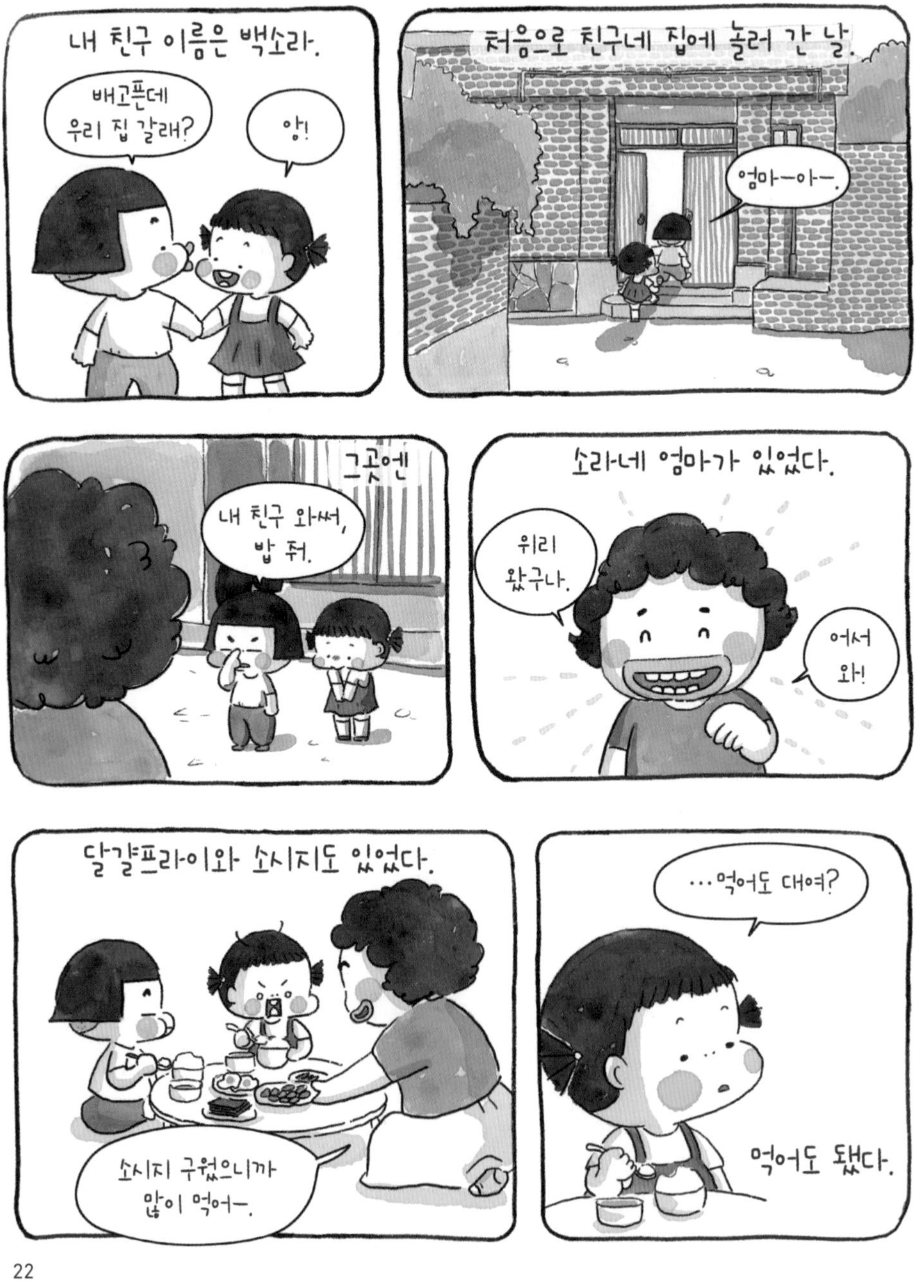
내 친구 이름은 백소라.
배고픈데 우리 집 갈래?
앙!
처음으로 친구네 집에 놀러 간 날.
엄마―아―.
그곳엔
내 친구 와써, 밥 줘.
소라네 엄마가 있었다.
위리 왔구나.
어서 와!
달걀프라이와 소시지도 있었다.
소시지 구웠으니까 많이 먹어―.
…먹어도 대여?
먹어도 됐다.

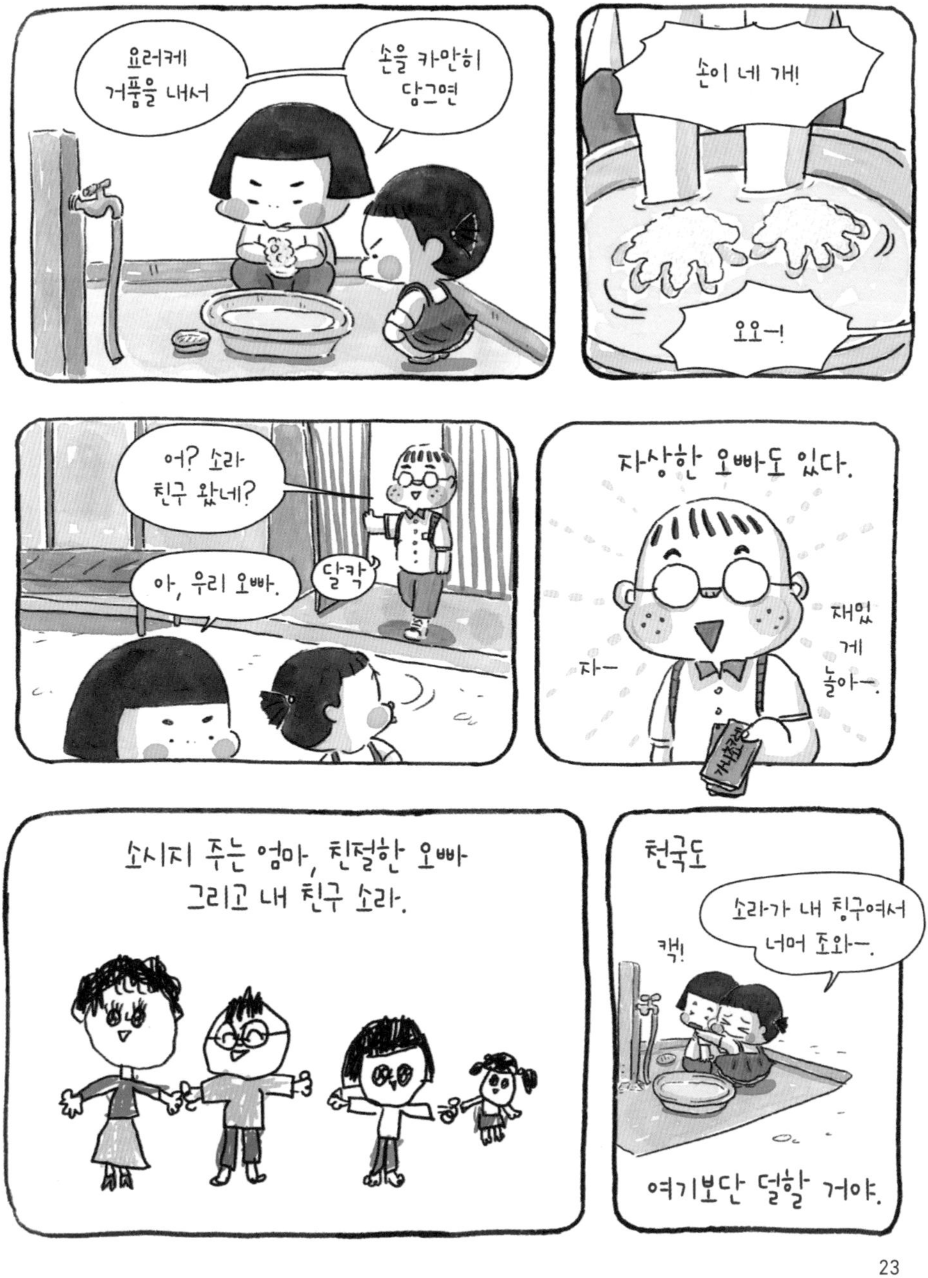
요러케 거품을 내서
손을 카만히 담그면
손이 네 개!
오오ㅡ!
어? 소라 친구 왔네?
아, 우리 오빠.
달칵
자상한 오빠도 있다.
자ㅡ
재밌게 놀아ㅡ.
소시지 주는 엄마, 친절한 오빠
그리고 내 친구 소라.
천국도
캑!
소라가 내 칭구여서 너머 조와ㅡ.
여기보단 덜할 거야.

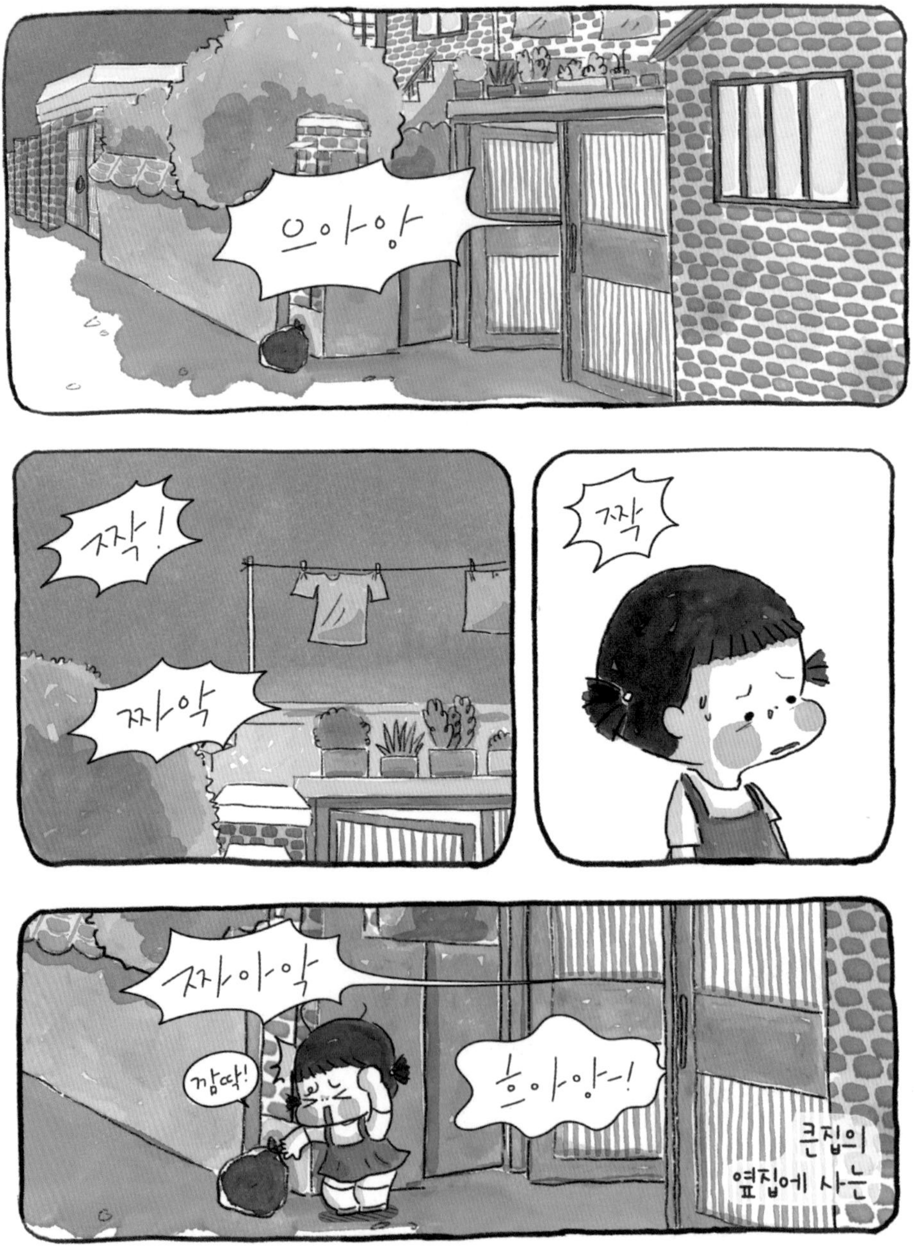

으아앙
즈작!
쯔아악
즈작
쯔아아악
깜딱!
흐아앙-!
큰집의
옆집에 사는

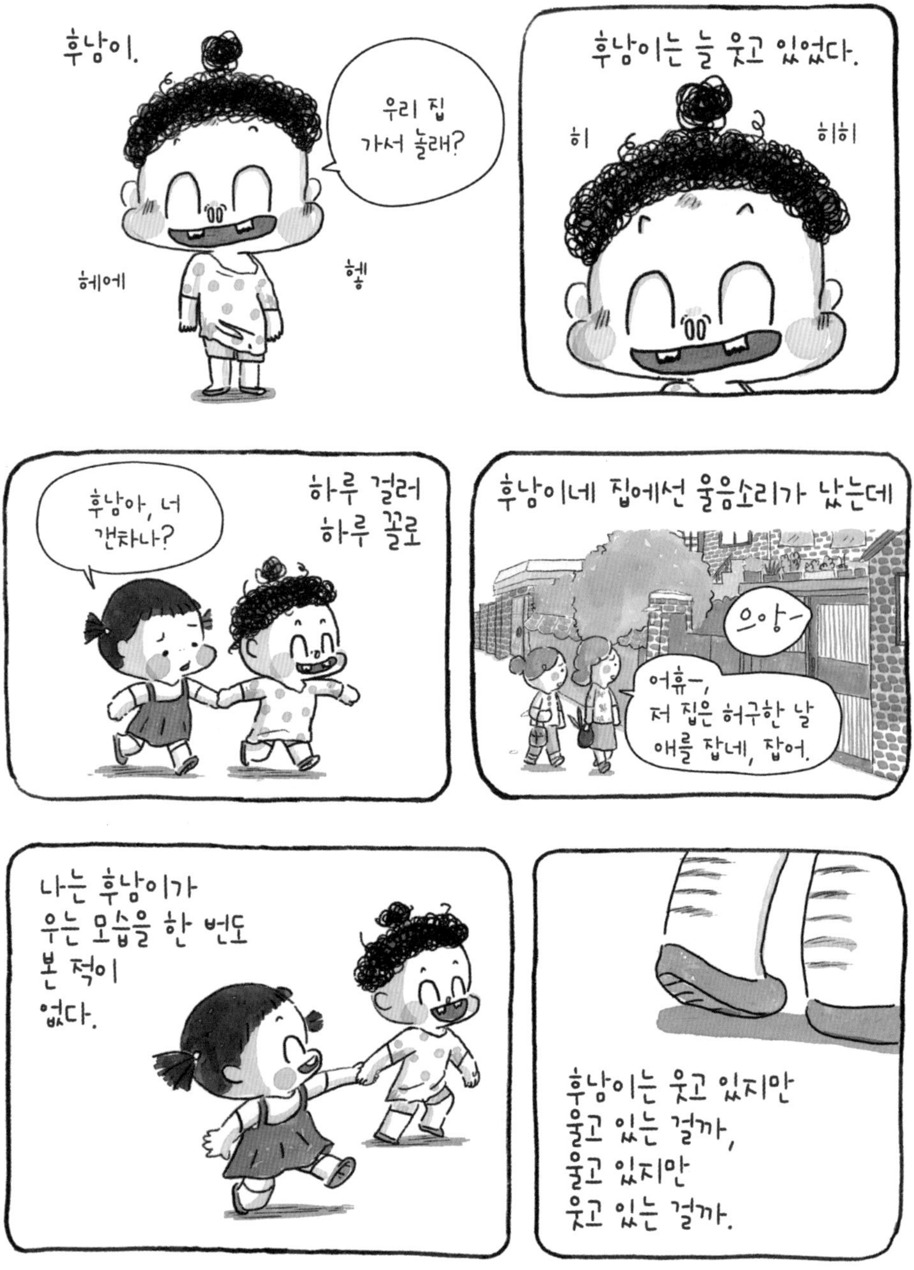

후남이.
우리 집 가서 놀래?
헤에
헹
후남이는 늘 웃고 있었다.
히
히히
하루 걸러 하루 꼴로
후남아, 너 갠차나?
후남이네 집에선 울음소리가 났는데
으앙-
어휴-, 저 집은 허구한 날 애를 잡네, 잡어.
나는 후남이가 우는 모습을 한 번도 본 적이 없다.
후남이는 웃고 있지만 울고 있는 걸까, 울고 있지만 웃고 있는 걸까.

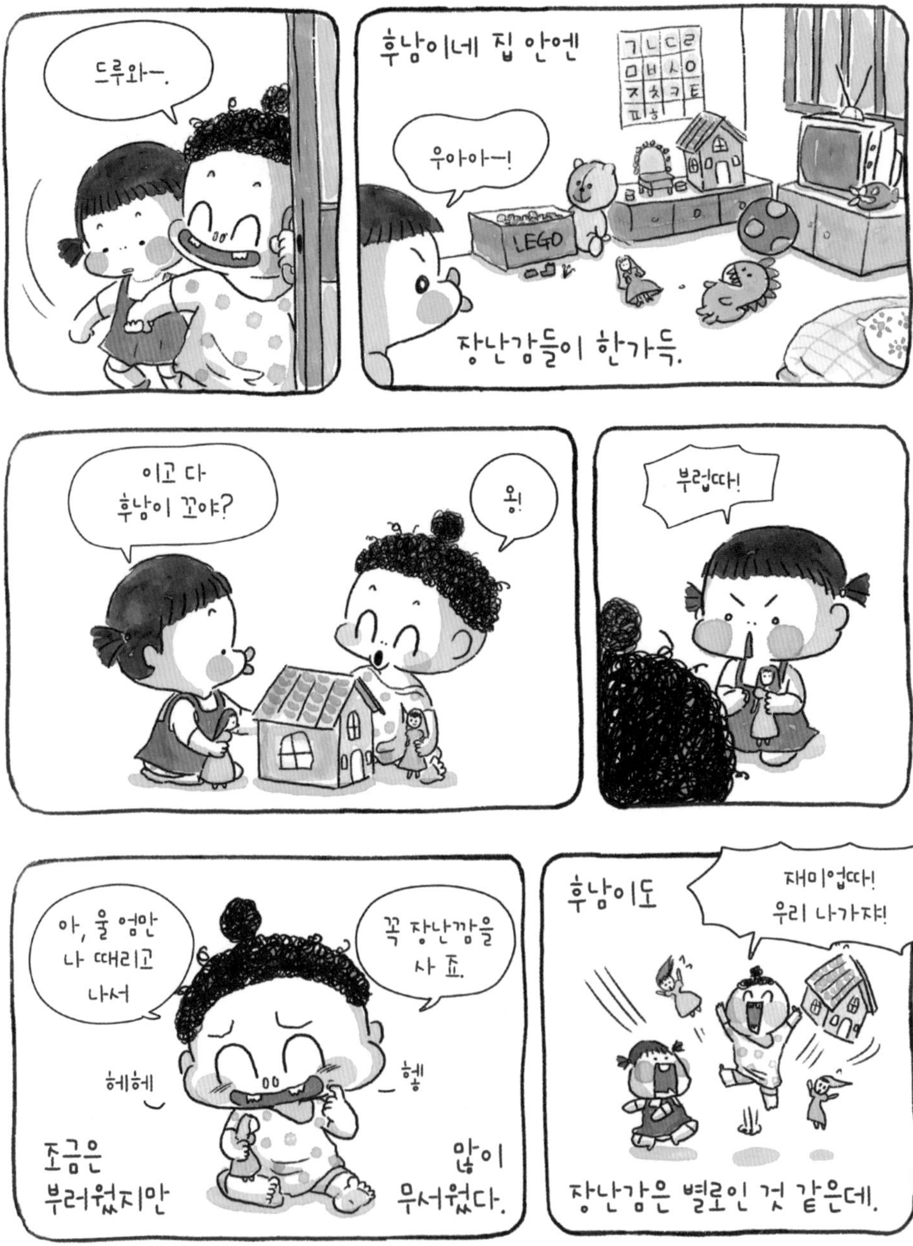

드루와~.
후남이네 집 안엔
우아아~!
ㄱ ㄴ ㄷ ㄹ ㅁ ㅂ ㅅ ㅇ ㅈ ㅊ ㅋ ㅌ ㅍ ㅎ
LEGO
장난감들이 한가득.
이고 다 후남이 꼬야?
응!
부럽따!
아, 울 엄만 나 때리고 나서
꼭 장난깜을 사 죠.
헤헤
헿
조금은 부러웠지만
많이 무서웠다.
후남이도
재미업따! 우리 나가쟈!
장난감은 별로인 것 같은데.

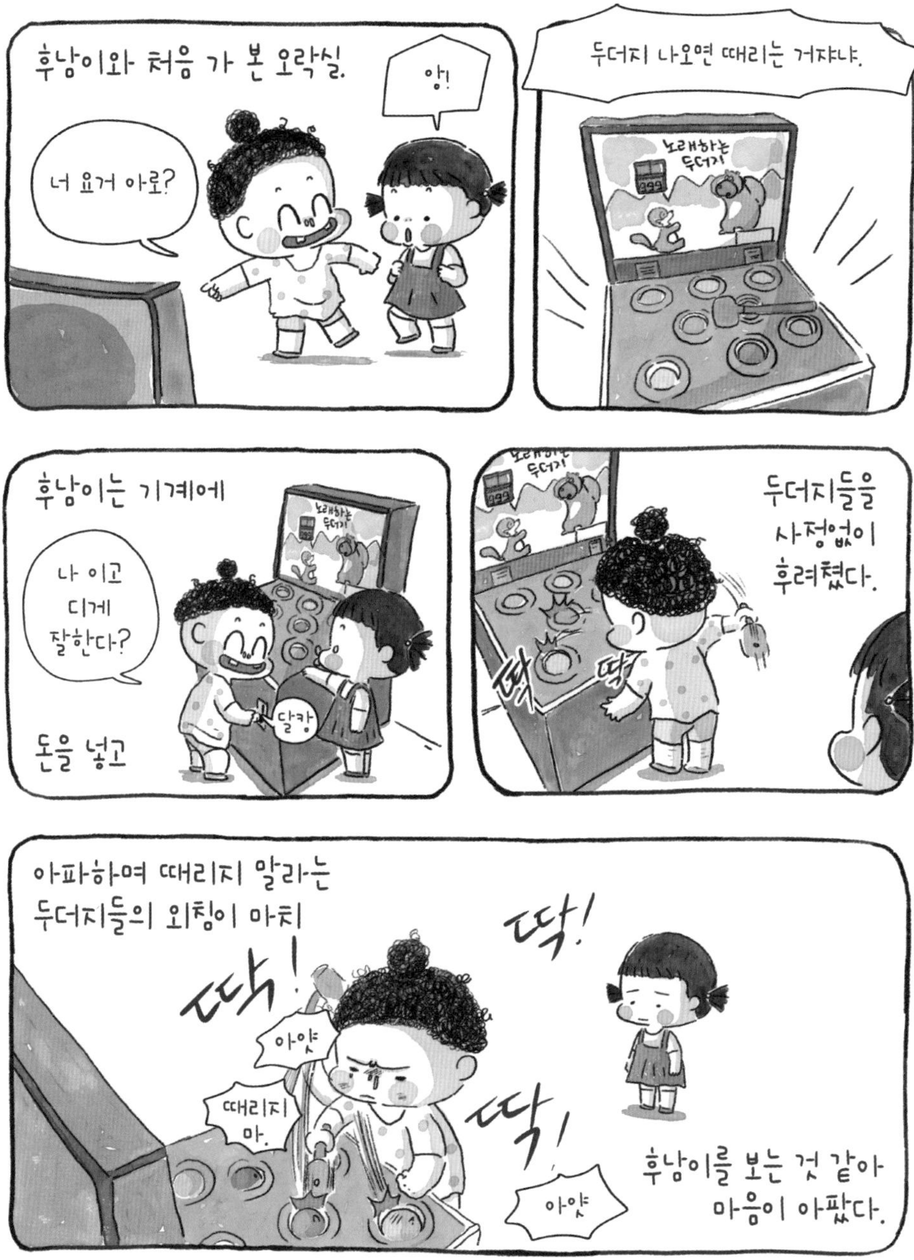
후남이와 처음 가 본 오락실.
너 요거 아로?
앙!
두더지 나오면 때리는 거쟈냐.
노래하는 두더지
999
후남이는 기계에
나 이고 디게 잘한다?
돈을 넣고
달캉
두더지들을 사정없이 후려쳤다.
딱
딱
아파하며 때리지 말라는 두더지들의 외침이 마치
딱!
딱!
아얏
때리지 마.
딱!
아얏
후남이를 보는 것 같아 마음이 아팠다.

어른들은 몰라요

'우리가 무엇을 좋아하는지 어른들은 몰라요.
우리가 무엇을 갖고 싶어 하는지 어른들은 몰라요.
장난감만 사 주면 그만인가요. / 예쁜 옷만 입혀 주면 그만인가요.
어른들은 몰라요. / 아무것도 몰라요. / 마음이 아파서 그러는 건데
언제나 혼자 있고 외로운 우리를 따뜻하게 감싸 주세요.
사랑해 주세요.'

아주 길이길이 기억되는 스테디셀러 노래가 있다.
내가 이 노래를 들으면서 혹은 노래하며 들었던 생각은
'몰라도 되니까 예쁜 옷도 좀 입혀 주고 장난감도 좀 사 줬으면 좋겠다.'
였다(옛날엔 이런 것에 매우 인색했다).
내가 어른이 되어 그때로 돌아가 하나를 선택하라고 한다면
'어른들이 날 좀 알아주기를, 사랑해 주기를'을 골랐을 것이다.
시간이 흐르면 뭐가 중요했는지 다 알게 되는 것 같다.

중요한 게 뭔지 알게 되면 마음껏 주세요.
별것 아끼다 똥 돼서 돌아옵니다.

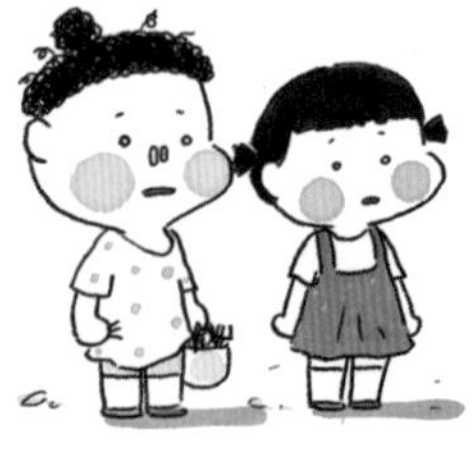

part 3

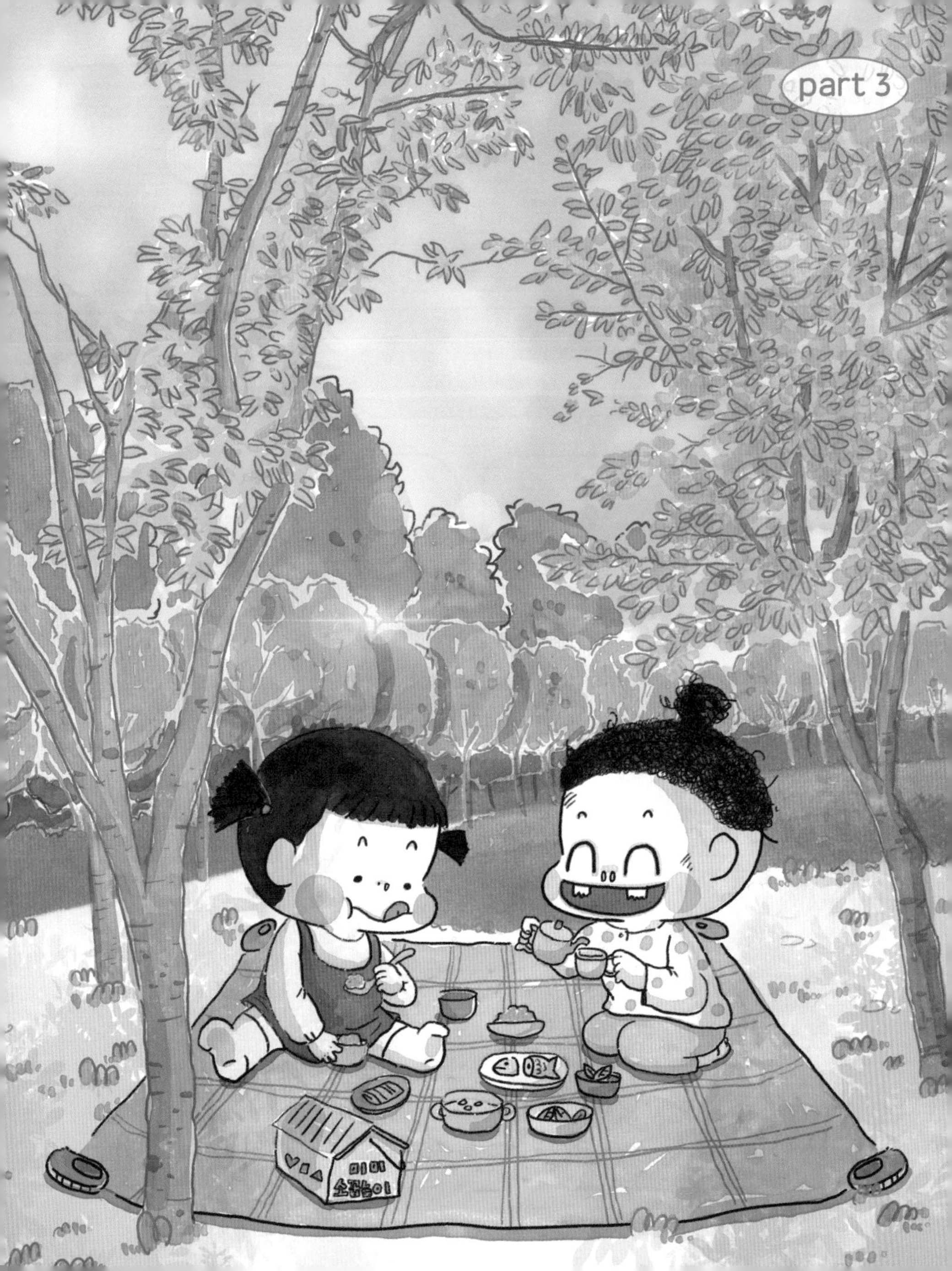

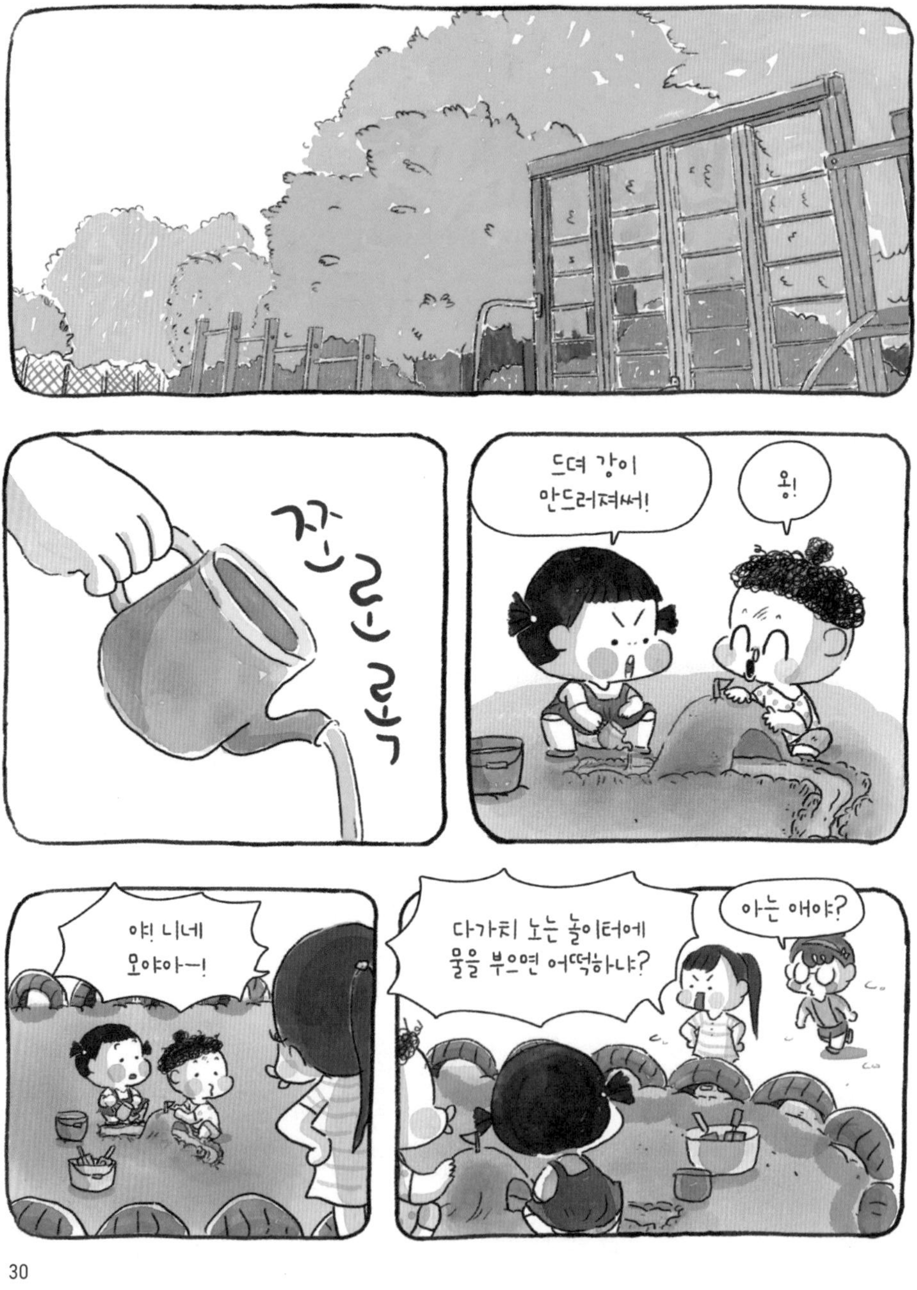
쪼르륵
드뎌 강이 만드러져써!
옹!
야! 니네 모야아ㅡ!
다가치 노는 놀이터에 물을 부으면 어떡하냐?
아는 애야?

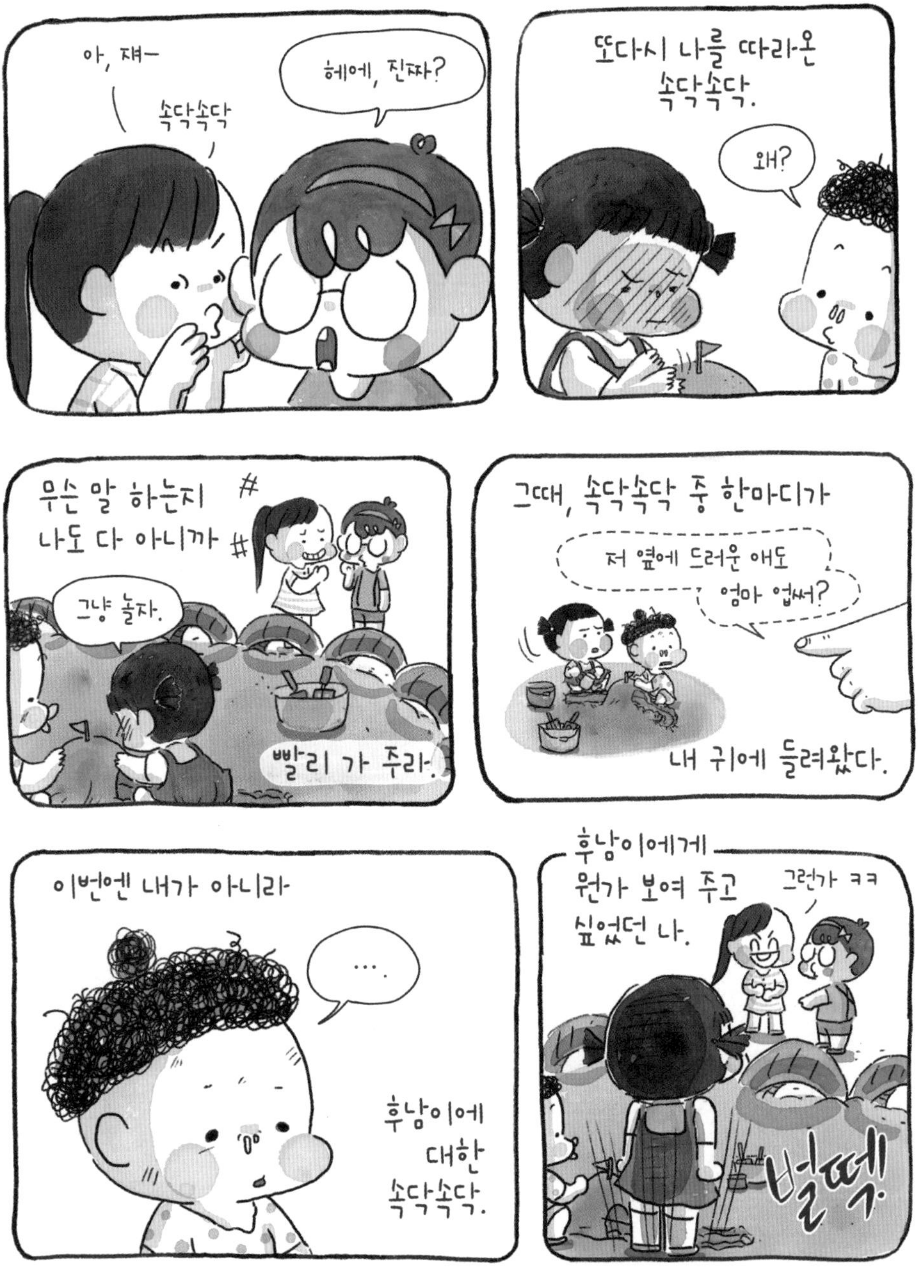
아, 재ㅡ
속닥속닥
헤에, 진짜?
또다시 나를 따라온
속닥속닥.
왜?
무슨 말 하는지
나도 다 아니까
그냥 놀자.
빨리 가 주라.
그때, 속닥속닥 중 한마디가
저 옆에 드러운 애도
엄마 없써?
내 귀에 들려왔다.
이번엔 내가 아니라
….
후남이에
대한
속닥속닥.
후남이에게
뭔가 보여 주고
싶었던 나.
그런가 ㅋㅋ
벌떡!

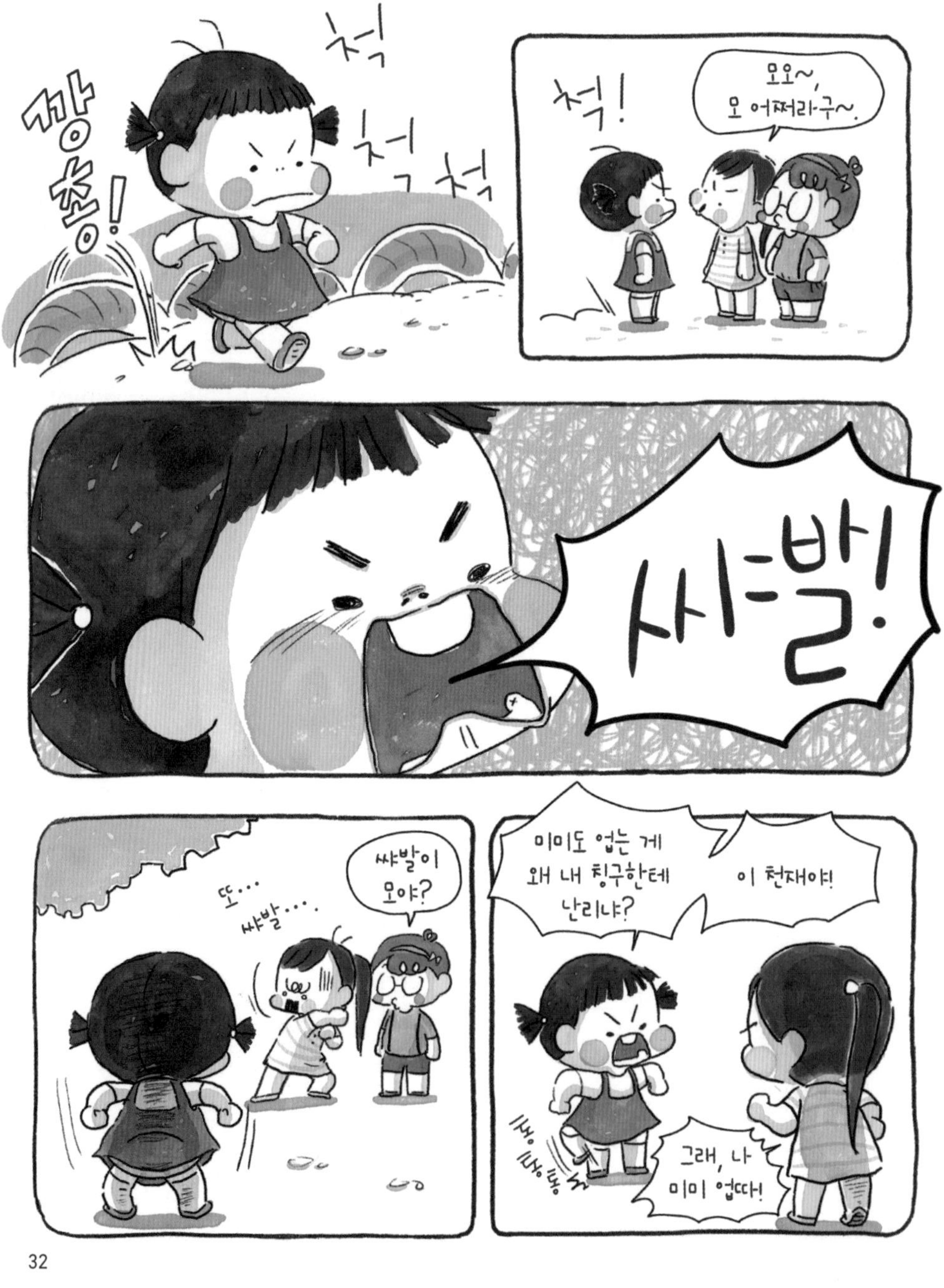
깡총!
척
척
척
척
척!
모오~,
모 어쩌라구~.
싸발!
또...
싸발....
싸발이
모야?
미미도 업는 게
왜 내 칭구한테
난리냐?
이 천재야!
그래, 나
미미 업따!

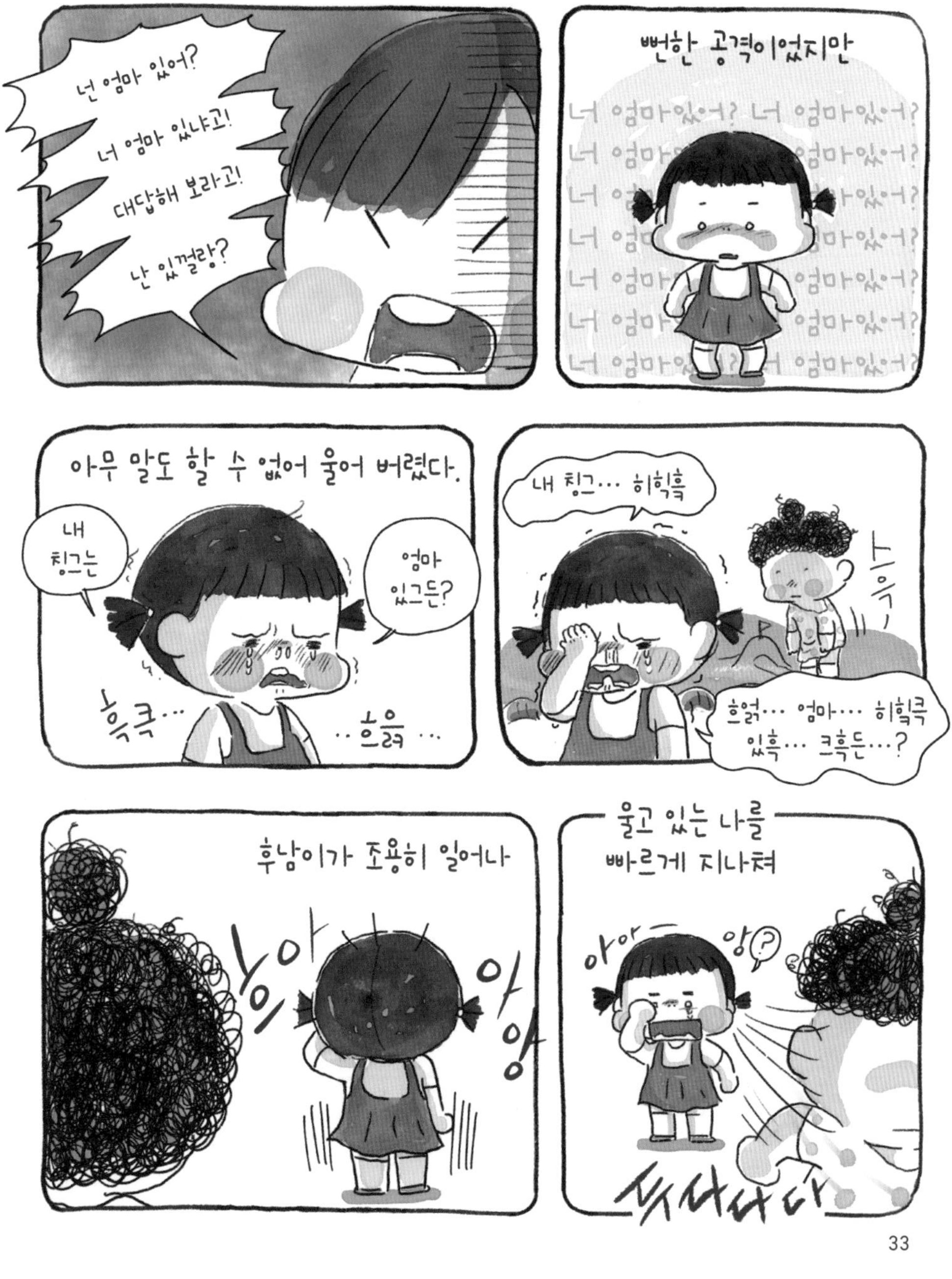

넌 엄마 있어?
너 엄마 있냐고!
대답해 보라고!
난 있걸랑?
뻔한 공격이었지만
너 엄마있어? 너 엄마있어?
아무 말도 할 수 없어 울어 버렸다.
내 친구는
엄마 있그든?
흑큭…
…흐읅…
내 친구… 히힉흑
스윽
흐윽… 엄마… 히힉큭 있흑… 크흑든…?
후남이가 조용히 일어나
으아앙
울고 있는 나를
빠르게 지나쳐
아아— 앙?
?
투다다다

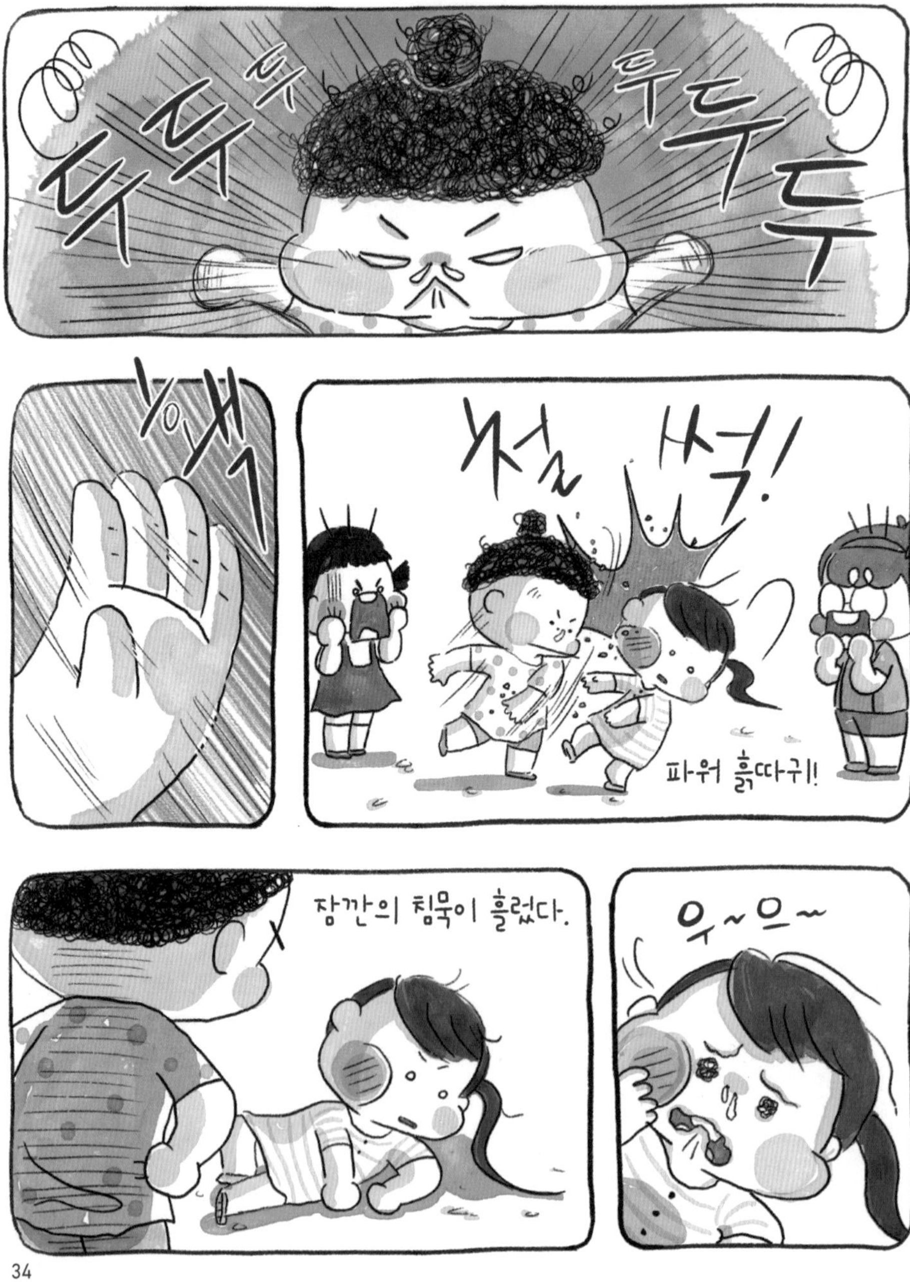
두두두
철썩!
파워 흙따귀!
잠깐의 침묵이 흘렀다.
우~으~

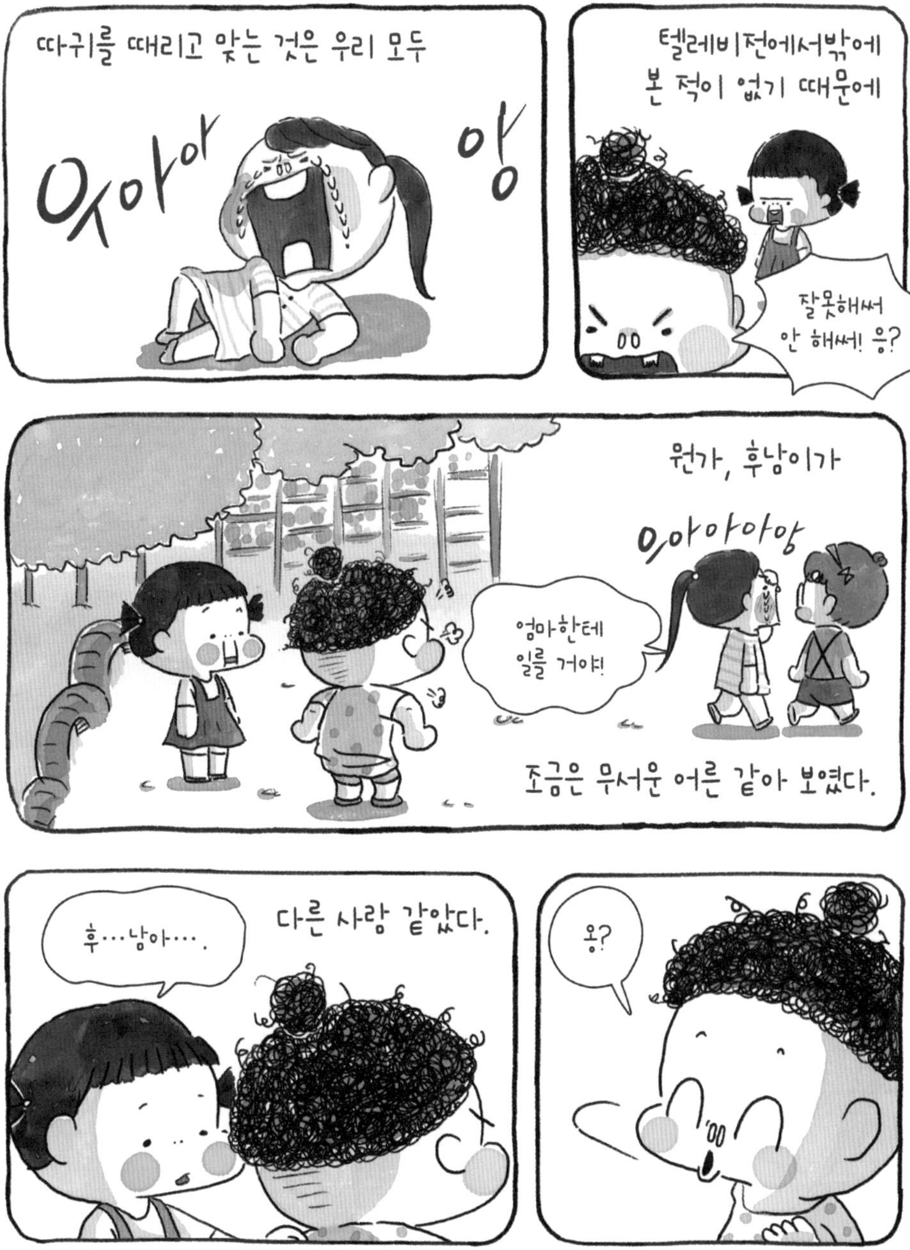

따귀를 때리고 맞는 것은 우리 모두
우아아 앙
텔레비전에서밖에
본 적이 없기 때문에
잘못해써
안 해써! 응?
뭔가, 후남이가
으아아아앙
엄마한테
일를 거야!
조금은 무서운 어른 같아 보였다.
다른 사람 같았다.
후…남아….
응?

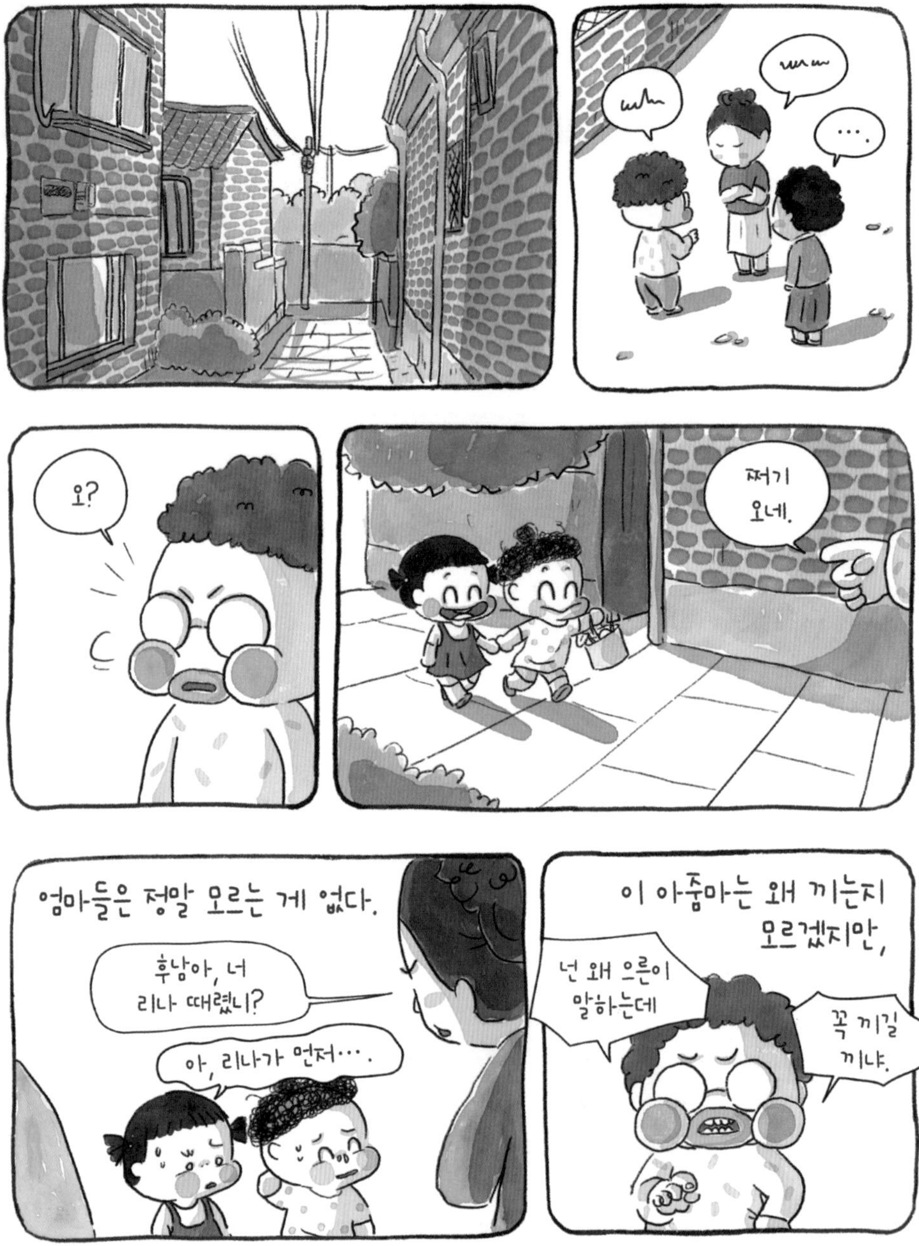
….
오?
쩌기 오네.
엄마들은 정말 모르는 게 없다.
후남아, 너 리나 때렸니?
아, 리나가 먼저….
이 아줌마는 왜 끼는지 모르겠지만,
넌 왜 으른이 말하는데
꼭 끼길 끼냐.

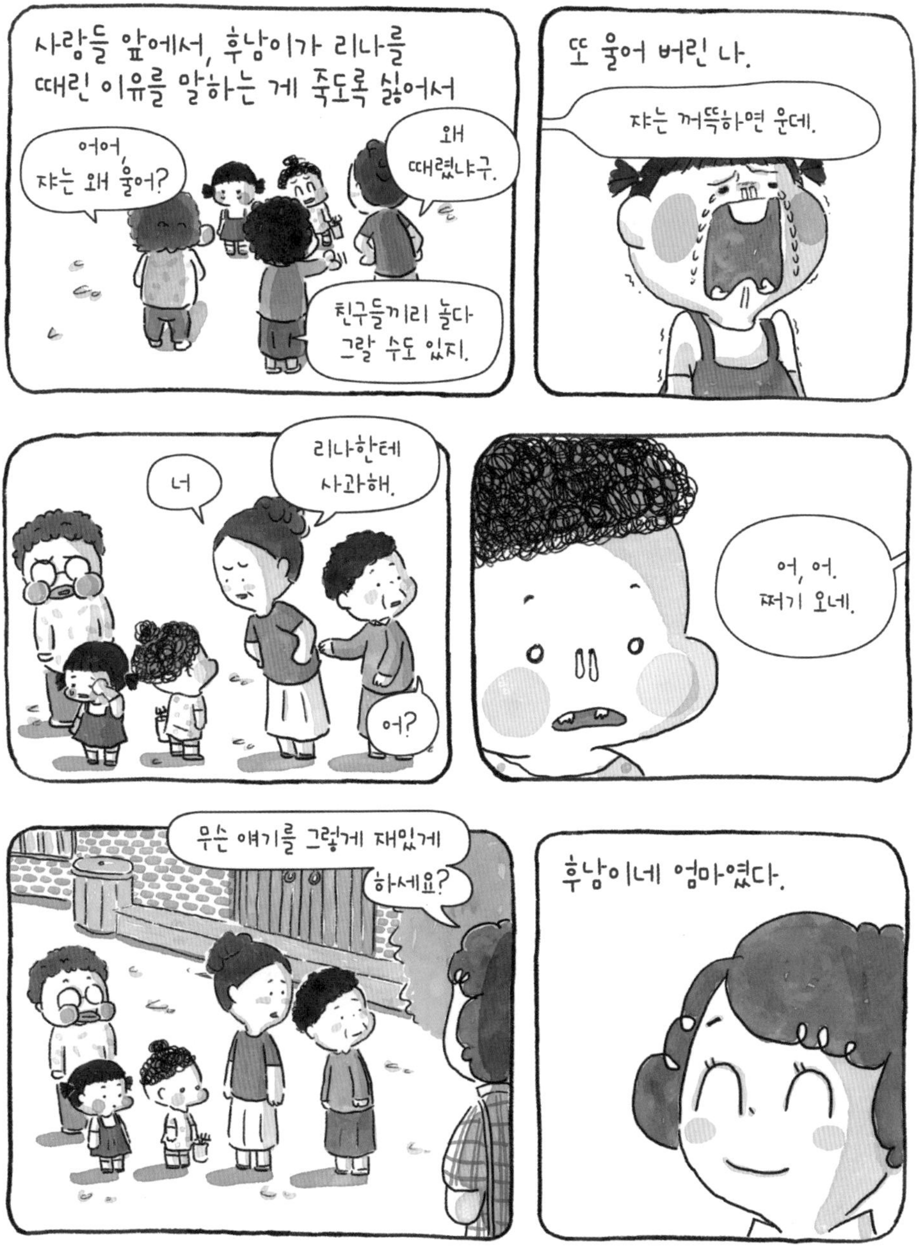
사람들 앞에서, 후남이가 리나를 때린 이유를 말하는 게 죽도록 싫어서
어어, 쟈는 왜 울어?
왜 때렸냐구.
친구들끼리 놀다 그랄 수도 있지.
또 울어 버린 나.
쟈는 꺼뜩하면 운데.
너
리나한테 사과해.
어?
어, 어. 쩌기 오네.
무슨 얘기를 그렇게 재밌게 하세요?
후남이네 엄마였다.

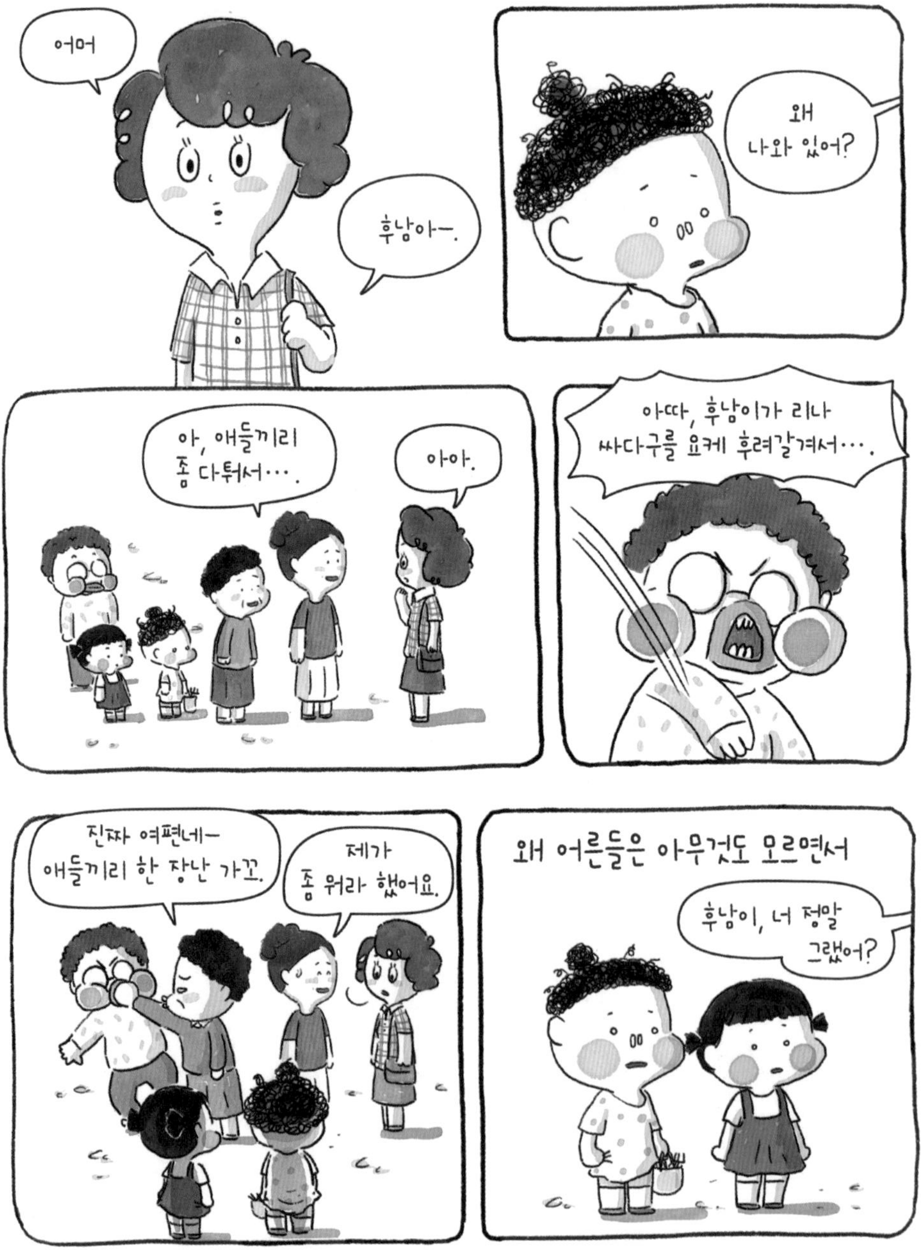
어머
후남아ㅡ.
왜
나와 있어?
아, 애들끼리
좀 다퉈서….
아아.
아따, 후남이가 리나
싸다구를 요케 후려갈겨서….
진짜 여편네ㅡ
애들끼리 한 장난 가꼬.
제가
좀 워라 했어요.
왜 어른들은 아무것도 모르면서
후남이, 너 정말
그랬어?

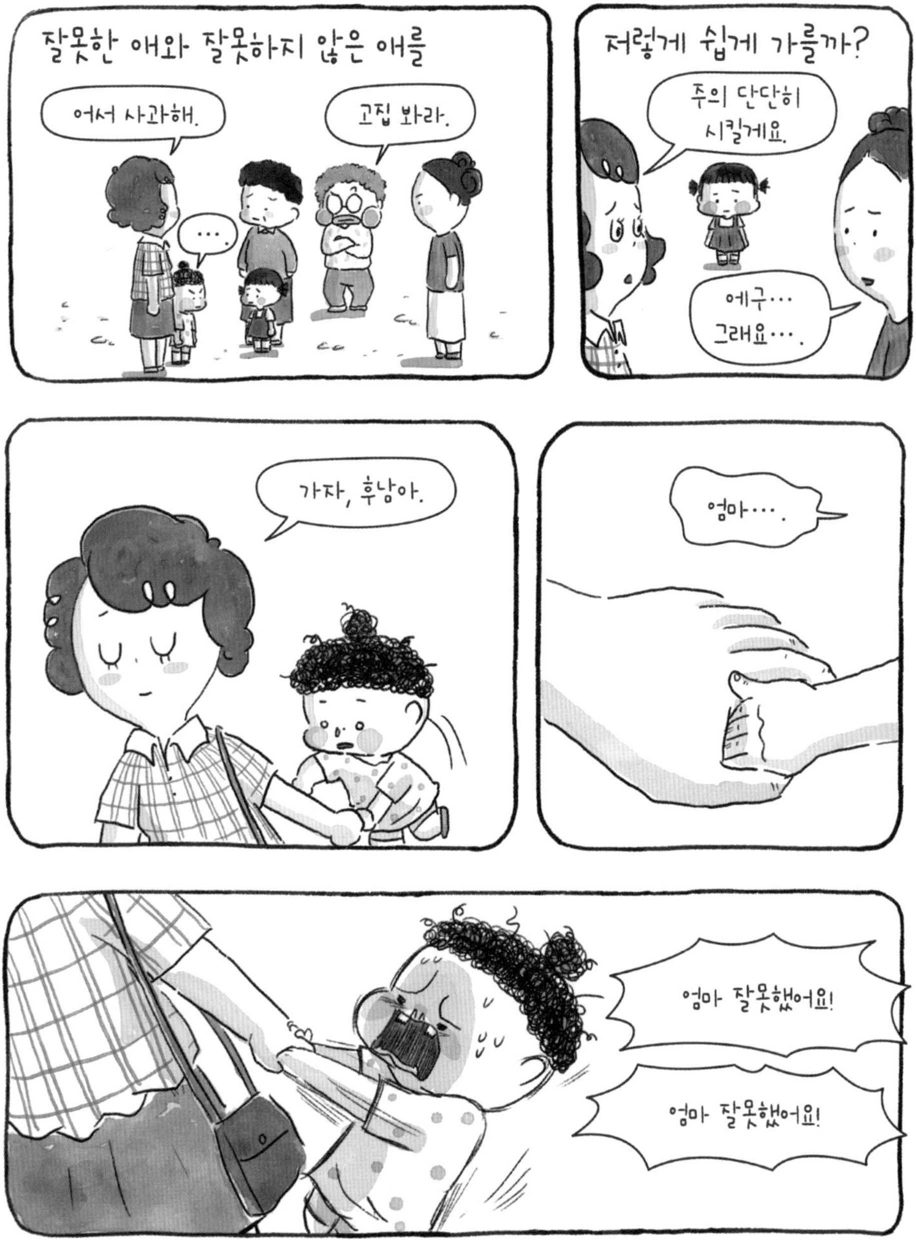

잘못한 애와 잘못하지 않은 애를
어서 사과해.
…
고집 봐라.
저렇게 쉽게 가를까?
주의 단단히 시킬게요.
에구… 그래요….
가자, 후남아.
엄마….
엄마 잘못했어요!
엄마 잘못했어요!

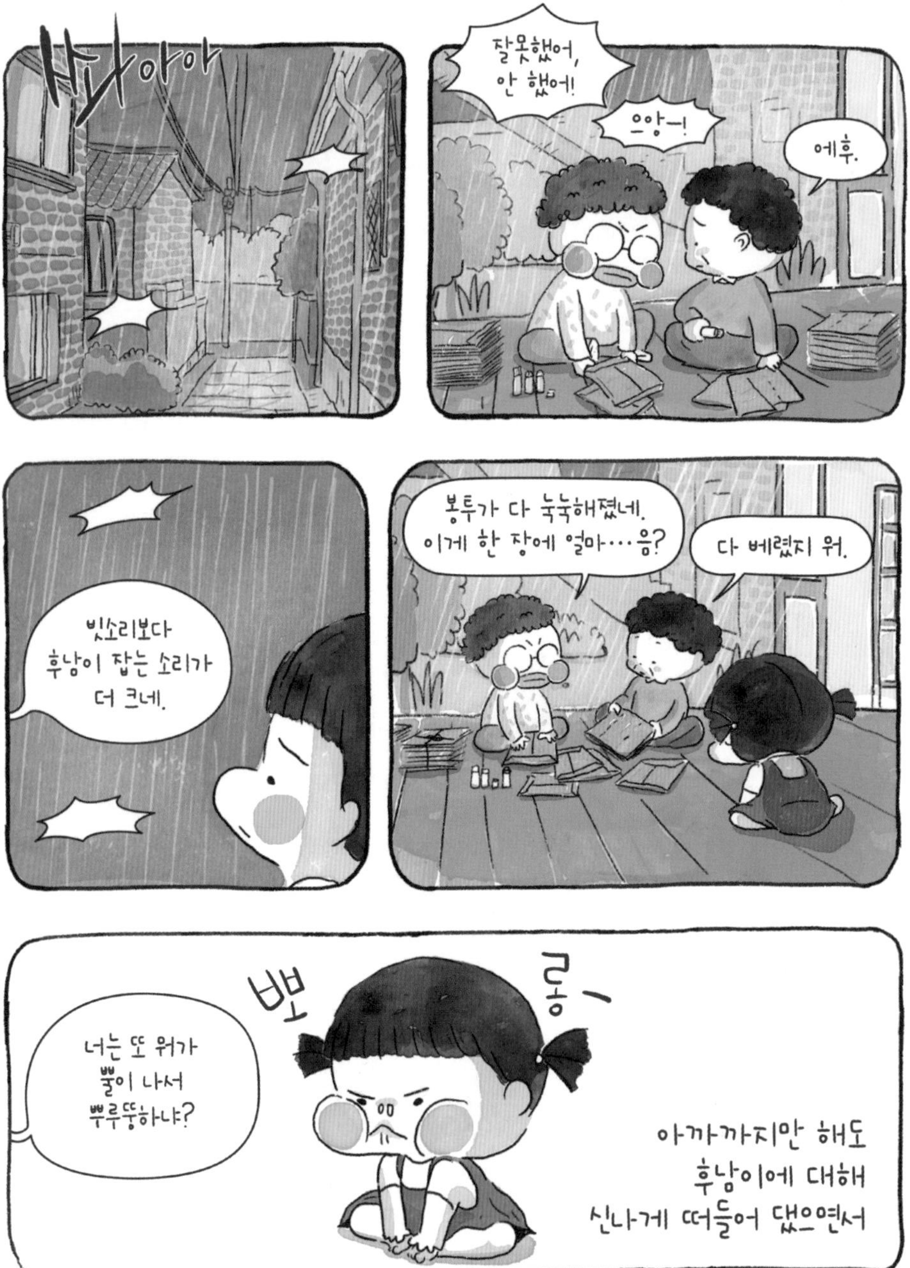
쏴아아
잘못했어, 안 했어!
으앙—!
에후.
빗소리보다 후남이 잡는 소리가 더 크네.
봉투가 다 눅눅해졌네. 이게 한 장에 얼마…음?
다 베렸지 뭐.
뽀롱ㅡ
너는 또 뭐가 뿔이 나서 뿌루뚱하냐?
아까까지만 해도 후남이에 대해 신나게 떠들어 댔으면서

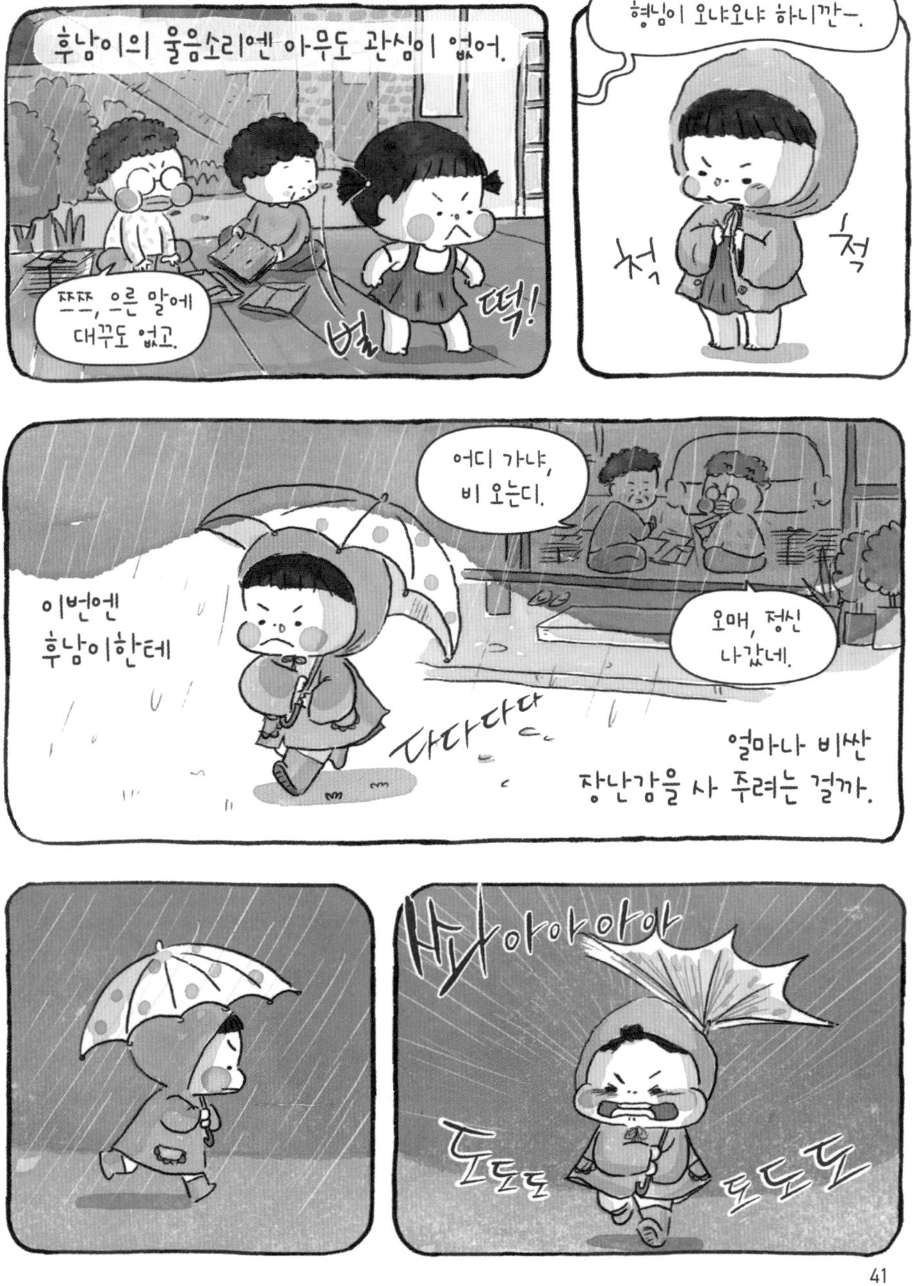
후남이의 울음소리엔 아무도 관심이 없어.
쯧쯧, 으른 말에 대꾸도 없고.
벌떡!
형님이 오냐오냐 하니깐-.
척 척
어디 가냐, 비 오는디.
이번엔 후남이한테
오매, 정신 나갔네.
다다다다
얼마나 비싼 장난감을 사 주려는 걸까.
쏴아아아아아
도도도 도도도

괜찮아, 내가 있잖아

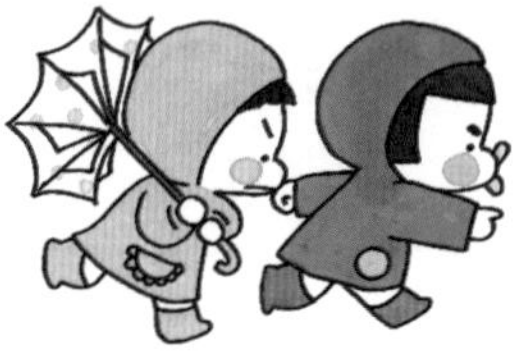

누구든 너무나 듣고 싶지만
누구도 진심으로 꺼내기 어려운 말.
지킬 수 없는 거짓말인 듯하지만
모든 것에 위안이 되는 한마디.

'괜찮아, 내가 있잖아.'

우산이 뒤집혔다 비웃지 마라.
너는 누군가를 대신해 퍼붓는 비를 맞아 준 적 있느냐.

part 4

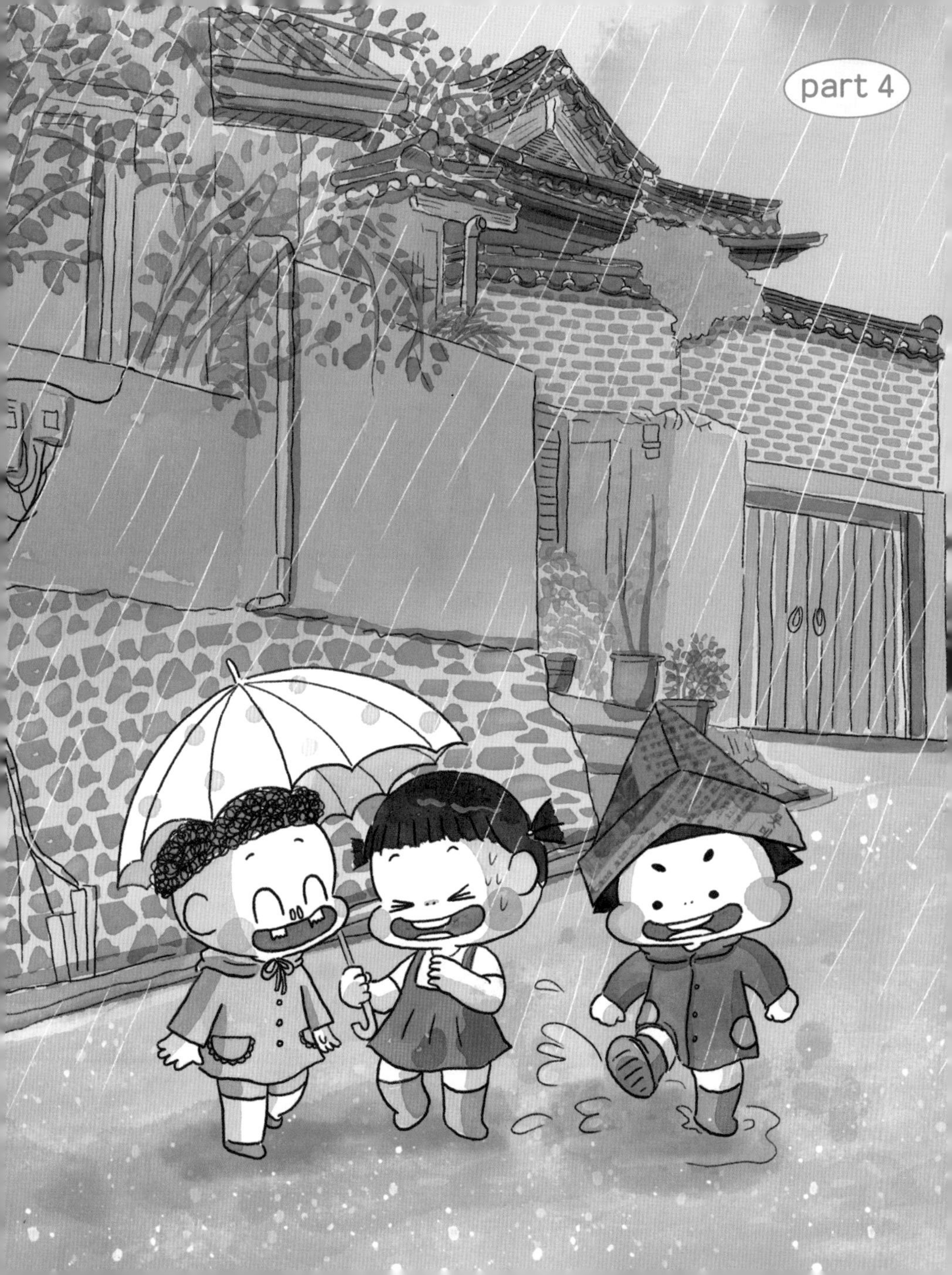

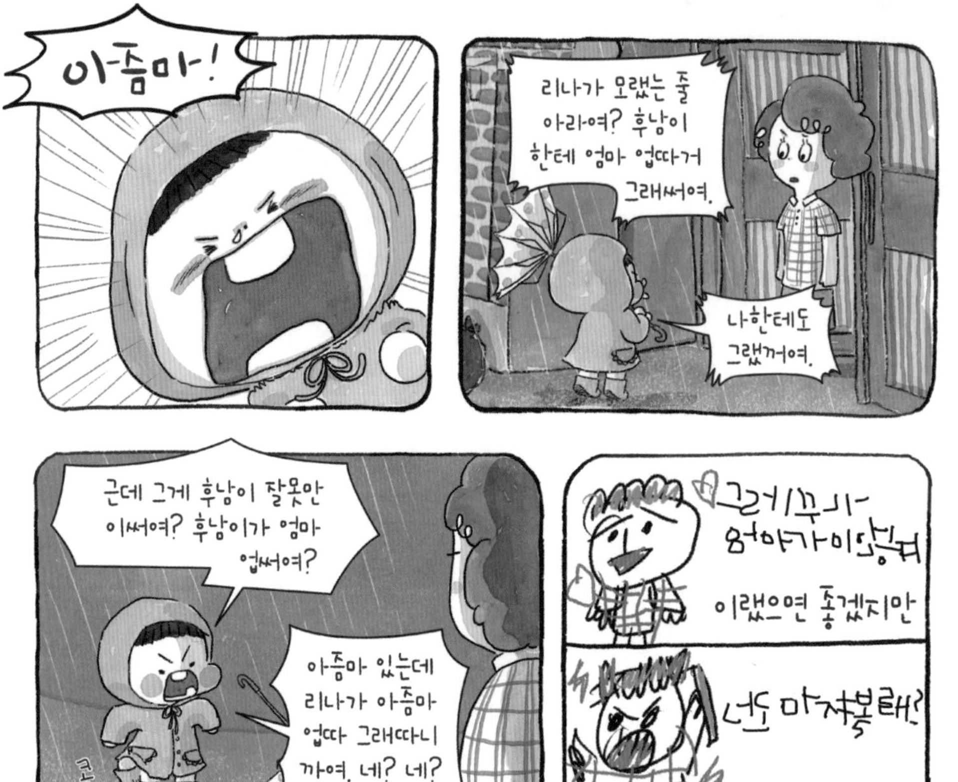
아줌마!
리나가 모랐는 줄 아라여? 후남이 한테 엄마 업따거 그래써여.
나한테도 그랬꺼여.
근데 그게 후남이 잘못만 이써여? 후남이가 엄마 업써여?
아줌마 있는데 리나가 아줌마 업따 그래따니 까여. 네? 네?
쿵쿵
그레꾸나 엄마가 미안혀
이랬으면 좋겠지만
너도 마저볼래?
이러면 어떡해.
철썩!
처음으로 내가 어린애인 게
아얏!
정말 싫었다.

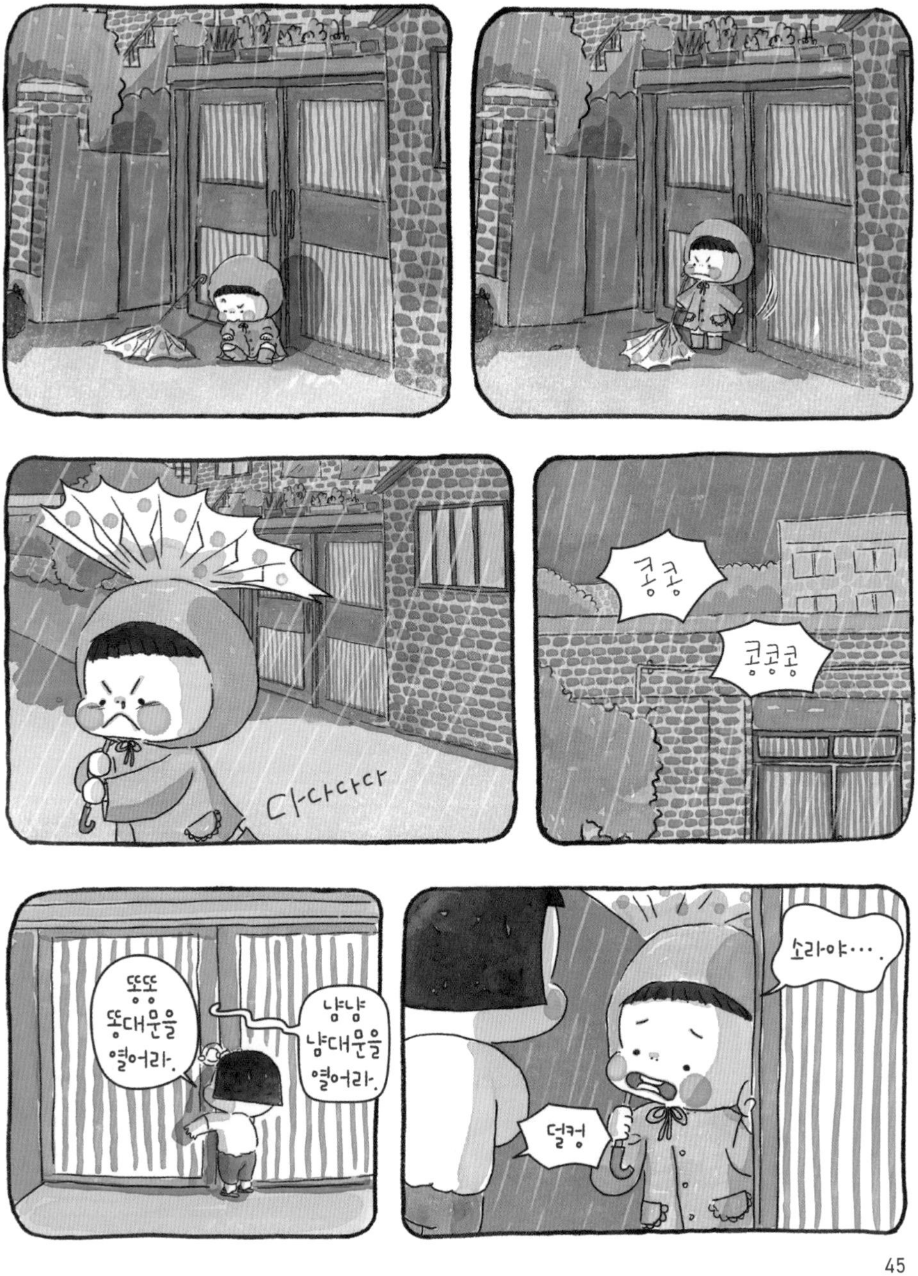
다다다다
콩콩
콩콩콩
똥똥
똥대문을
열어라.
냠냠
냠대문을
열어라.
소리야….
덜컹

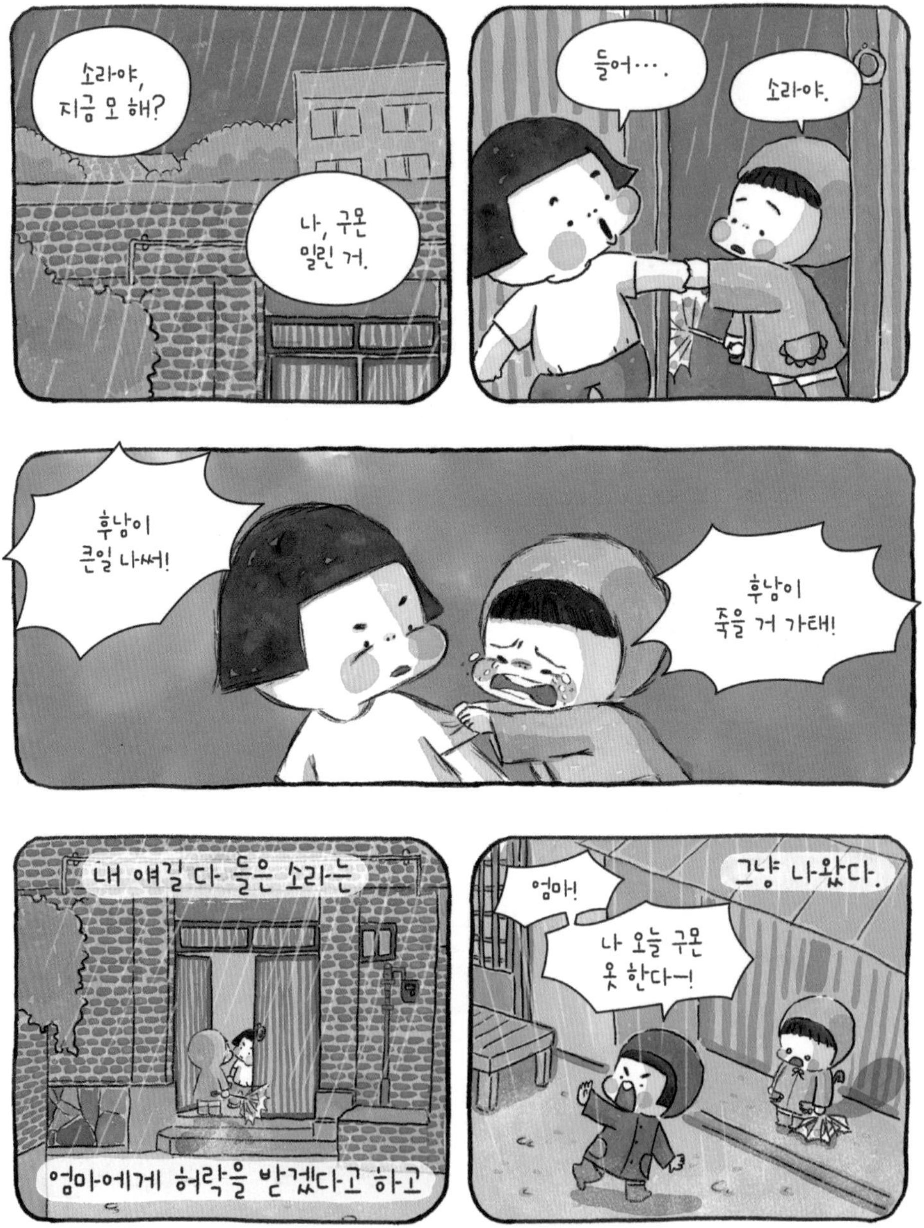
소라야,
지금 모 해?
나, 구몬
밀린 거.
들어….
소라야.
후남이
큰일 나써!
후남이
죽을 거 가태!
내 얘길 다 들은 소라는
엄마에게 허락을 받겠다고 하고
그냥 나왔다.
엄마!
나 오늘 구몬
옷 한다-!

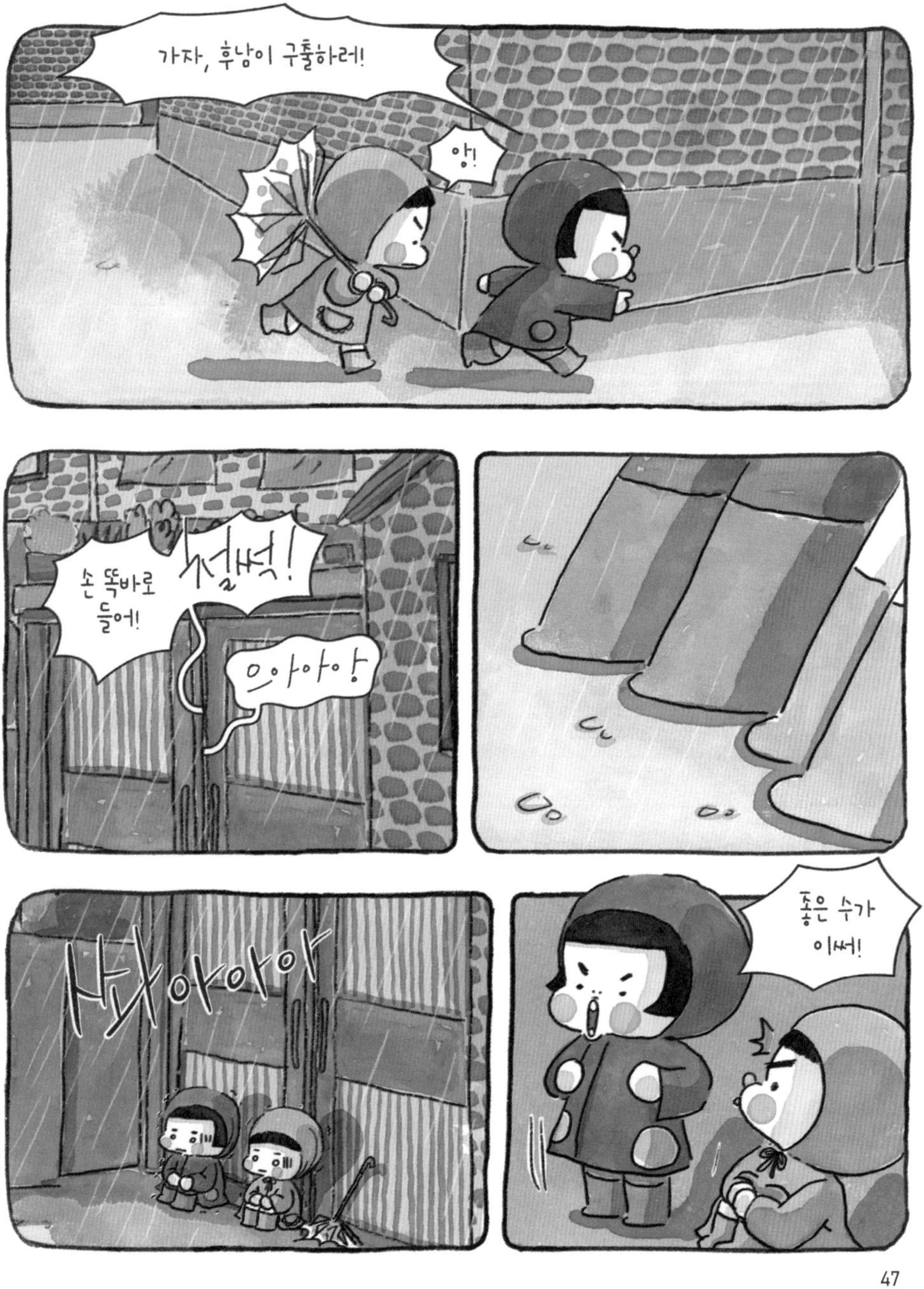
가자, 후남이 구출하러!
앙!
손 똑바로 들어!
철썩!
으아아앙
쏴아아아아
좋은 수가 이써!

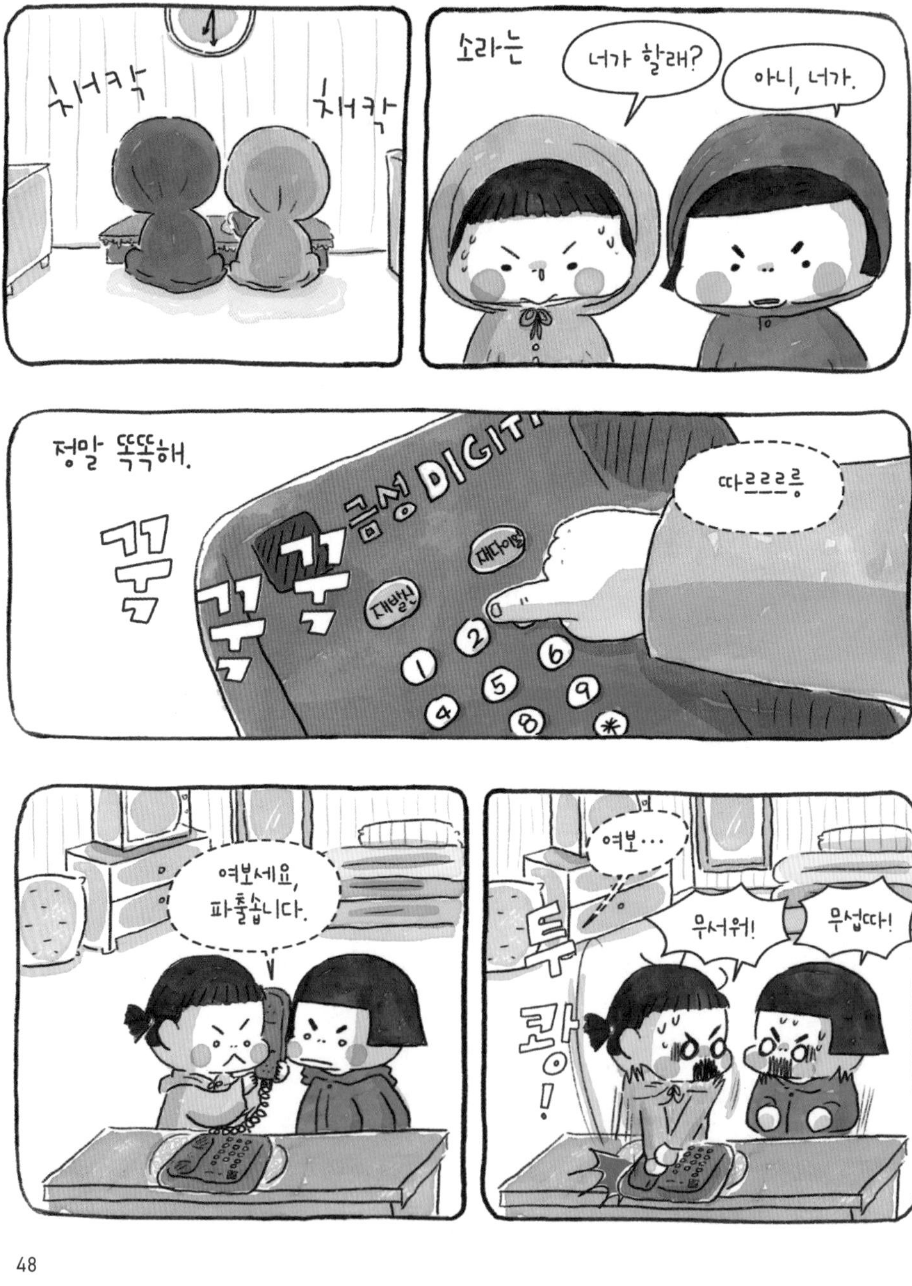
채칵
채칵
소라는
너가 할래?
아니, 너가.
정말 똑똑해.
꾹
꾹
꾹
금성 DIGIT
재발신
재다이얼
따르르르릉
여보세요,
파출솝니다.
여보...
투
쾅!
무서워!
무섭따!

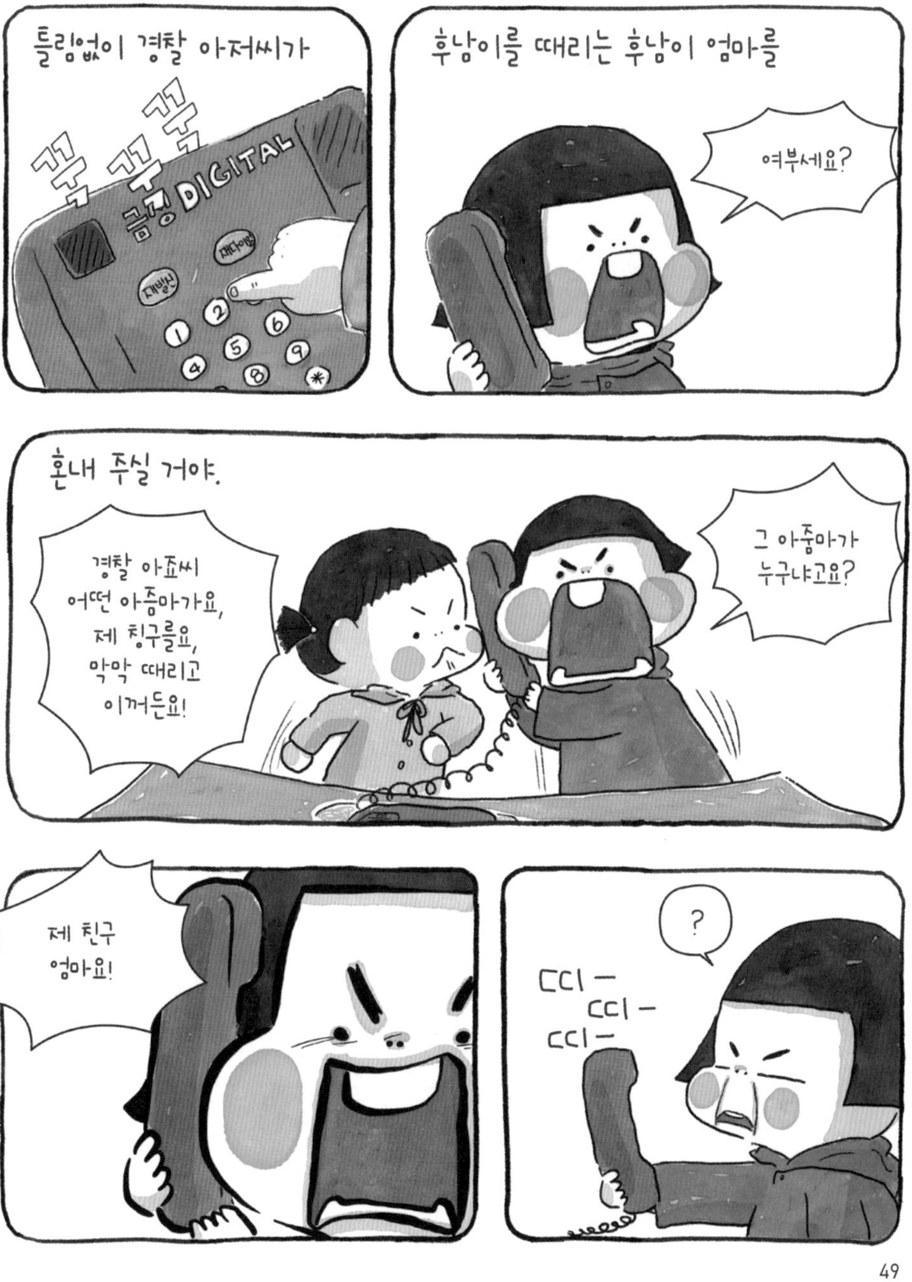
틀림없이 경찰 아저씨가
꾹 꾹 꾹
금성 DIGITAL
후남이를 때리는 후남이 엄마를
여부세요?
혼내 주실 거야.
경찰 아죠씨 어떤 아즘마가요, 제 칭구를요, 막막 때리고 이꺼든요!
그 아줌마가 누구냐고요?
제 친구 엄마요!
?
띠-
띠-
띠-

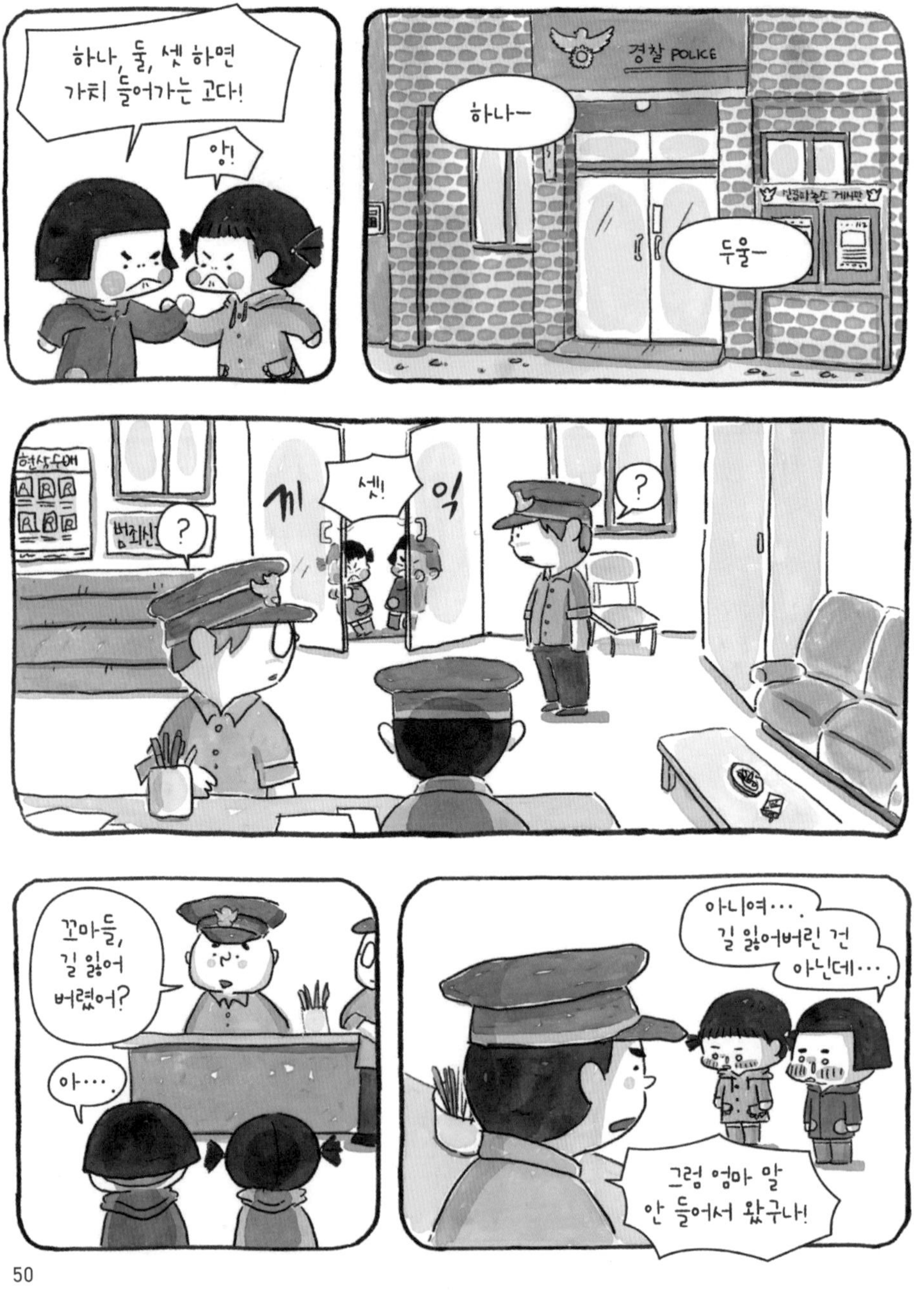

하나, 둘, 셋 하면
가치 들어가는 고다!
앙!
경찰 POLICE
하나~
두울~
현상수배
?
끼
셋!
익
?
꼬마들,
길 잃어
버렸어?
아….
아니여….
길 잃어버린 건
아닌데….
그럼 엄마 말
안 들어서 왔구나!

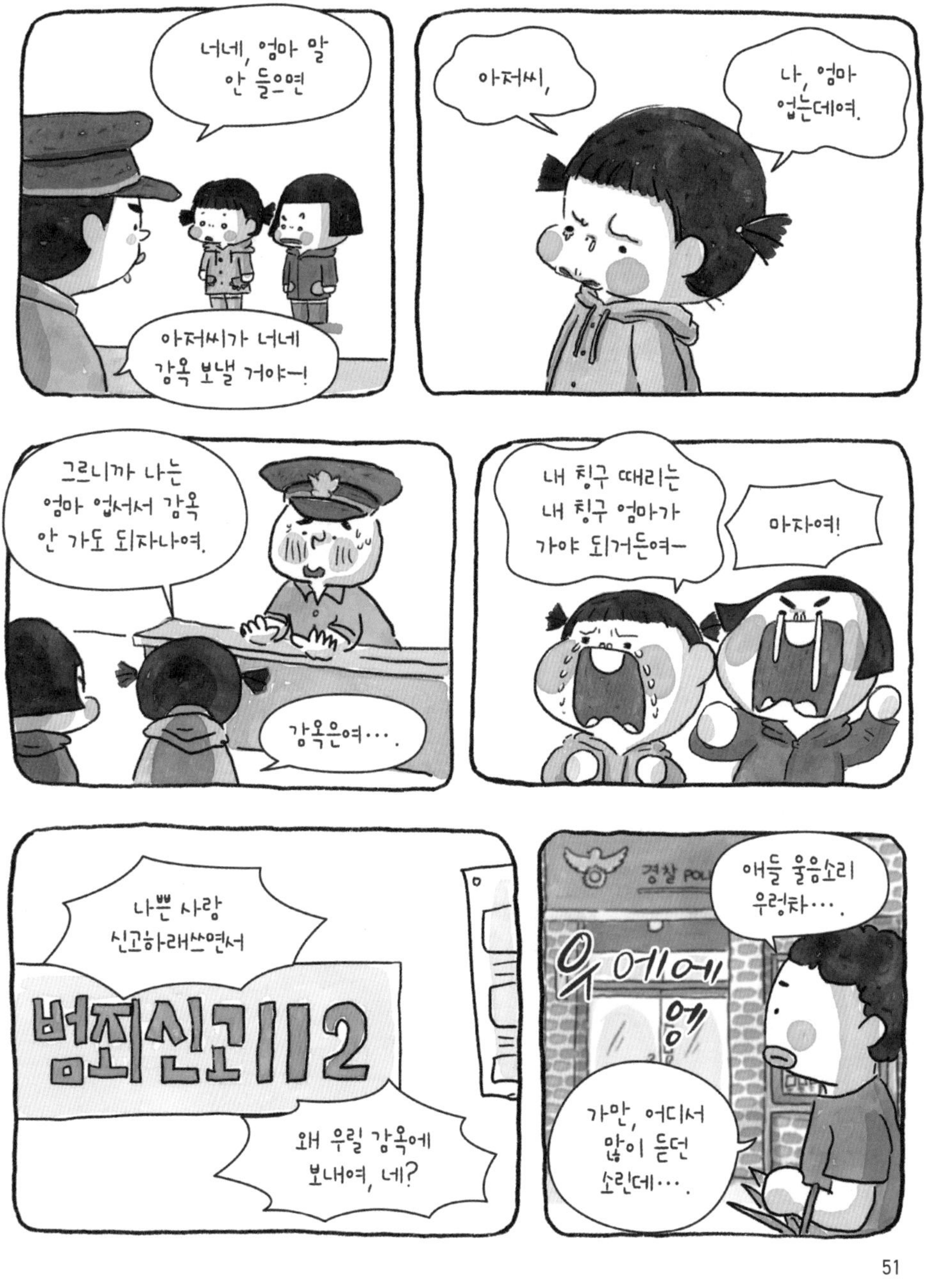
너네, 엄마 말 안 들으면
아저씨가 너네 감옥 보낼 거야~!
아저씨,
나, 엄마 업는데여.
그러니까 나는 엄마 업서서 감옥 안 가도 되자나여.
감옥은여….
내 칭구 때리는 내 칭구 엄마가 가야 되거든여~
마자여!
나쁜 사람 신고하래쓰면서
범죄신고112
왜 우릴 감옥에 보내여, 네?
경찰 POLI
애들 울음소리 우렁차….
우에에에엥
가만, 어디서 많이 듣던 소린데….

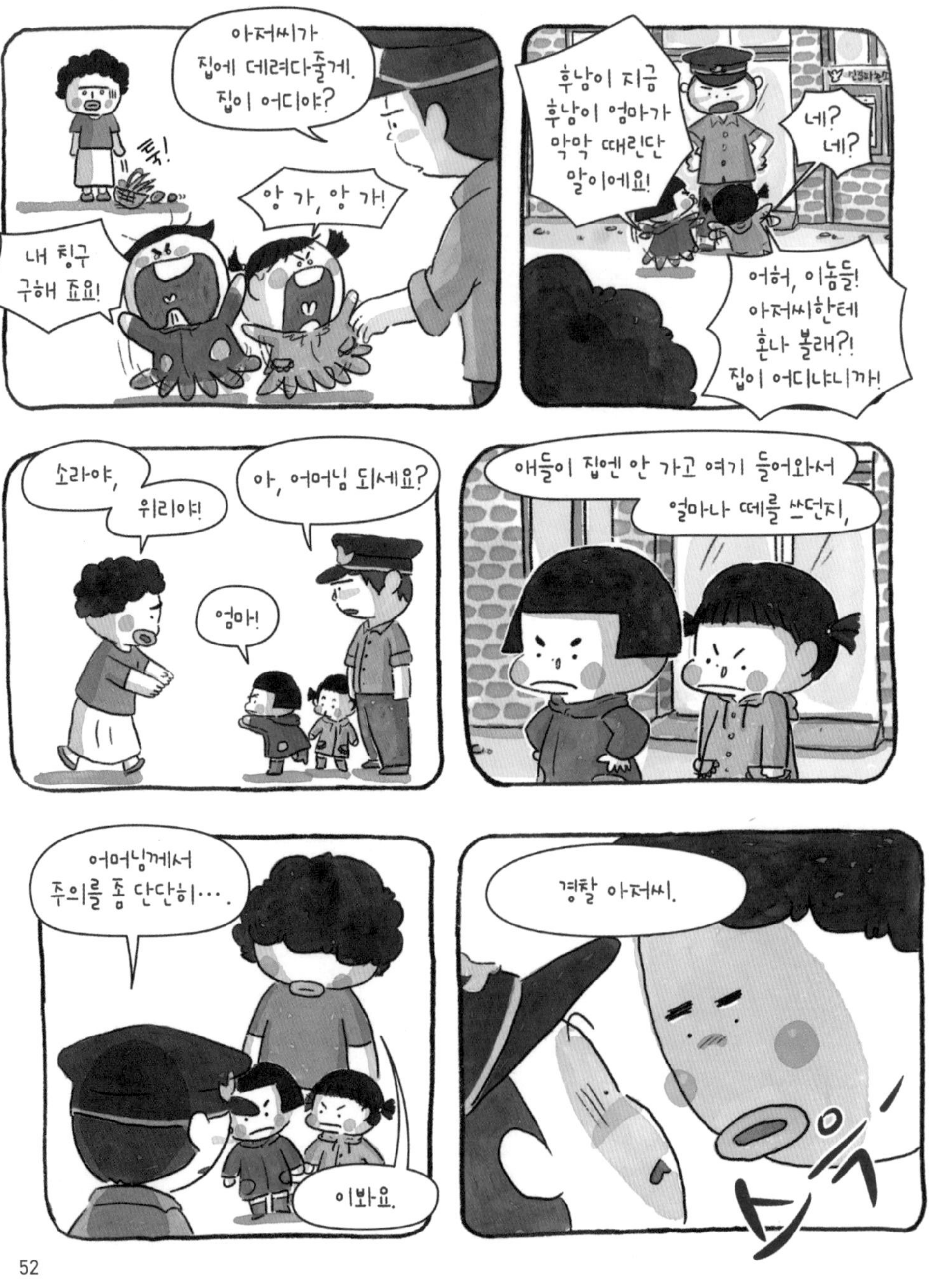

아저씨가 집에 데려다줄게. 집이 어디야?
툭!
앙 가, 앙 가!
내 칭구 구해 죠요!
후남이 지금 후남이 엄마가 막막 때린단 말이에요!
네? 네?
어허, 이놈들! 아저씨한테 혼나 볼래?! 집이 어디냐니까!
소라야, 위리야!
아, 어머님 되세요?
엄마!
애들이 집엔 안 가고 여기 들어와서 얼마나 떼를 쓰던지,
어머님께서 주의를 좀 단단히….
이봐요.
경찰 아저씨.

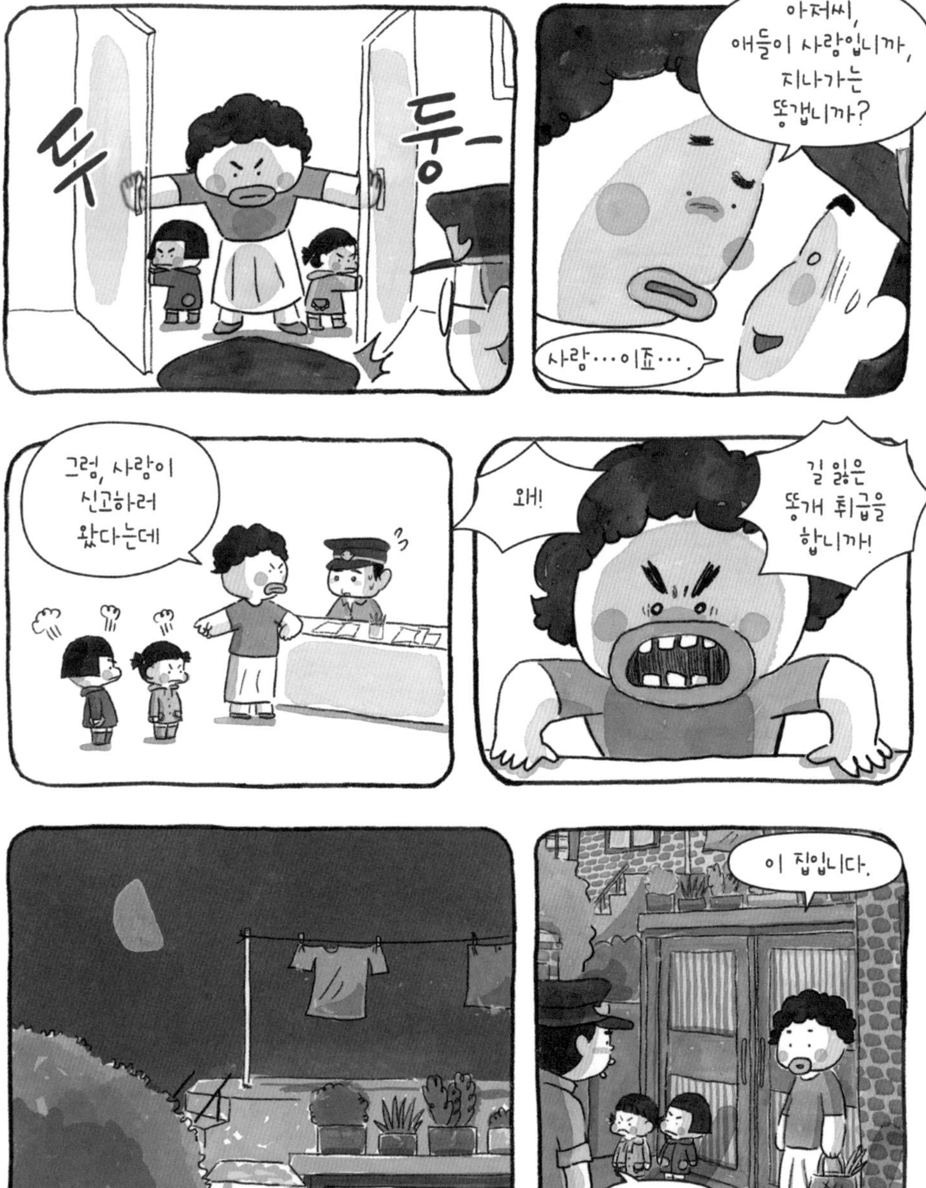

두
둥-
아저씨,
애들이 사람입니까,
지나가는
똥갭니까?
사람…이죠….
그럼, 사람이
신고하러
왔다는데
왜!
길 잃은
똥개 취급을
합니까!
이 집입니다.
예, 예.

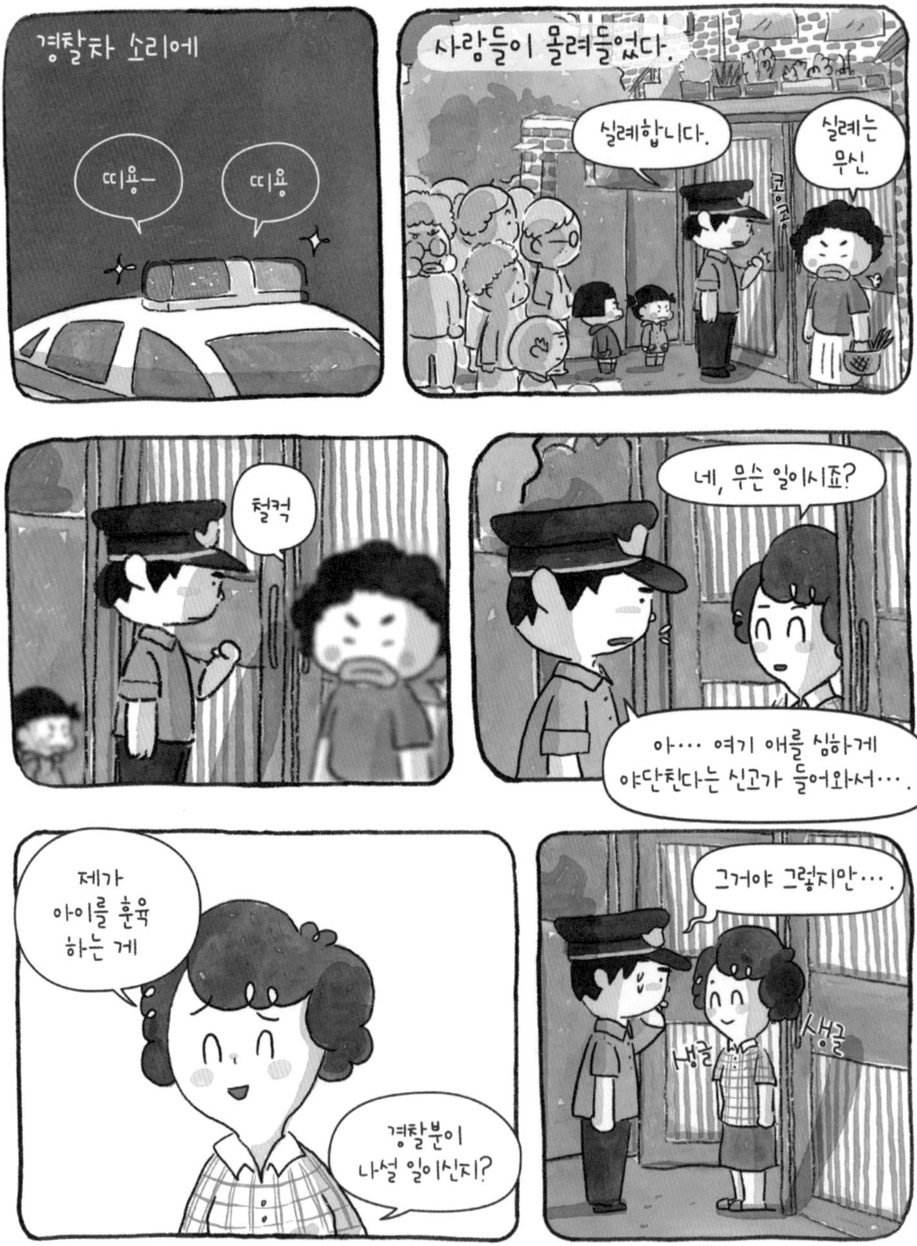
경찰차 소리에
띠용—
띠용
사람들이 몰려들었다.
실례합니다.
콩콩
실례는 무신.
철컥
네, 무슨 일이시죠?
아… 여기 애를 심하게 야단친다는 신고가 들어와서….
제가 아이를 훈육하는 게
경찰분이 나설 일이신지?
그거야 그렇지만….
생글
생글

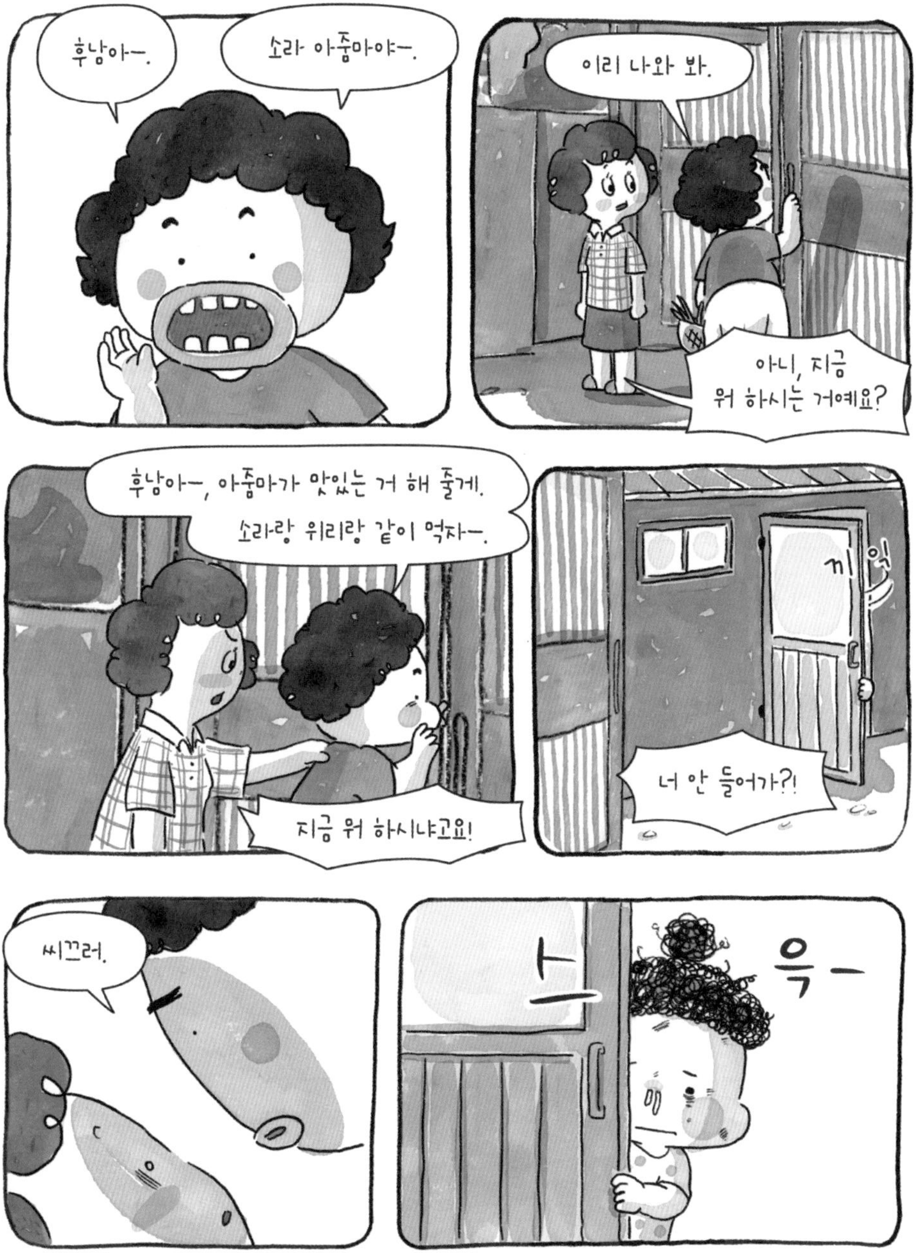
후남아—.
소라 아줌마야—.
이리 나와 봐.
아니, 지금
뭐 하시는 거예요?
후남아—, 아줌마가 맛있는 거 해 줄게.
소라랑 위리랑 같이 먹자—.
지금 뭐 하시냐고요!
끼익
너 안 들어가?!
씨끄러.
느
윽—

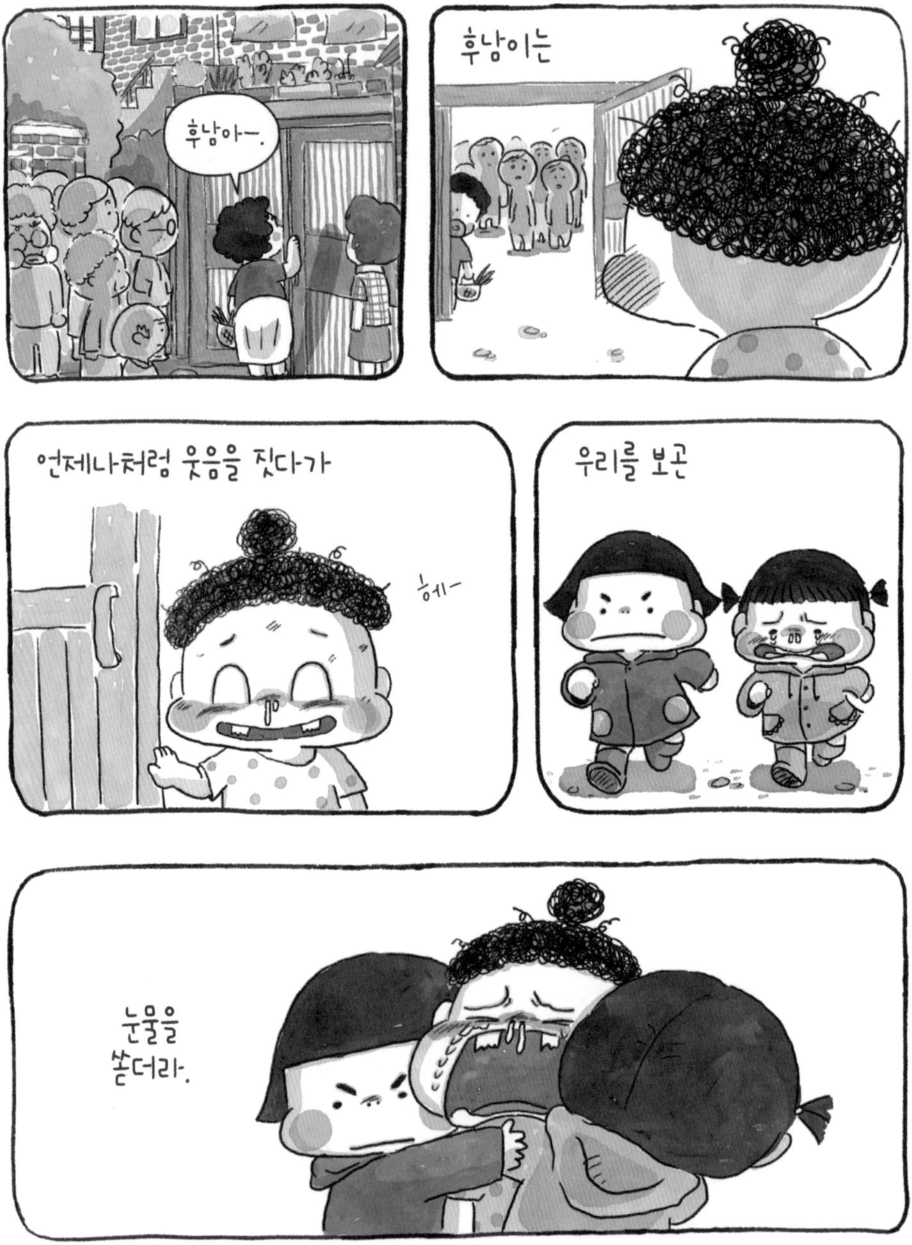
후남아—.
후남이는
언제나처럼 웃음을 짓다가
헤—
우리를 보곤
눈물을
쏟더라.

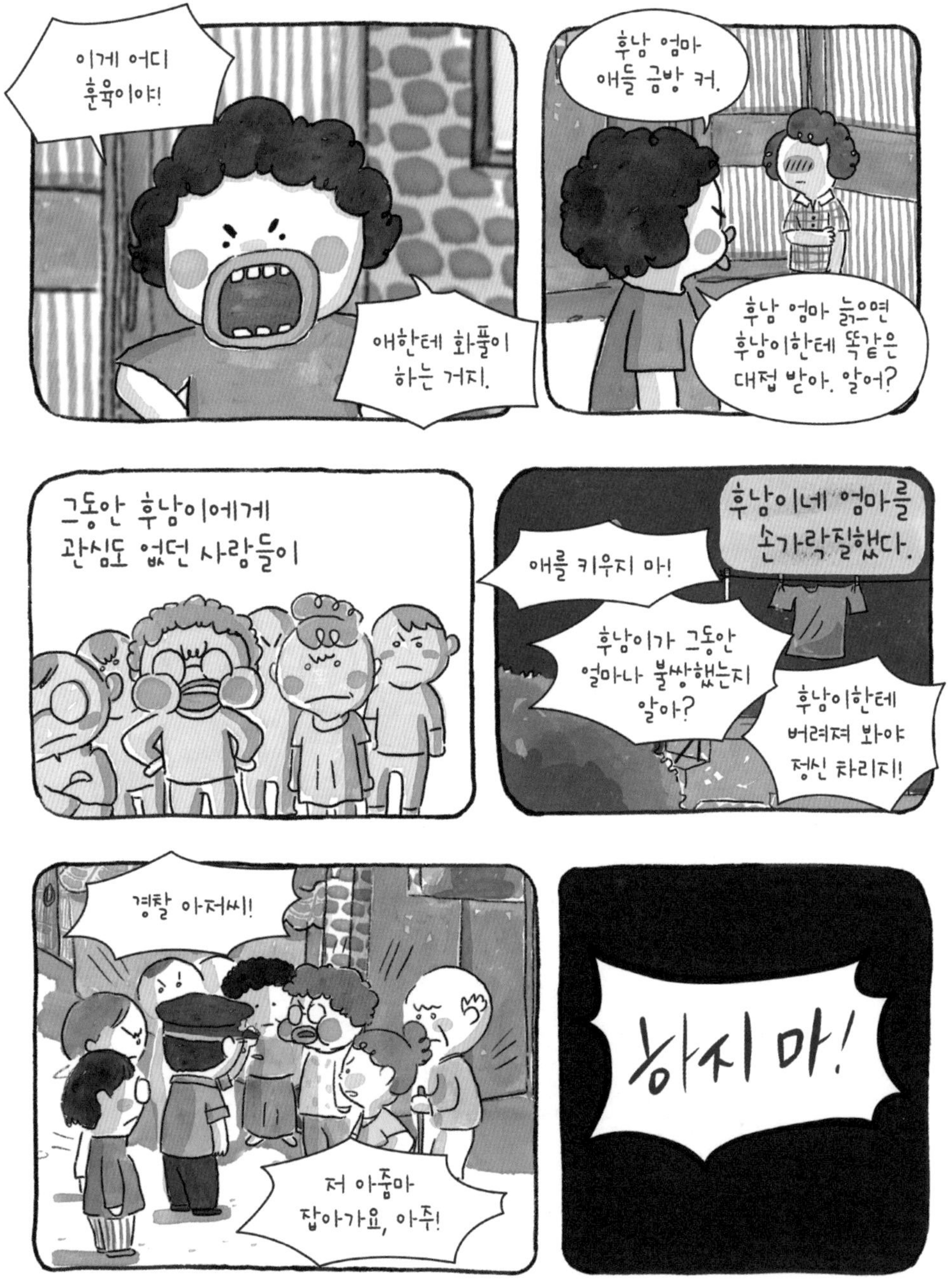
이게 어디 훈육이야!
애한테 화풀이 하는 거지.
후남 엄마 애들 금방 커.
후남 엄마 늙으면 후남이한테 똑같은 대접 받아. 알어?
그동안 후남이에게 관심도 없던 사람들이
후남이네 엄마를 손가락질했다.
애를 키우지 마!
후남이가 그동안 얼마나 불쌍했는지 알아?
후남이한테 버려져 봐야 정신 차리지!
경찰 아저씨!
저 아줌마 잡아가요, 아주!
하지 마!

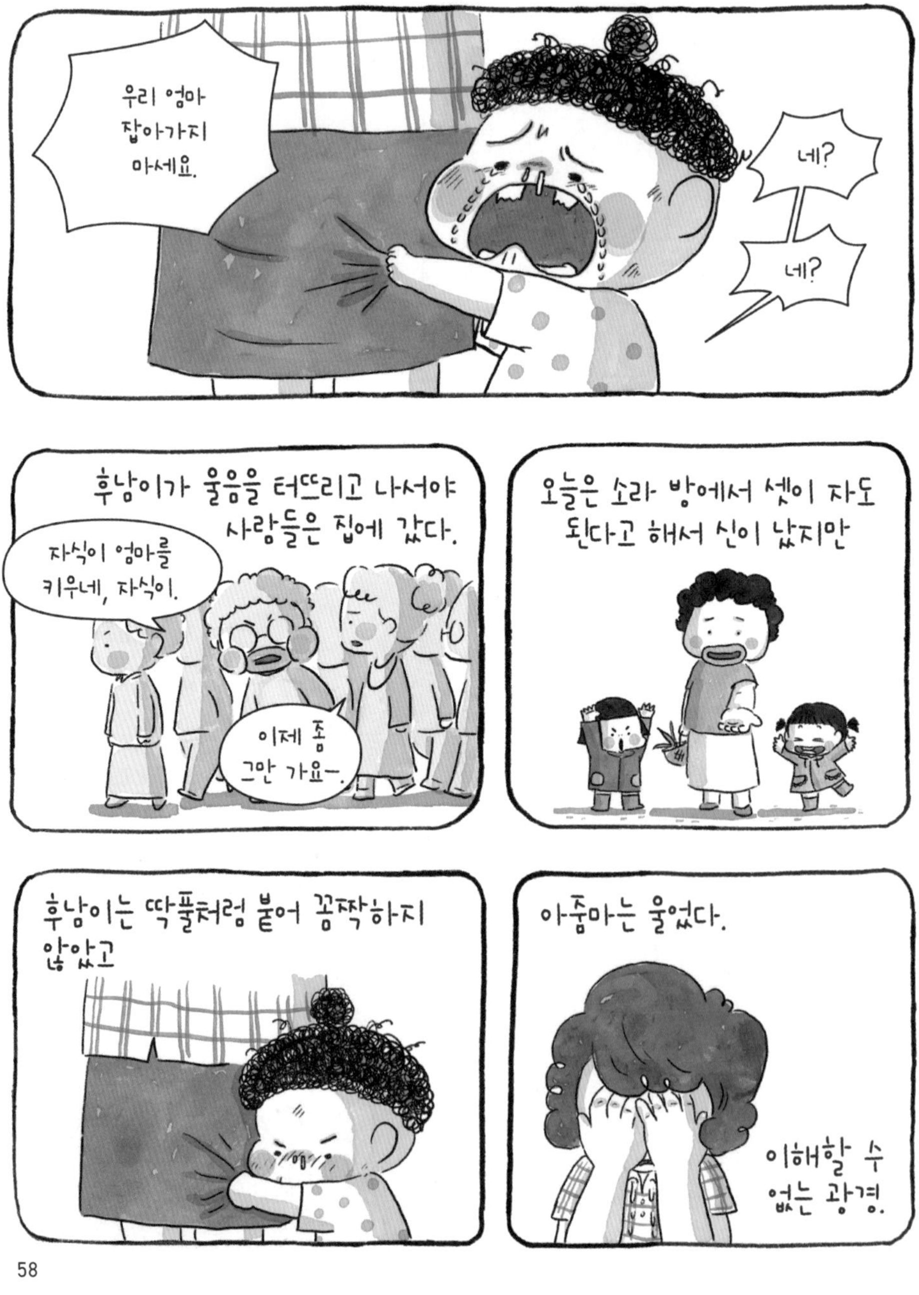
우리 엄마
잡아가지
마세요.
네?
네?
후남이가 울음을 터뜨리고 나서야
사람들은 집에 갔다.
자식이 엄마를
키우네, 자식이.
이제 좀
그만 가요-.
오늘은 소라 방에서 셋이 자도
된다고 해서 신이 났지만
후남이는 딱풀처럼 붙어 꼼짝하지
않았고
아줌마는 울었다.
이해할 수
없는 광경.

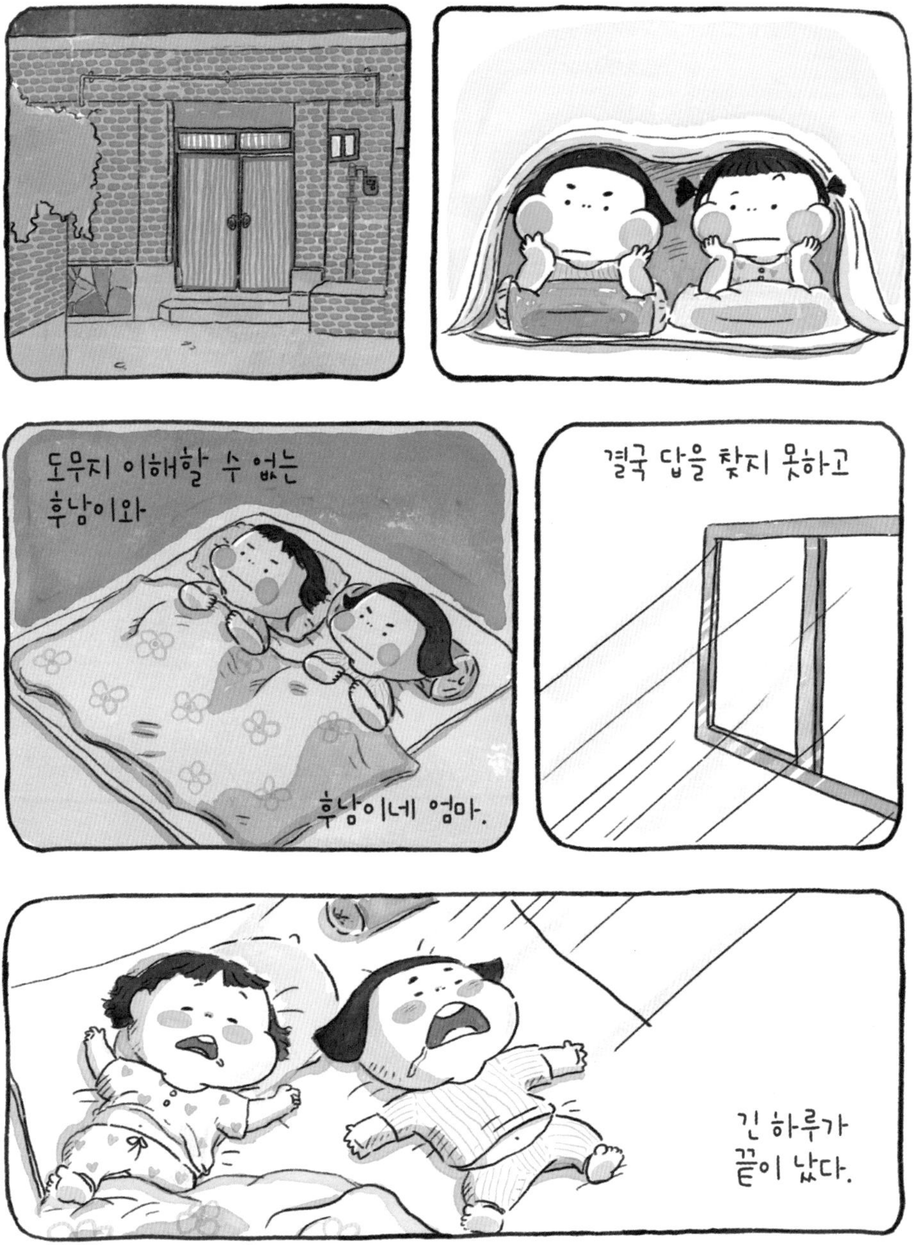
도무지 이해할 수 없는
후남이와
후남이네 엄마.
결국 답을 찾지 못하고
긴 하루가
끝이 났다.

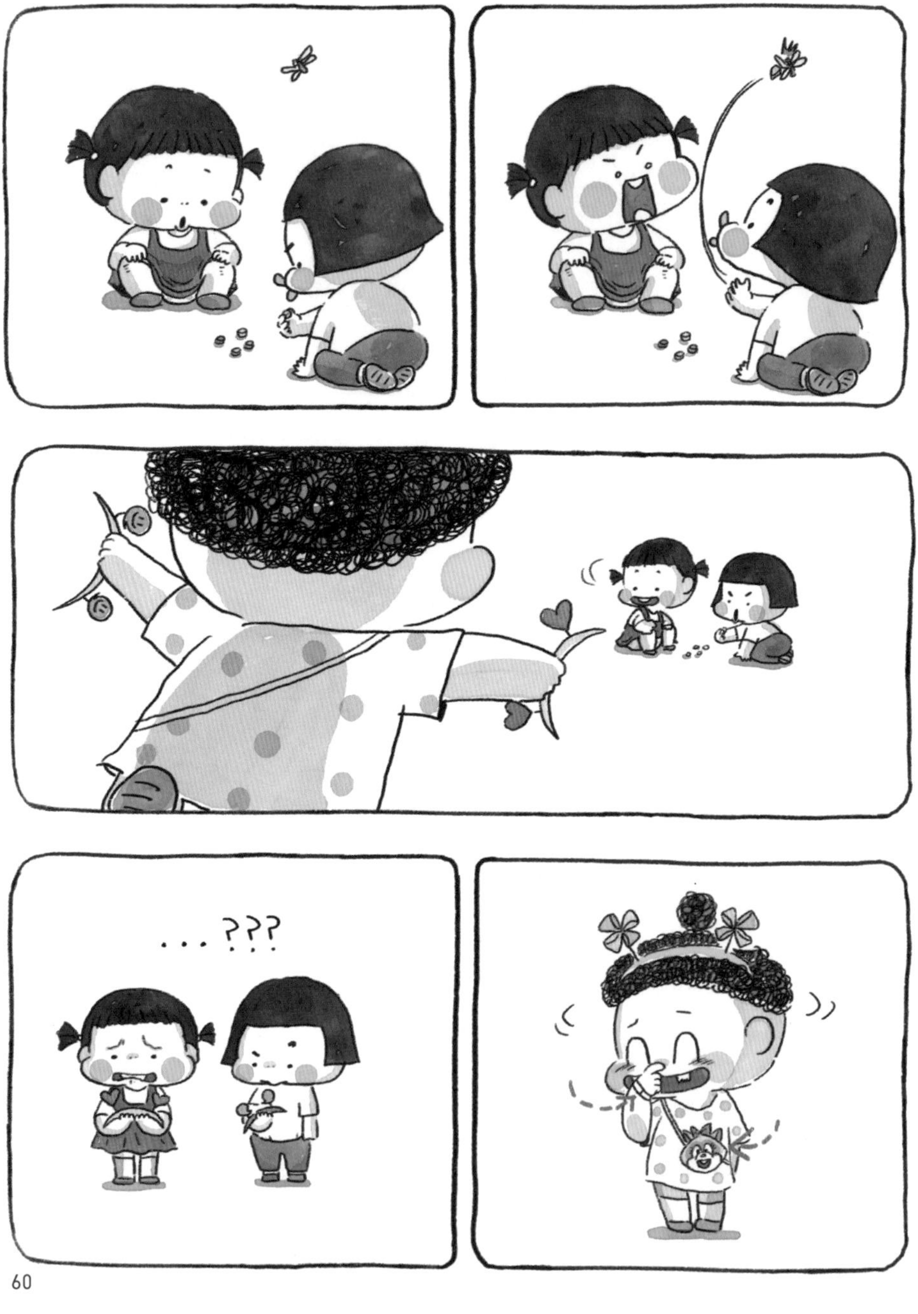

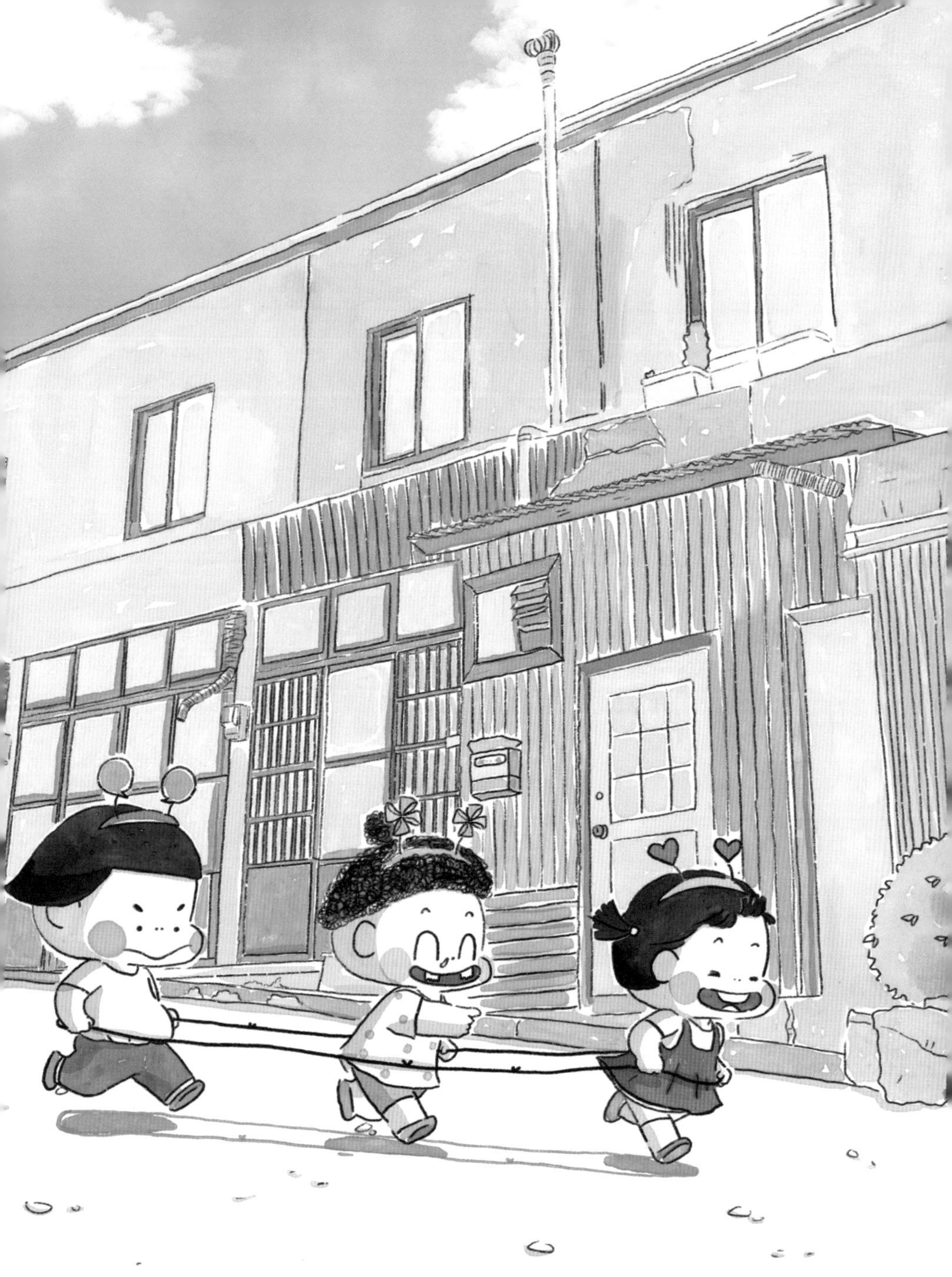

어떻게든 앞으로 나아간다

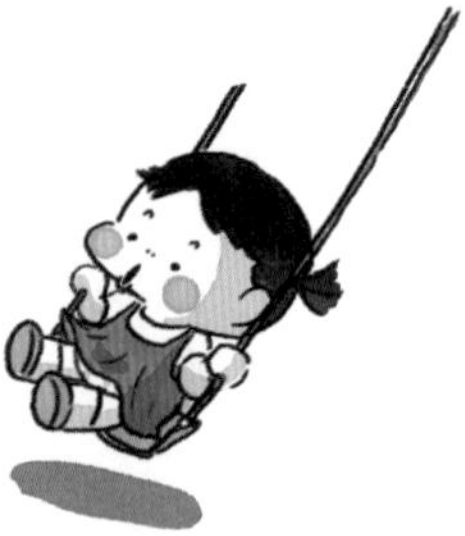

'폭풍전야'라는 말은
평화로움이 유지될 때 불안감처럼 스멀스멀 생각나는 단어다.
파도가 잔잔히 유지되고 있는데
아직 몰아치지 않은 파도 때문에
슬슬 겁에 질릴 준비를 하려는 거다.

물론 경험에 의한 방어 기제이고
나중의 위험에 대비해 나를 덜 상처받게 하려는
모의고사 같은 훈련이다.

어차피 무수히 많은 파도를 겪었고
괴롭더라도 무수히 많은 파도를 견뎌 냈다.

잔잔할 때는 잔잔함 그대로를 받아들이는 것도 좋을 것 같다.
폭풍이 닥치면 어떻게든 견뎌 내고 이겨 내겠지.
여태껏 이겨 내서 지금 여기 있는 것처럼.

part 5

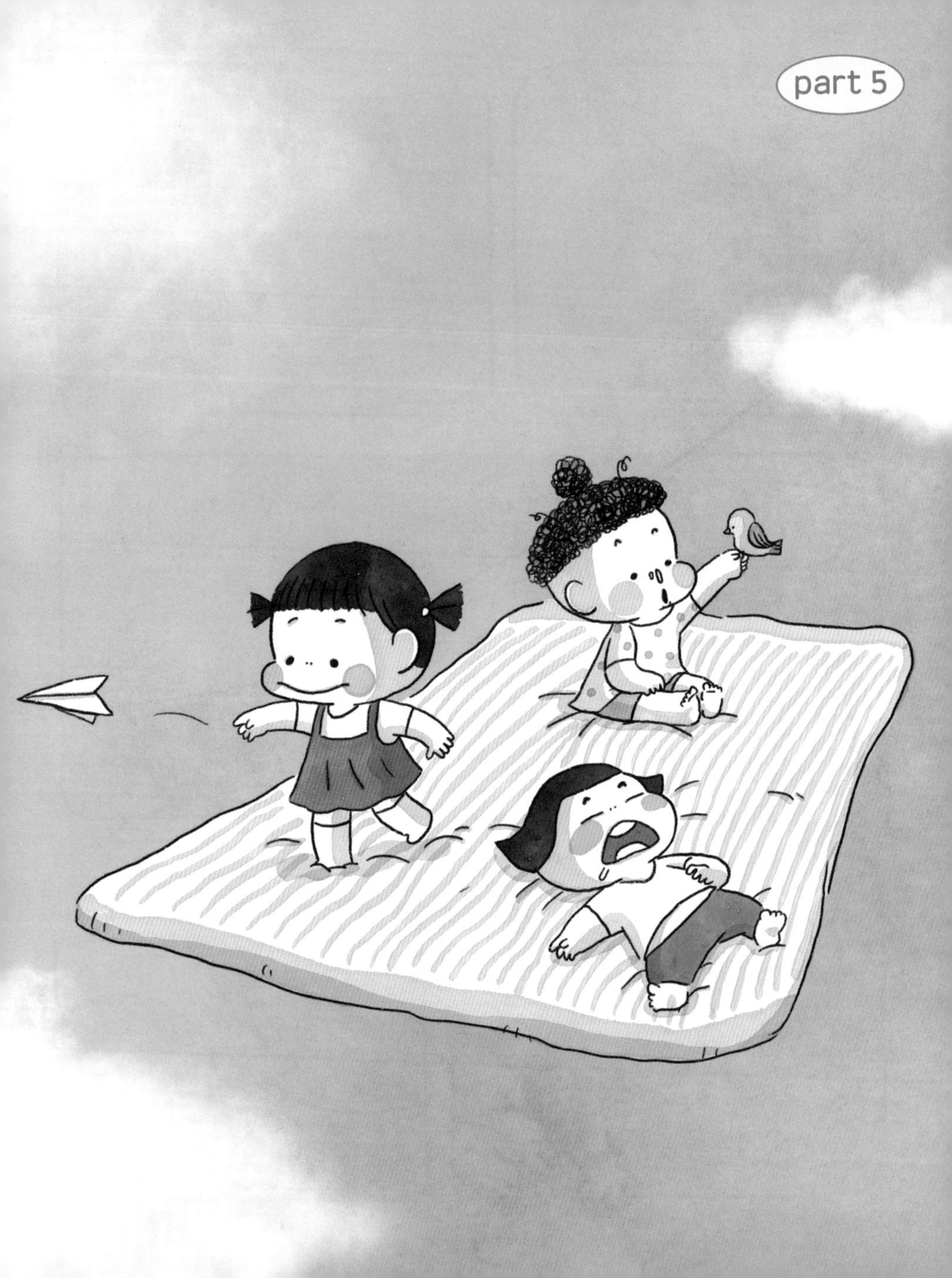

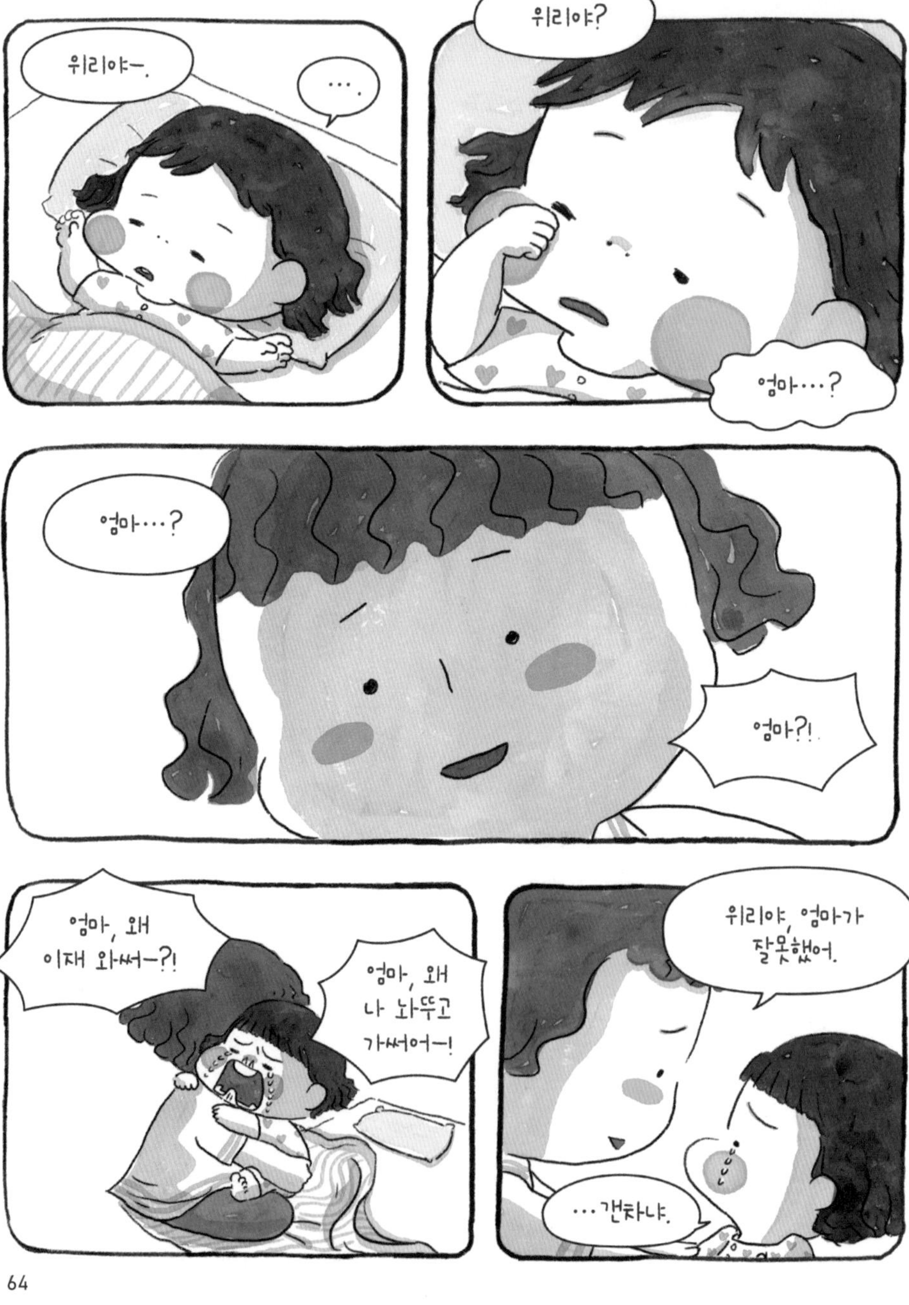
위리야ㅡ.
….
위리야?
엄마…?
엄마…?
엄마?!
엄마, 왜
이재 와써ㅡ?!
엄마, 왜
나 놔뚜고
가써어ㅡ!
위리야, 엄마가
잘못했어.
…갠차나.

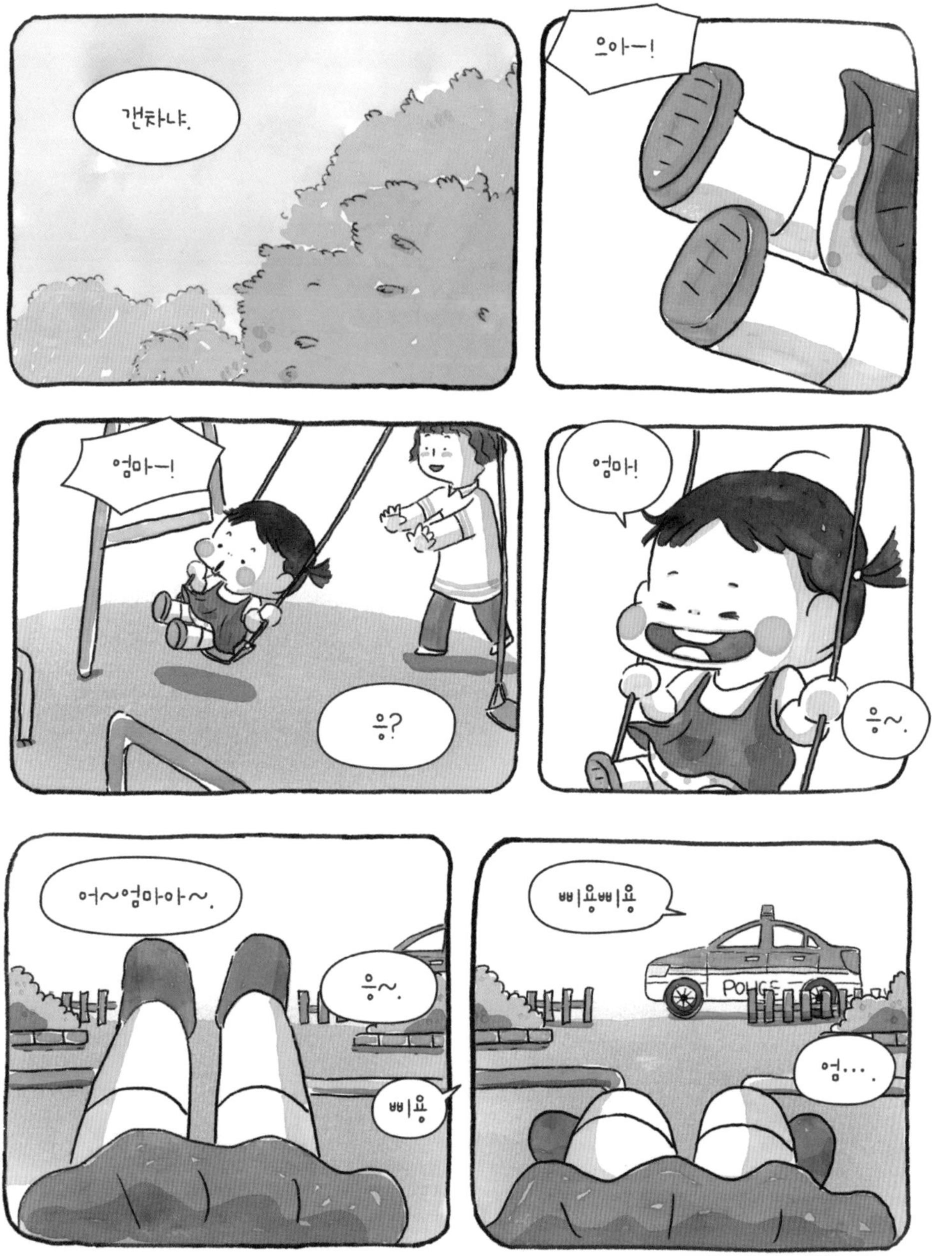
갠차나.
으아—!
엄마—!
응?
엄마!
응~.
어~엄마아~.
응~.
삐용
삐용삐용
POLICE
엄….

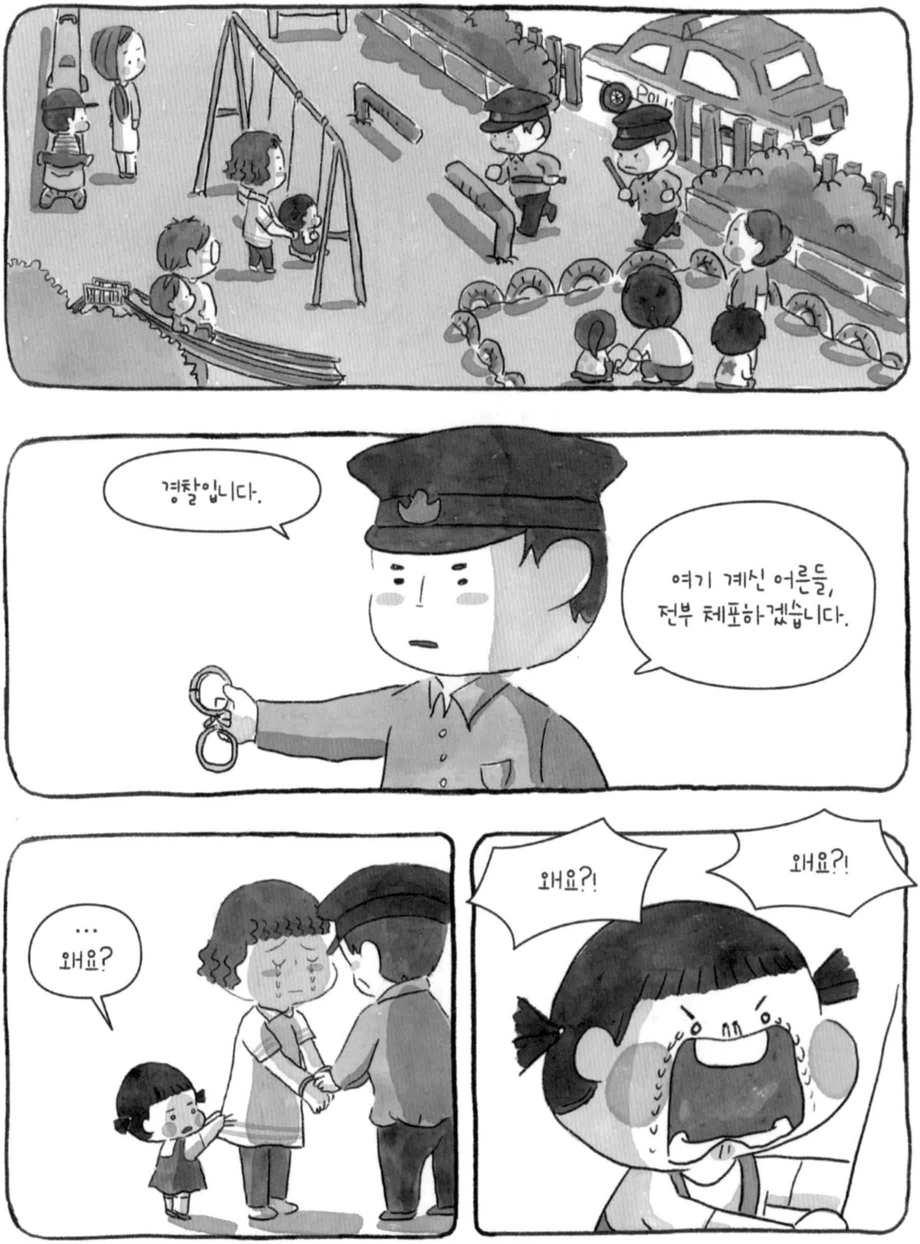
경찰입니다.
여기 계신 어른들, 전부 체포하겠습니다.
… 왜요?
왜요?!
왜요?!

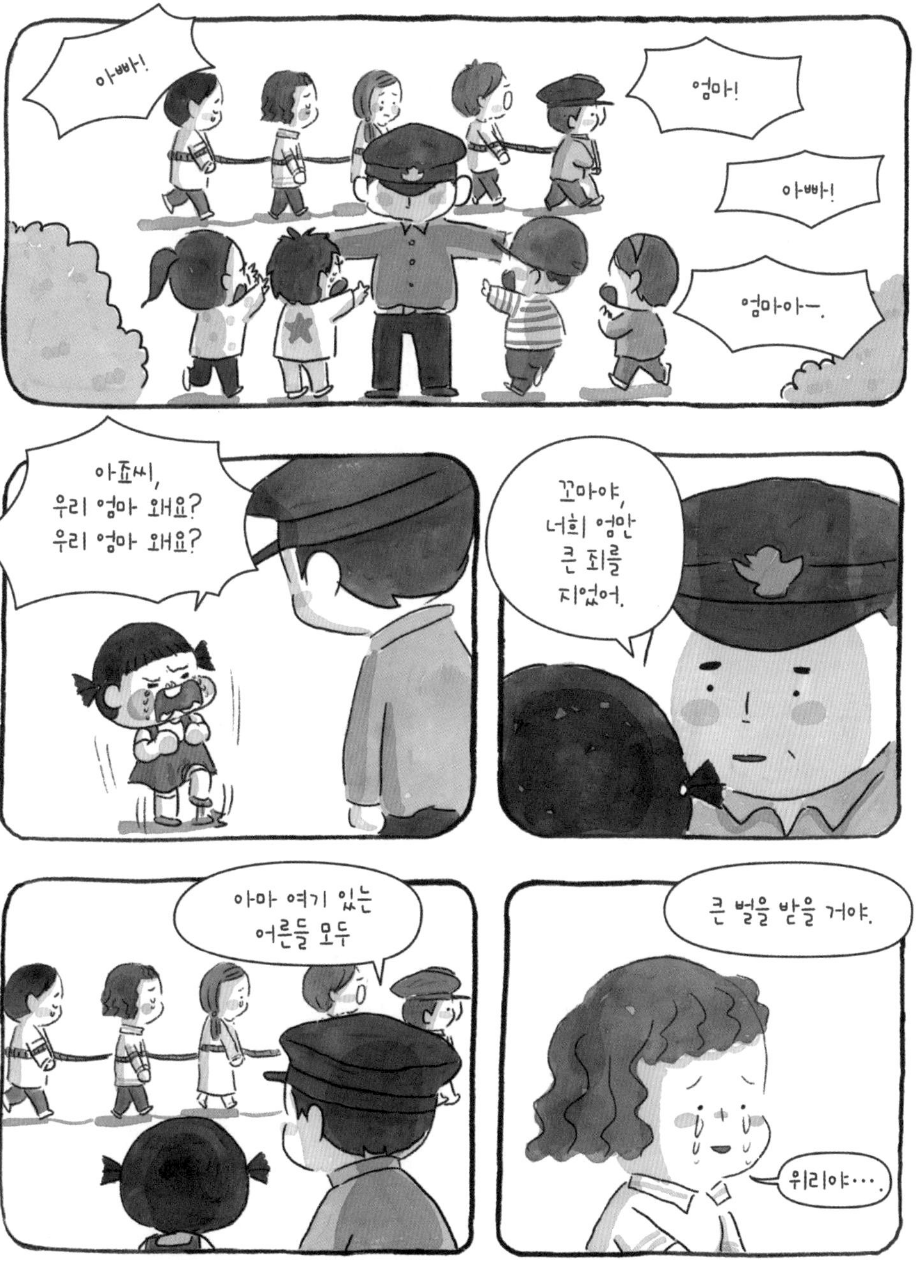
아빠!
엄마!
아빠!
엄마아—.
아죠씨,
우리 엄마 왜요?
우리 엄마 왜요?
꼬마야,
너희 엄만
큰 죄를
지었어.
아마 여기 있는
어른들 모두
큰 벌을 받을 거야.
위리야….

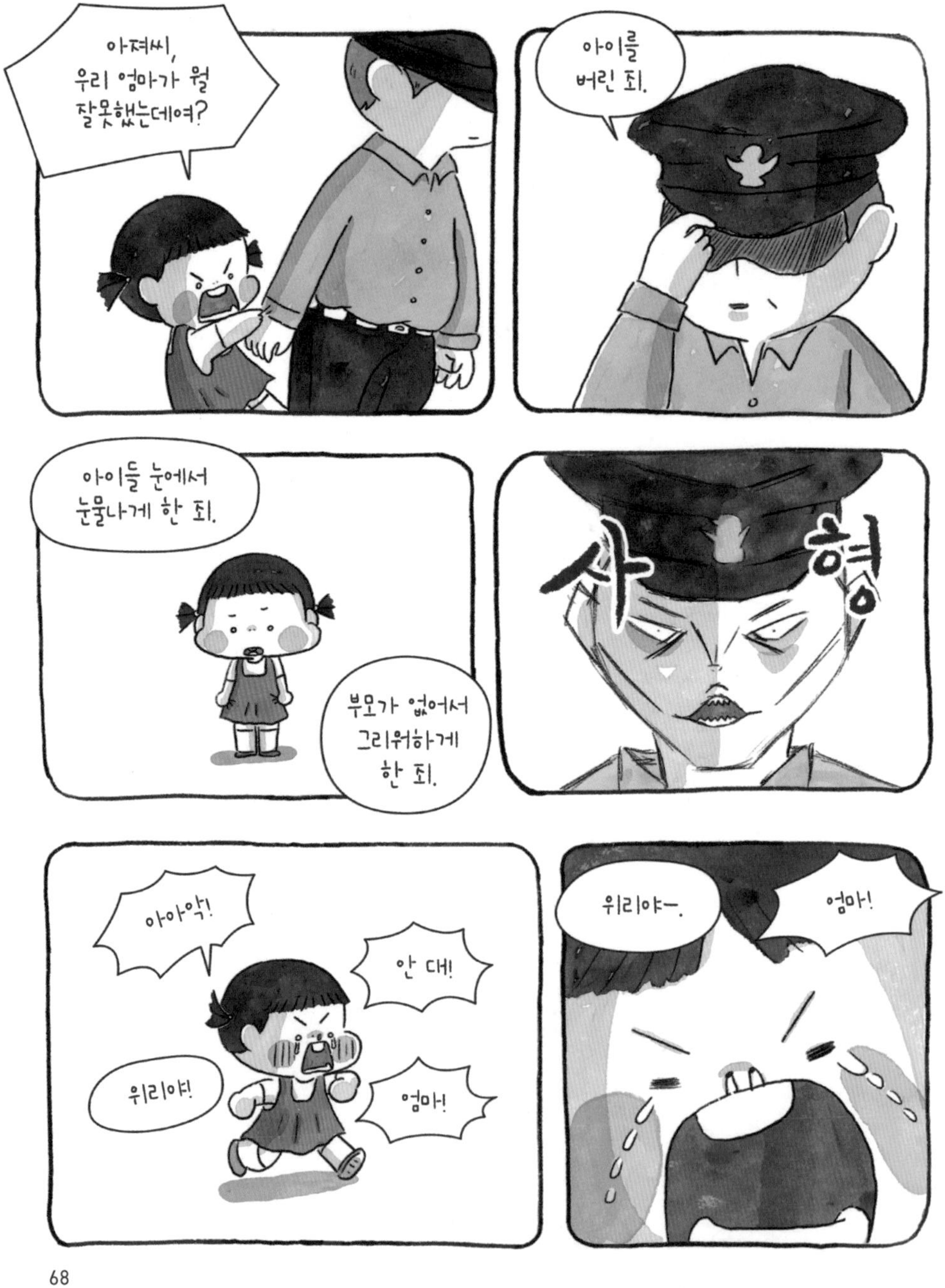
아져씨,
우리 엄마가 뭘
잘못했는데여?
아이를
버린 죄.
아이들 눈에서
눈물나게 한 죄.
부모가 없어서
그리워하게
한 죄.
사형
아아악!
안 대!
위리야!
엄마!
위리야ㅡ.
엄마!

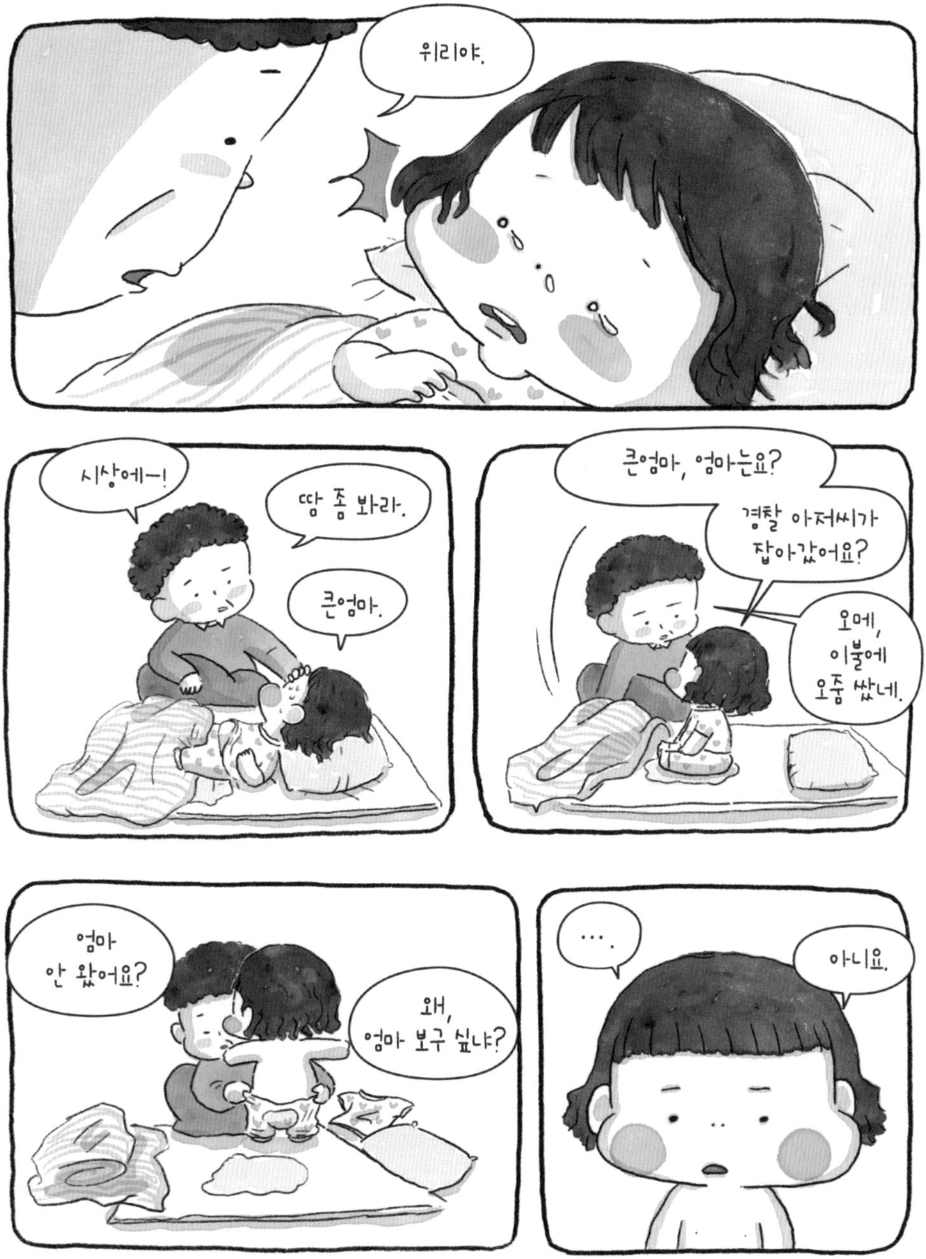

위리야.
시상에ㅡ!
땀 좀 봐라.
큰엄마.
큰엄마, 엄마는요?
경찰 아저씨가 잡아갔어요?
오메, 이불에 오줌 쌌네.
엄마 안 왔어요?
왜, 엄마 보구 싶냐?
….
아니요.

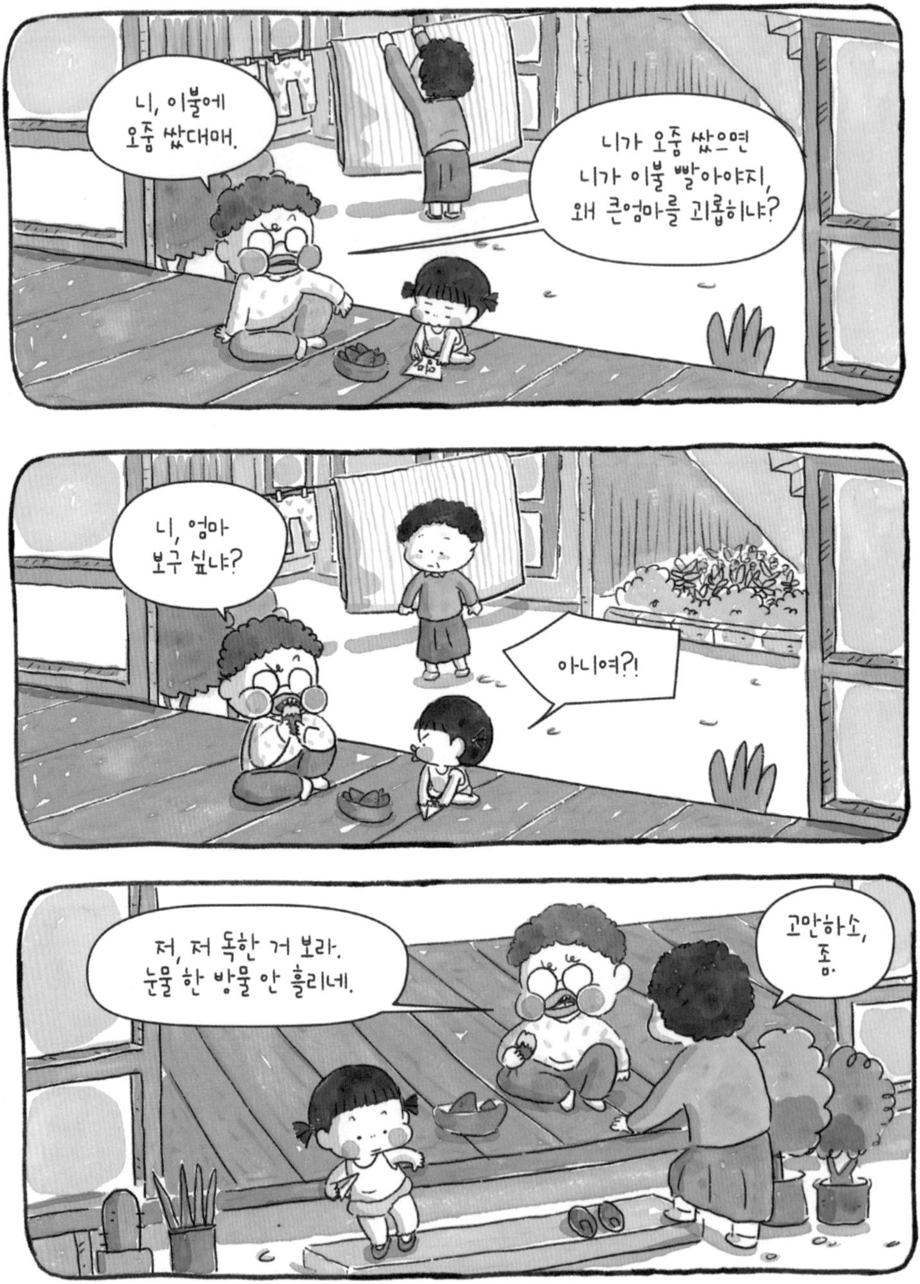
니, 이불에 오줌 쌌대매.
니가 오줌 쌌으면 니가 이불 빨아야지, 왜 큰엄마를 괴롭히냐?
니, 엄마 보구 싶냐?
아니여?!
저, 저 독한 거 보라. 눈물 한 방울 안 흘리네.
고만하소, 좀.

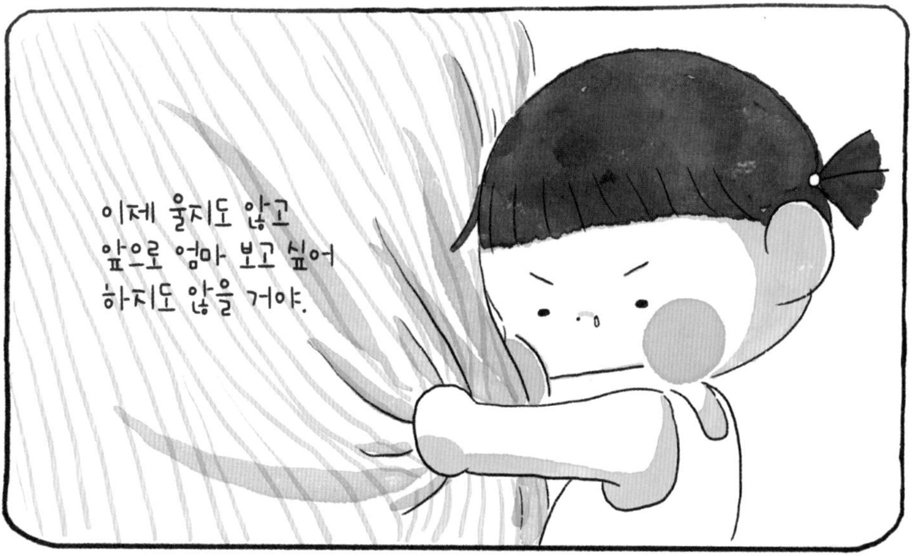
이제 울지도 않고
앞으로 엄마 보고 싶어
하지도 않을 거야.

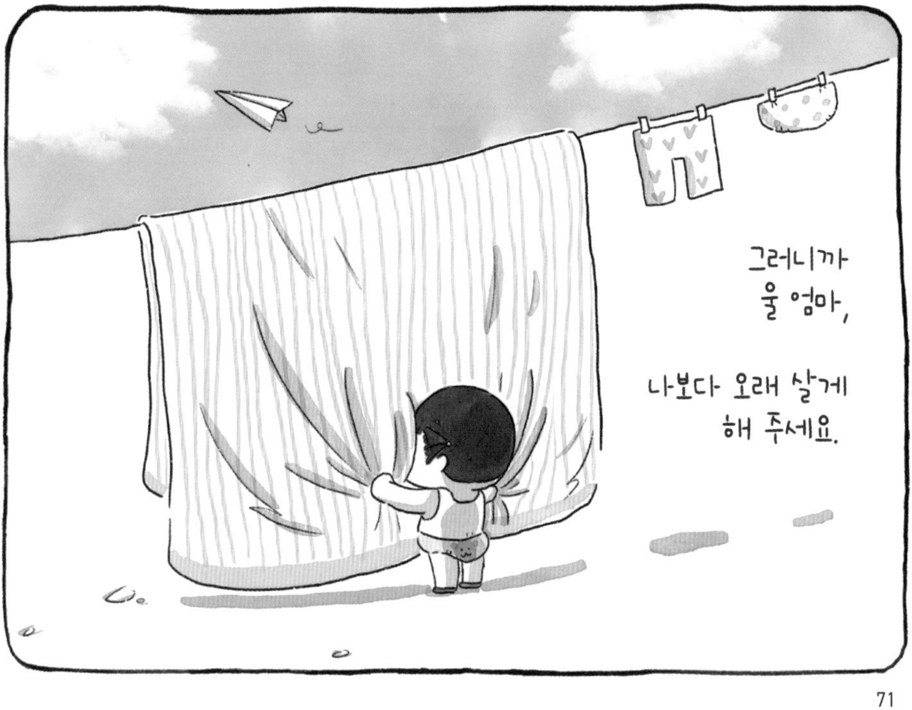
그러니까
울 엄마,
나보다 오래 살게
해 주세요.

꼭 말을 해야만 알까

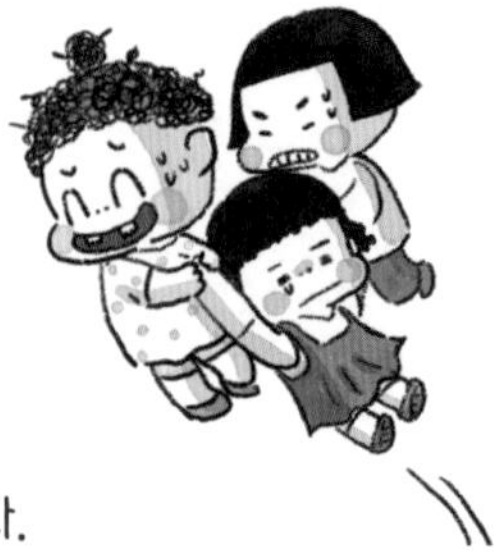

꼭 말을 해야만 상대의 의도나 표현을 알까?
조금만 신경을 쓰면 대강 짐작 정도는 할 때가 많다.
그런데 굳이 거기까지 신경 쓰고 싶지 않은 거다.
그리고 나중에 불화가 생길 때 준비해 둔 총알을 꺼낸다.
'말을 해야 알지!'

그렇다고 우리가 그때그때의 심경을 다 말하고 사느냐? 그것도 아니거든.
말을 할 때도 있지만 말을 함으로써 왠지 내가 쪽팔리고
비참해지는 것 같은 기분도 들 수 있는 거다.
그럴 때 말을 아끼거나 돌려서 하는데, 상대는 또 못 알아듣는 건지
못 알아듣는 척하는 건지, 내 말을 가볍게 넘길 때가 종종 있다.
결국 너와 나는 다를 바가 없다.

나는 말하는 사람도 되고 듣는 사람도 된다.
말하기 곤란할 때 내 표현을 상대가 조금 알아주길 원한다면
나도 상대의 표현에 조금 더 관심을 가지면 되는 거다.
어떻게 일일이 피곤하게 몽땅 다 말을 하고 사냐.

part 6

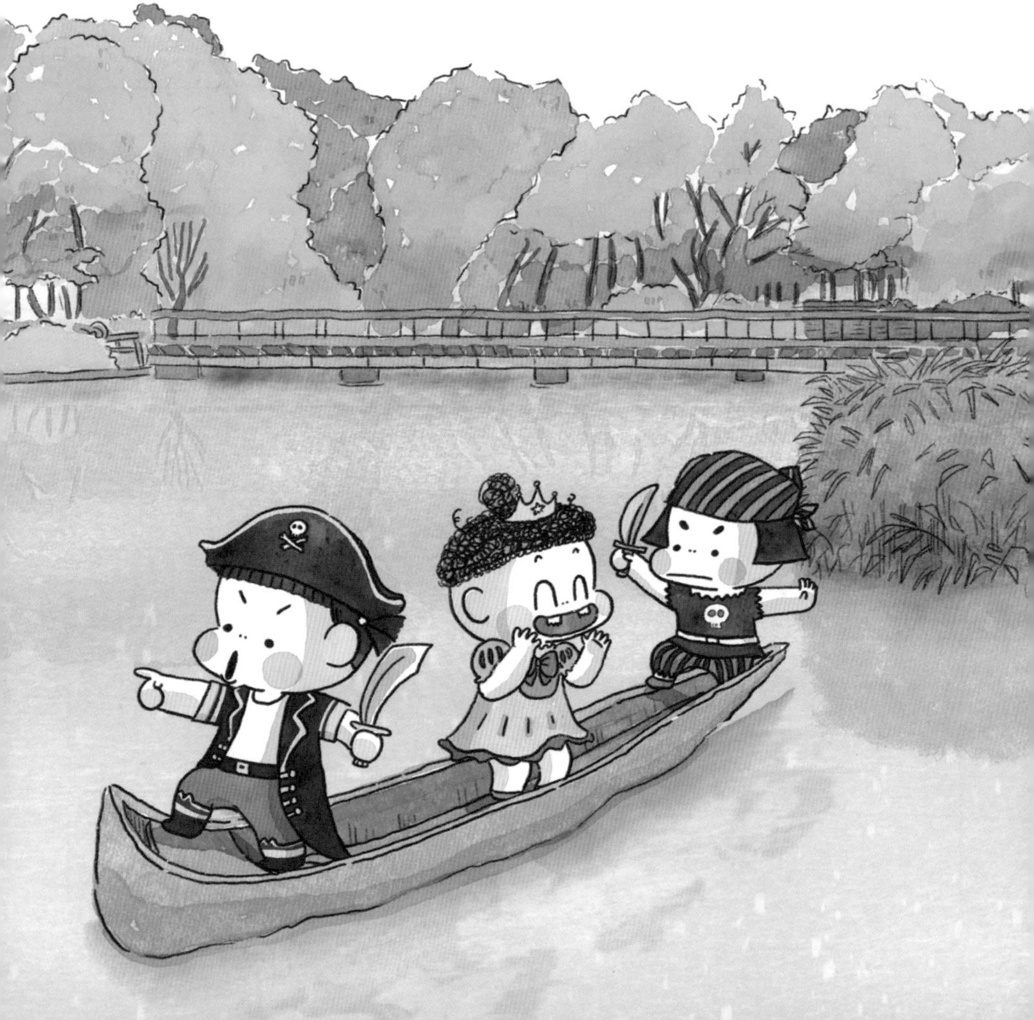

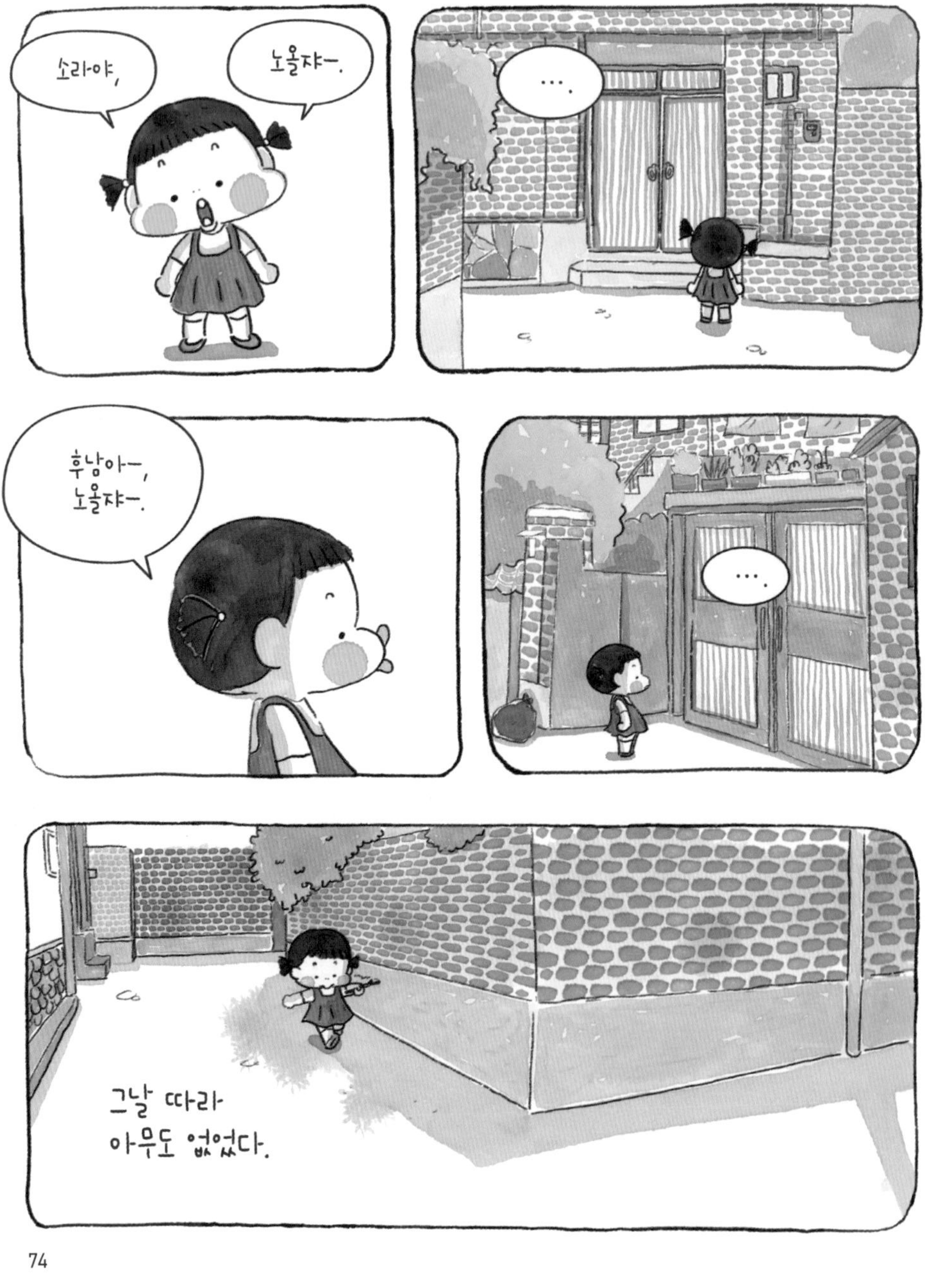
소라야,
노올자ー.
….
후남아ー,
노올자ー.
….
그날 따라
아무도 없었다.

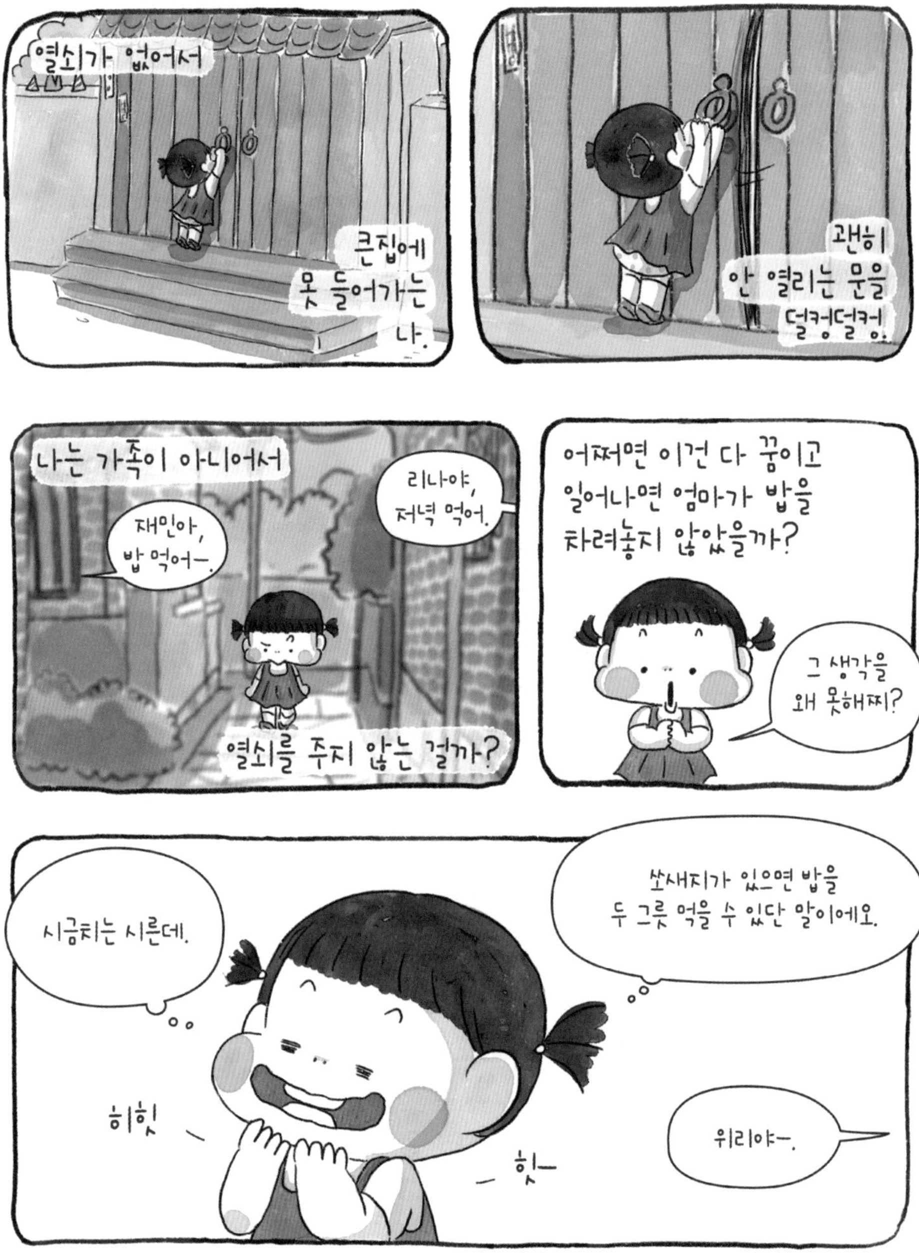

열쇠가 없어서
큰집에 못 들어가는 나.
괜히 안 열리는 문을 덜컹덜컹.
나는 가족이 아니어서
재민아, 밥 먹어—.
리나야, 저녁 먹어.
열쇠를 주지 않는 걸까?
어쩌면 이건 다 꿈이고 일어나면 엄마가 밥을 차려놓지 않았을까?
그 생각을 왜 못해찌?
시금치는 시른데.
쏘새지가 있으면 밥을 두 그릇 먹을 수 있단 말이에요.
히힛 — — 힛—
위리야—.

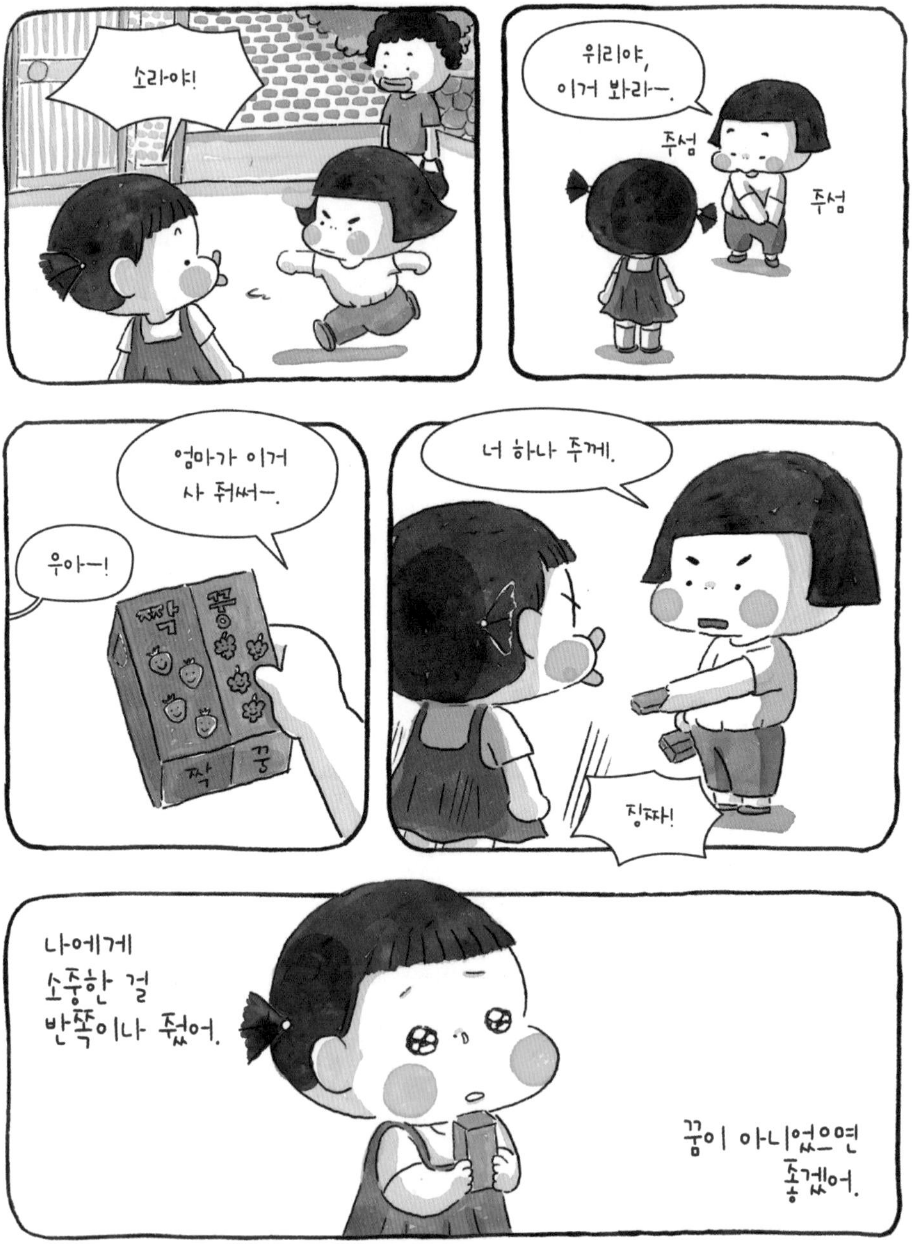
소라야!
위리야,
이거 봐라ㅡ.
주섬
주섬
엄마가 이거
사 줘써ㅡ.
우아ㅡ!
짝꿍
짝꿍
너 하나 주께.
징짜!
나에게
소중한 걸
반쪽이나 줬어.
꿈이 아니었으면
좋겠어.

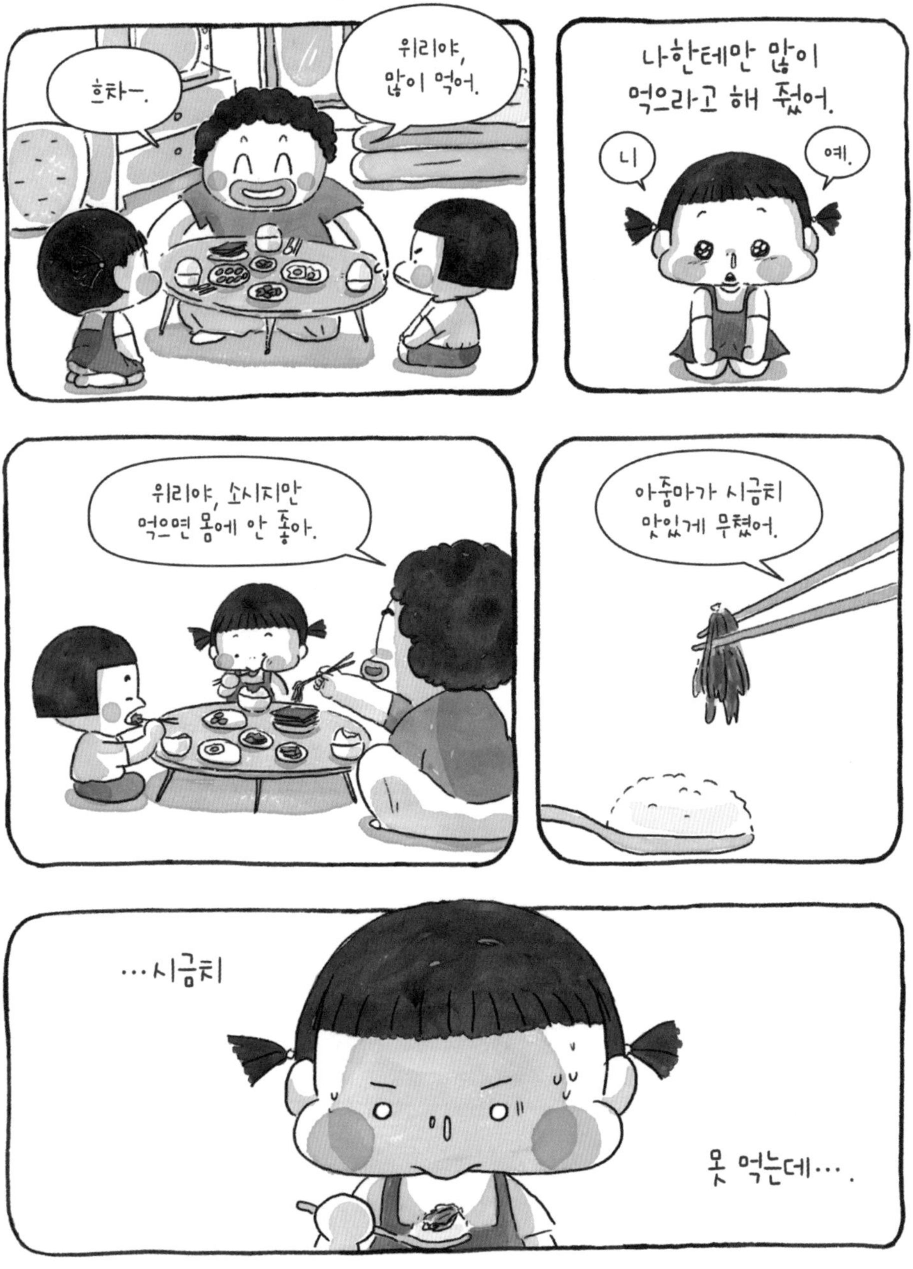
흐차-.
위리야,
많이 먹어.
나한테만 많이
먹으라고 해 줬어.
니
예.
위리야, 소시지만
먹으면 몸에 안 좋아.
아줌마가 시금치
맛있게 무쳤어.
…시금치
못 먹는데….

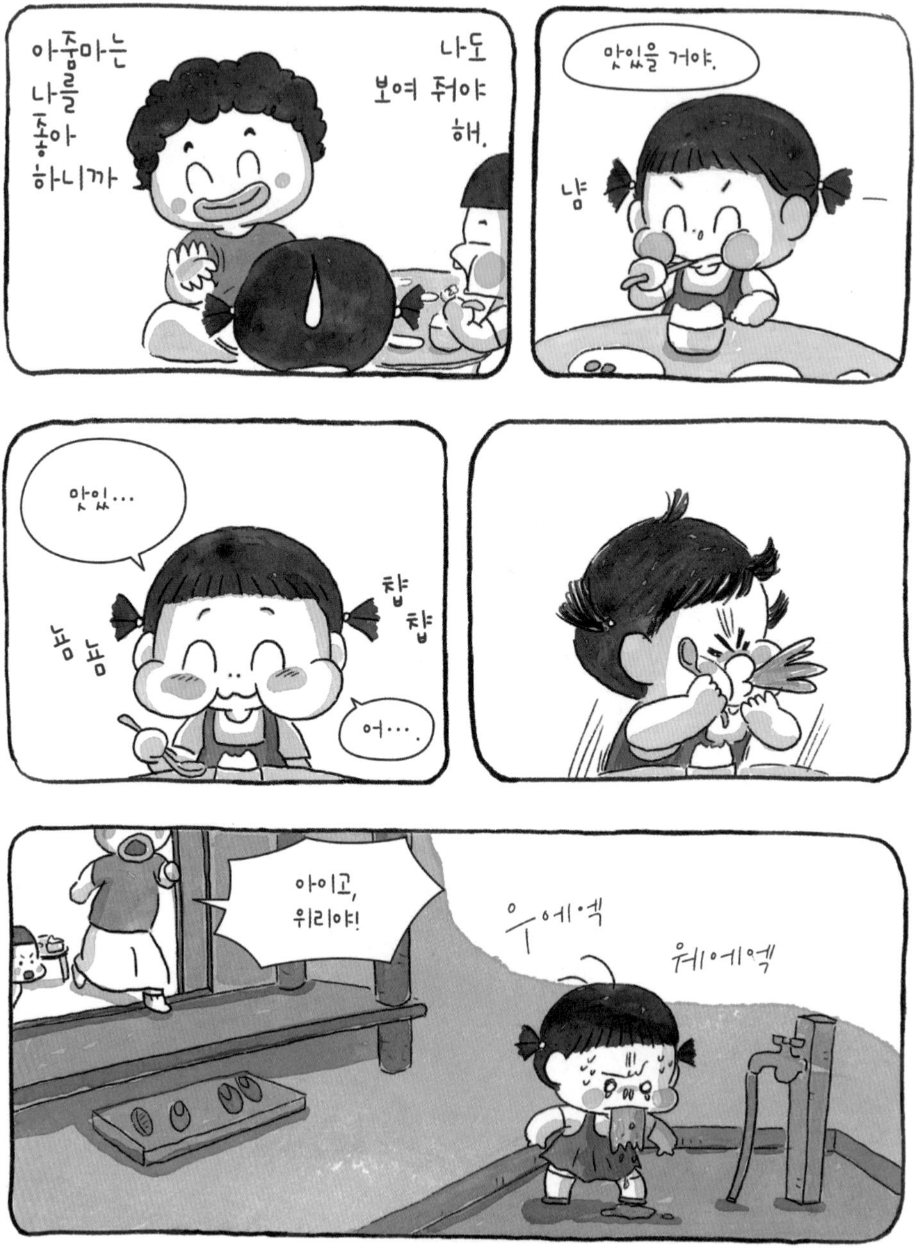
아줌마는
나를
좋아
하니까
나도
보여 줘야
해.
맛있을 거야.
냠
맛있…
냠
냠
챱
챱
어….
아이고,
위리야!
우에엑
웨에엑

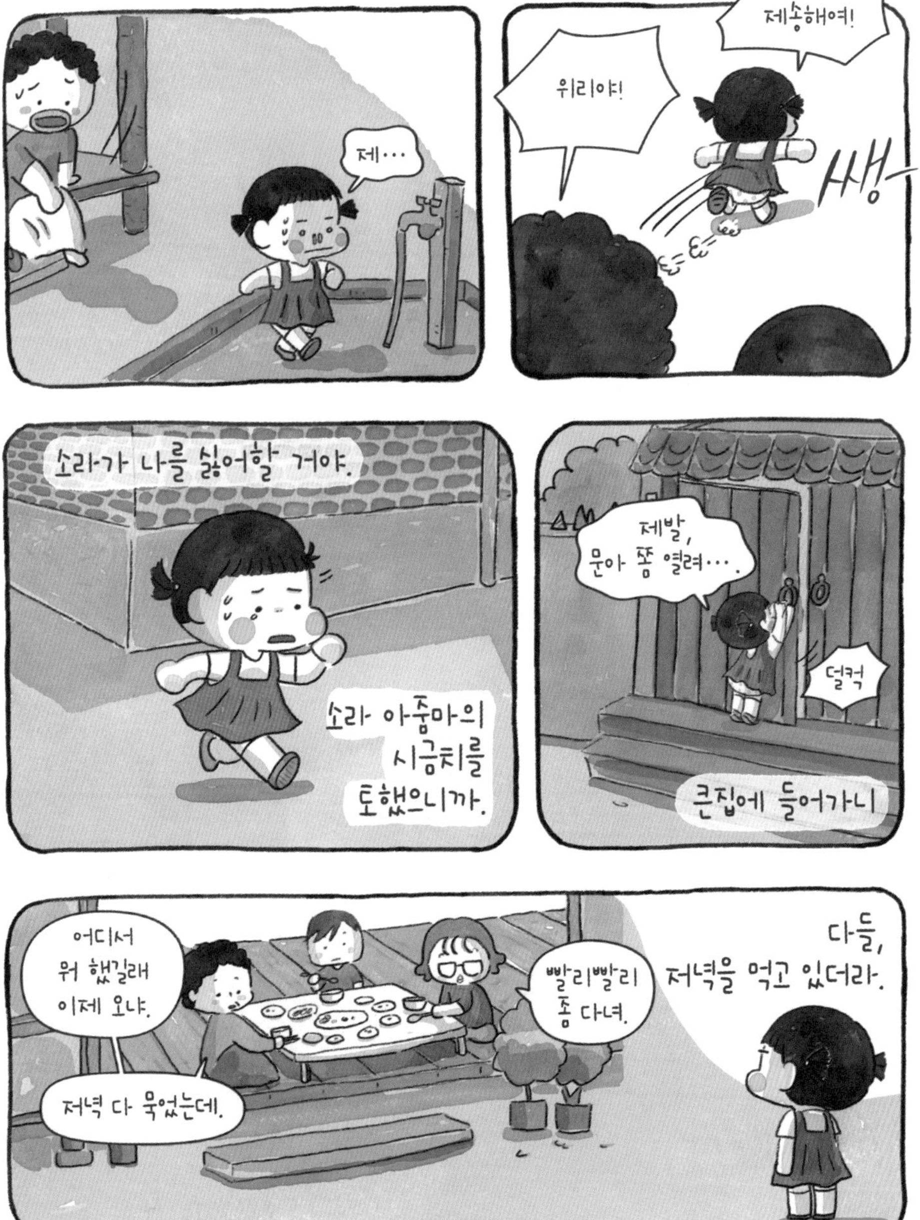
제···
위리야!
제송해여!
쌩-
소리가 나를 싫어할 거야.
소리 아줌마의 시금치를 토했으니까.
제발, 문아 쫌 열려···.
덜컥
큰집에 들어가니
다들, 저녁을 먹고 있더라.
어디서 뭐 했길래 이제 오냐.
빨리빨리 좀 다녀.
저녁 다 묵었는데.

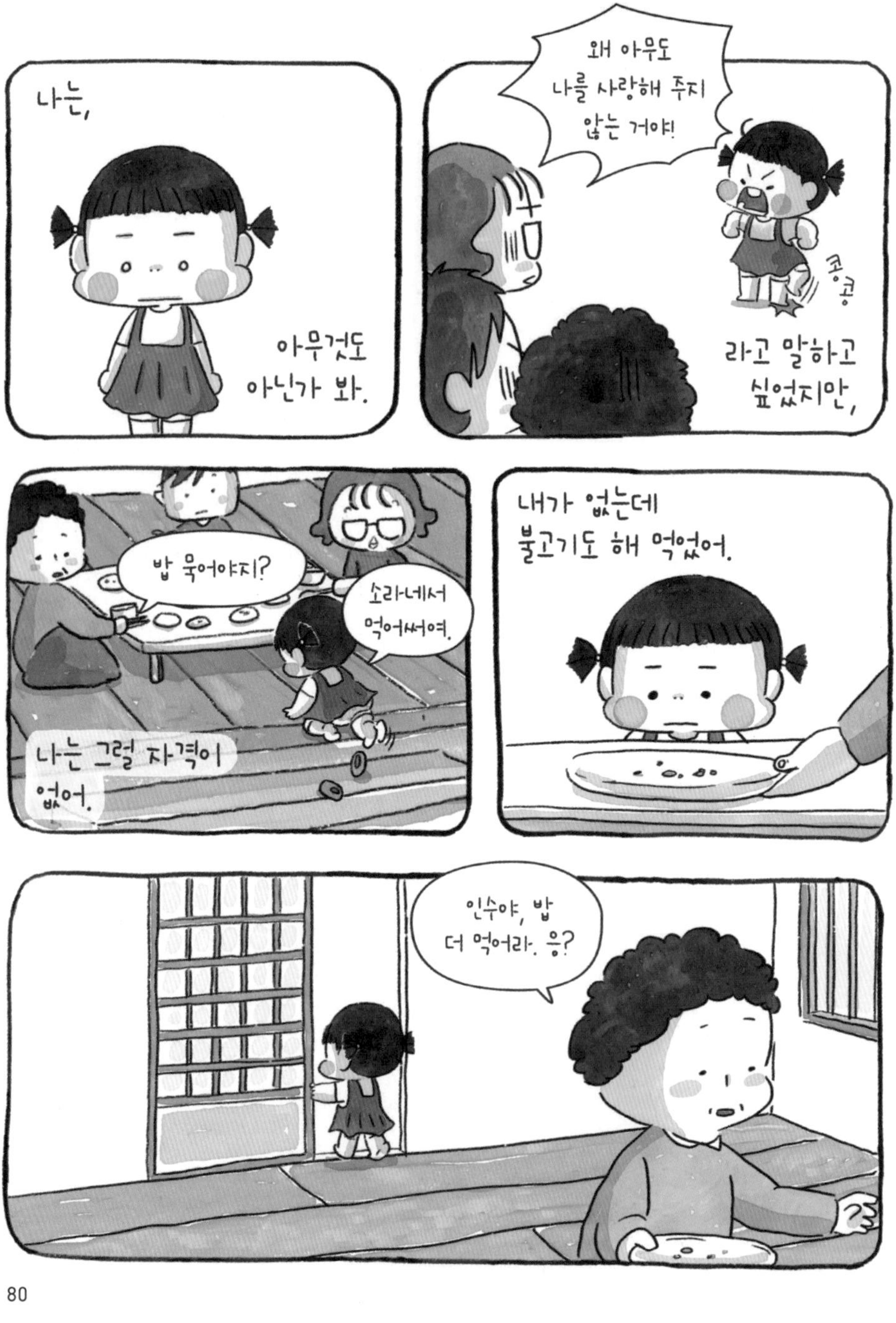

나는,
아무것도 아닌가 봐.
왜 아무도 나를 사랑해 주지 않는 거야!
콩콩
라고 말하고 싶었지만,
밥 묵어야지?
소라네서 먹어써여.
나는 그럴 자격이 없어.
내가 없는데 불고기도 해 먹었어.
인수야, 밥 더 먹어라. 응?

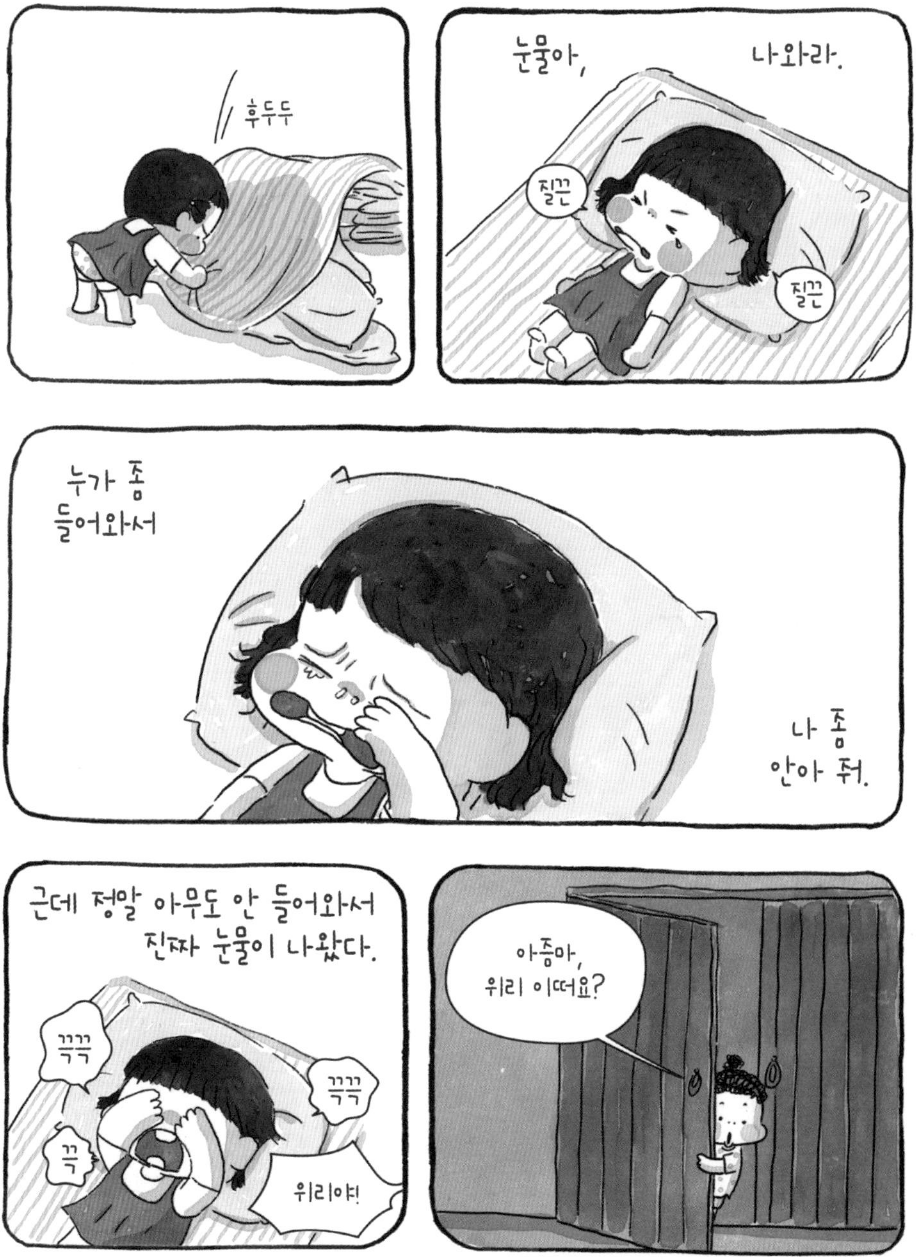
후두두
눈물아,
나와라.
질끈
질끈
누가 좀
들어와서
나 좀
안아 줘.
근데 정말 아무도 안 들어와서
진짜 눈물이 나왔다.
끅끅
끅끅끅
끅
위리야!
아줌마,
위리 이떠요?

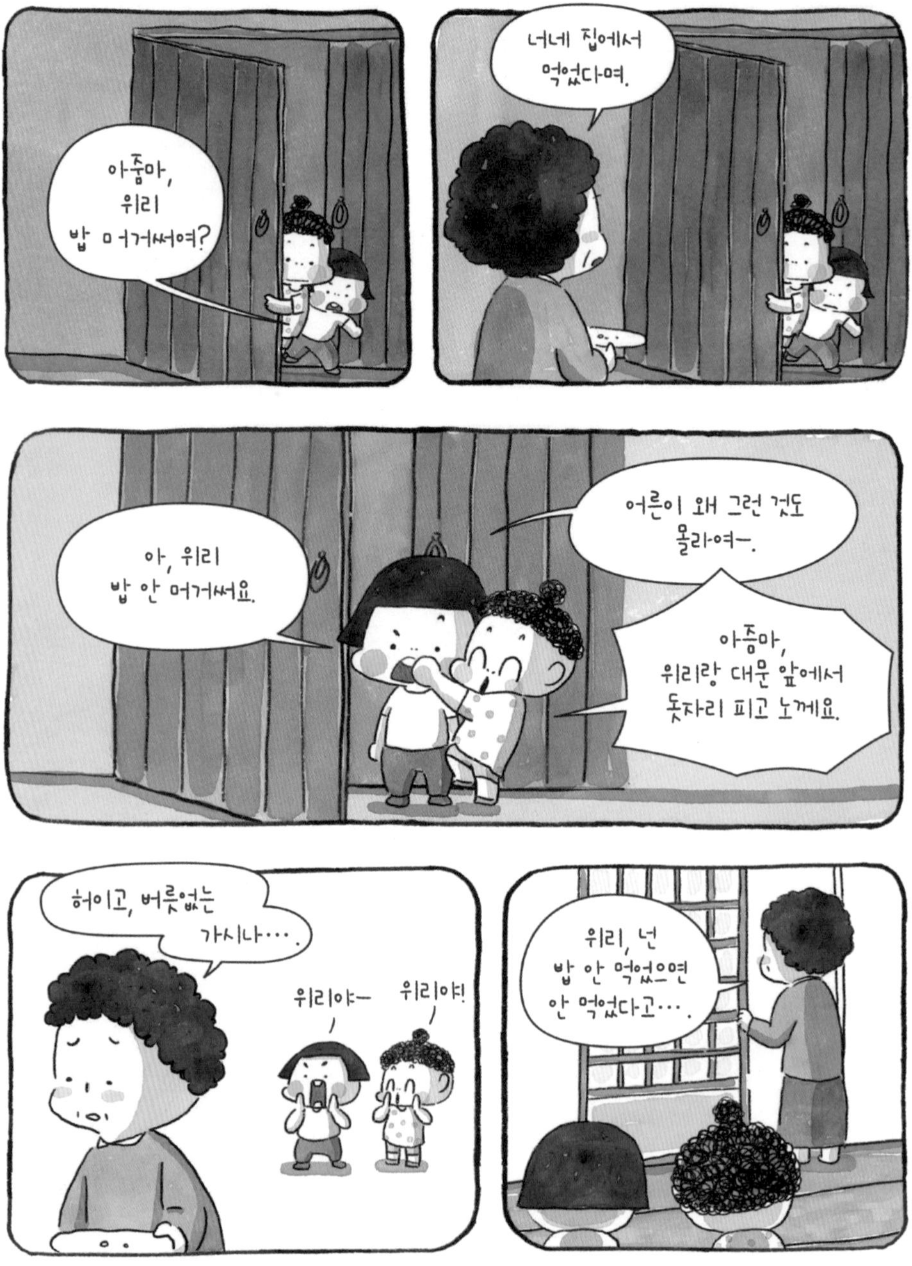
아줌마, 위리 밥 머거써여?
너네 집에서 먹었다며.
아, 위리 밥 안 머거써요.
어른이 왜 그런 것도 몰라여ㅡ.
아줌마, 위리랑 대문 앞에서 돗자리 피고 노께요.
허이고, 버릇없는 가시나….
위리야ㅡ
위리야!
위리, 넌 밥 안 먹었으면 안 먹었다고….

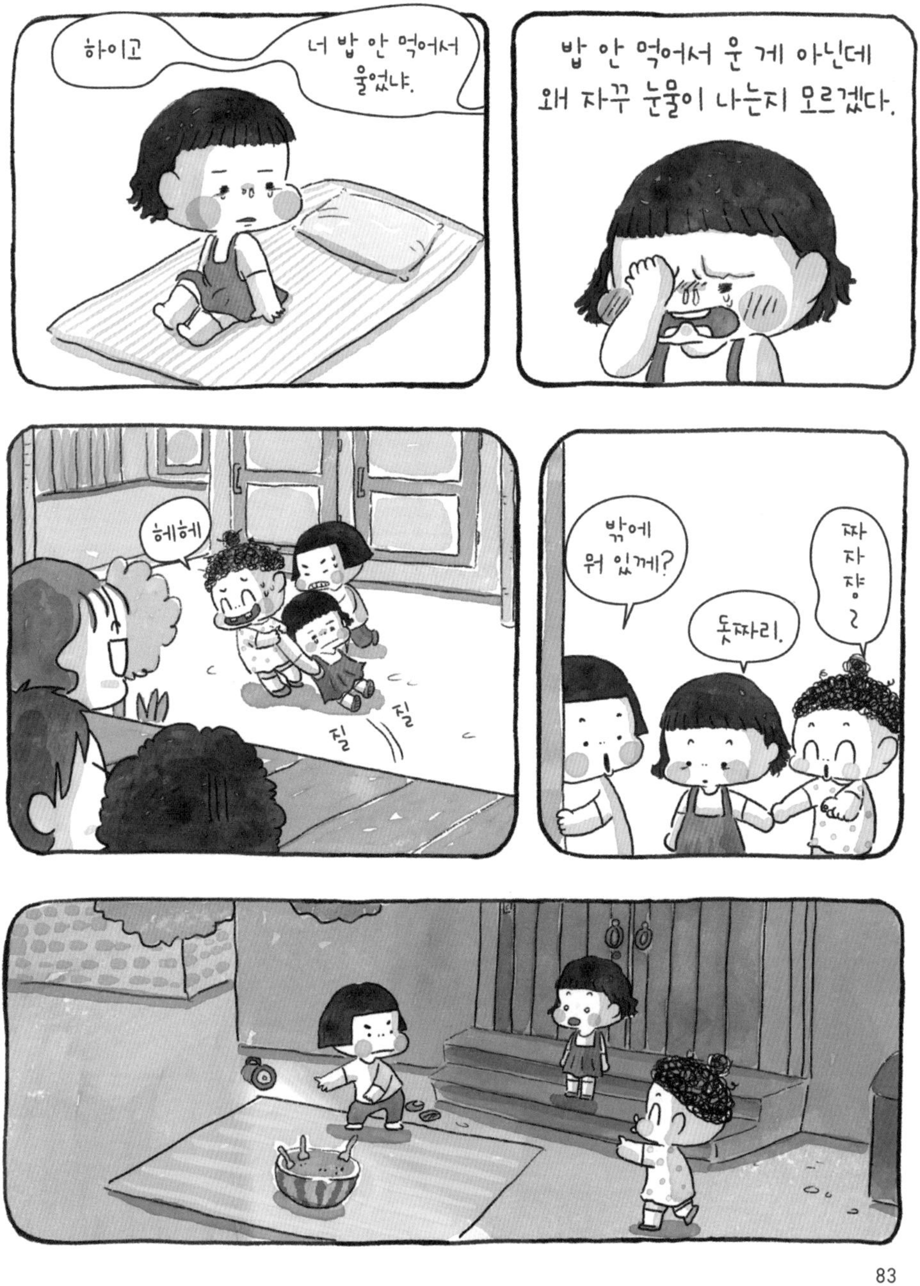
하이고
너 밥 안 먹어서 울었냐.
밥 안 먹어서 운 게 아닌데
왜 자꾸 눈물이 나는지 모르겠다.
헤헤
질
질
밖에 뭐 있게?
돗짜리.
짜자장

괜찮다

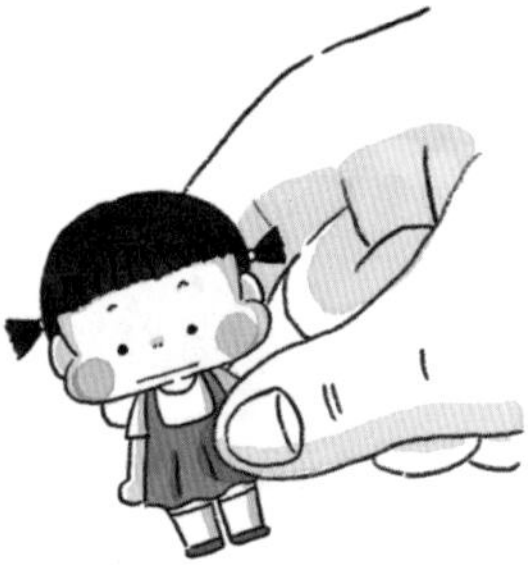

뭐 어떠냐, 다 괜찮다.

지나간 시간이 모여 지금이 되었고 허튼 시간은 하나도 없었다.

기쁘면 기쁜 대로 값졌고 괴로우면 괴로운 대로 깨달은 바가 있었다.

예전엔 내가 제일 잘나갈 것 같았는데 지금은 나만 제일 못 나가.

이런들 어떠하고 저런들 어떠하리.

그때그때 결괏값은 또 그때그때 다르잖아.

예전엔 평생 이렇게 살까 봐 걱정돼서 잠 못 들었는데

지금은 평생 이렇게 못 살면 어떡하나 잠 못 든다.

내년엔 뭘 때문에 잠 못 들지 모르겠지만 일단 자자.

죽기 전엔 결론이 안 난다.

전성기가 지나갔는지, 아직 나를 기다리고 있는지 모른다.

박막례 할머니는 지금이 전성기잖아.

왜 그땐 그렇게 살았을까 후회하고 싶지 않다.

그때가 있었기에 지금 조금 더 나은 내가 되어 있는지도 모른다.

어쨌든 오늘은 남은 날 중 제일 젊은 날이고

살아온 날 중 마지막 날이다.

오늘만큼은 의미 있게 보내길.

part 7

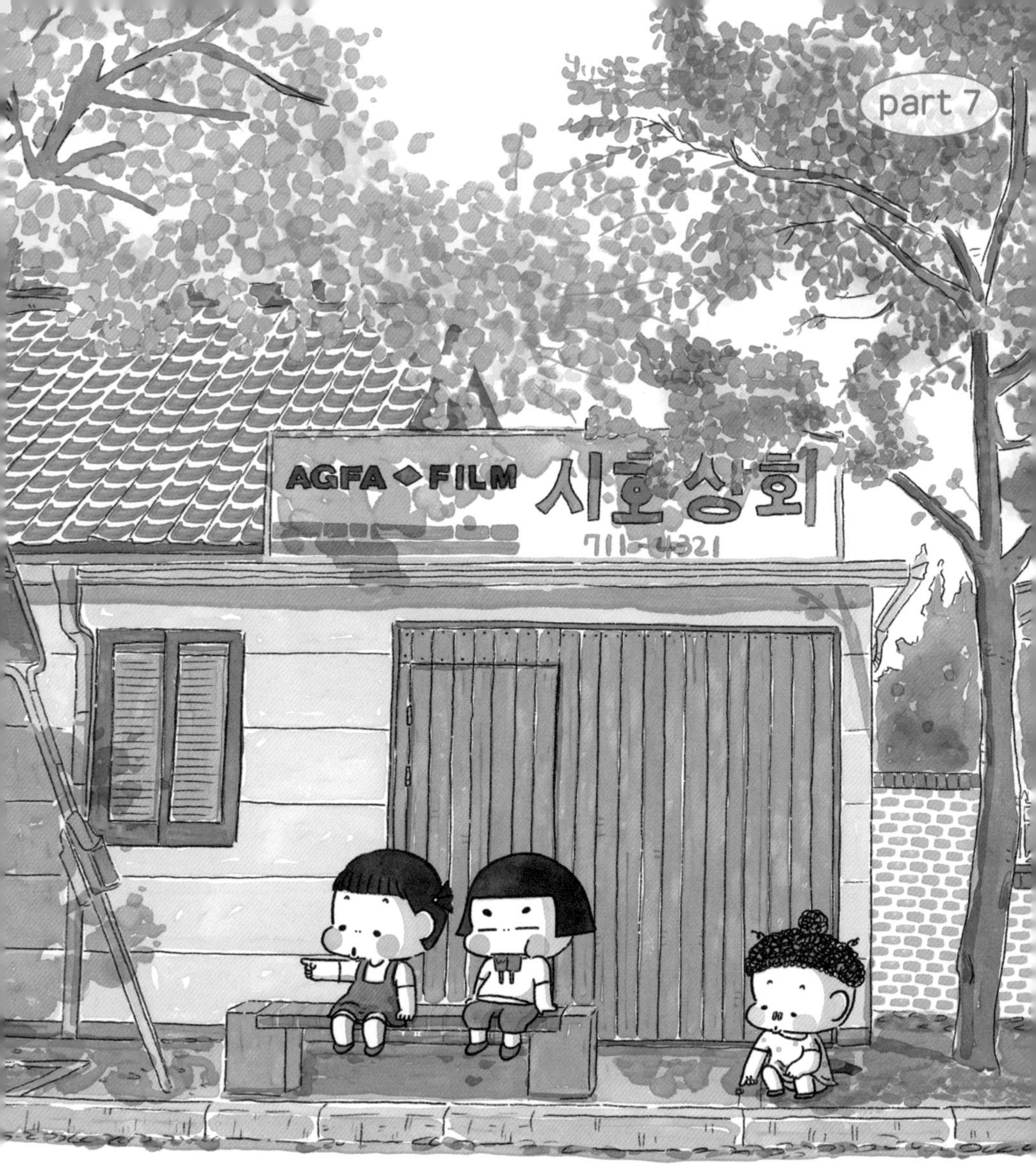

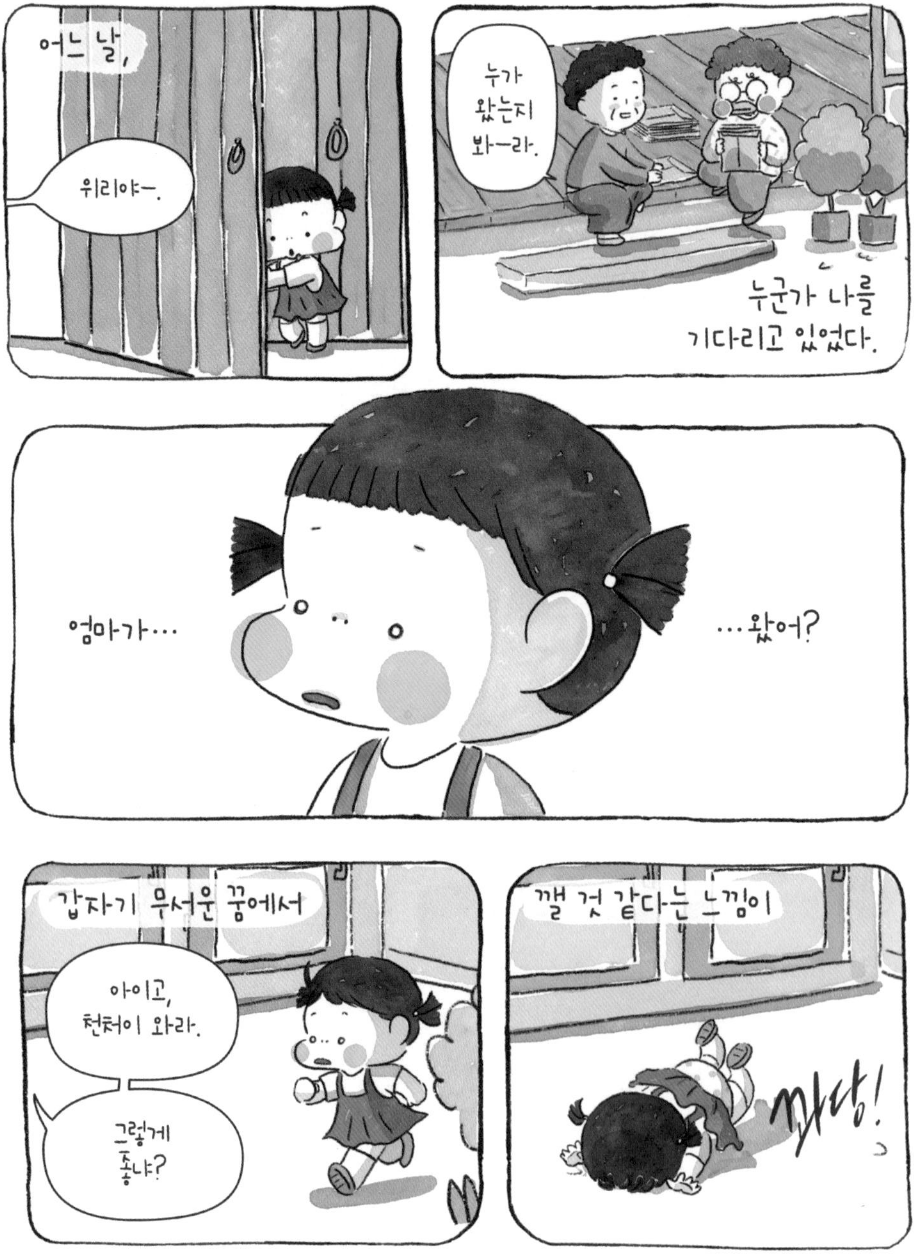
어느 날,
위리야ㅡ.
누가 왔는지 봐ㅡ라.
누군가 나를 기다리고 있었다.
엄마가…
…왔어?
갑자기 무서운 꿈에서
아이고, 천처이 와라.
그렇게 좋냐?
깰 것 같다는 느낌이
꽈당!

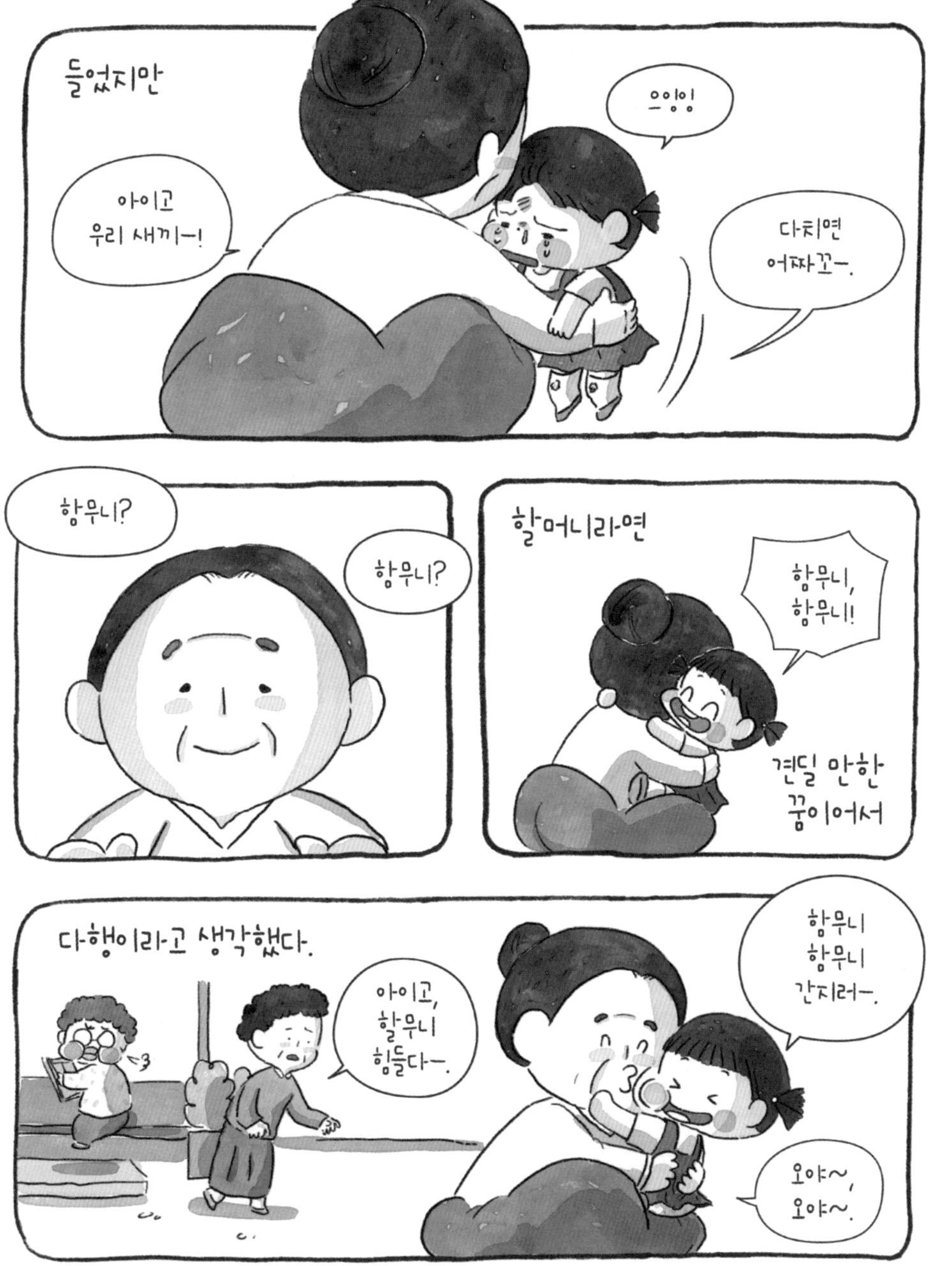

들었지만
으앙!
아이고
우리 새끼—!
다치면
어짜꼬—.
함무니?
함무니?
할머니라면
함무니,
함무니!
견딜 만한
꿈이어서
다행이라고 생각했다.
함무니
함무니
간지러—.
오야~,
오야~.
아이고,
할무니
힘들다—.

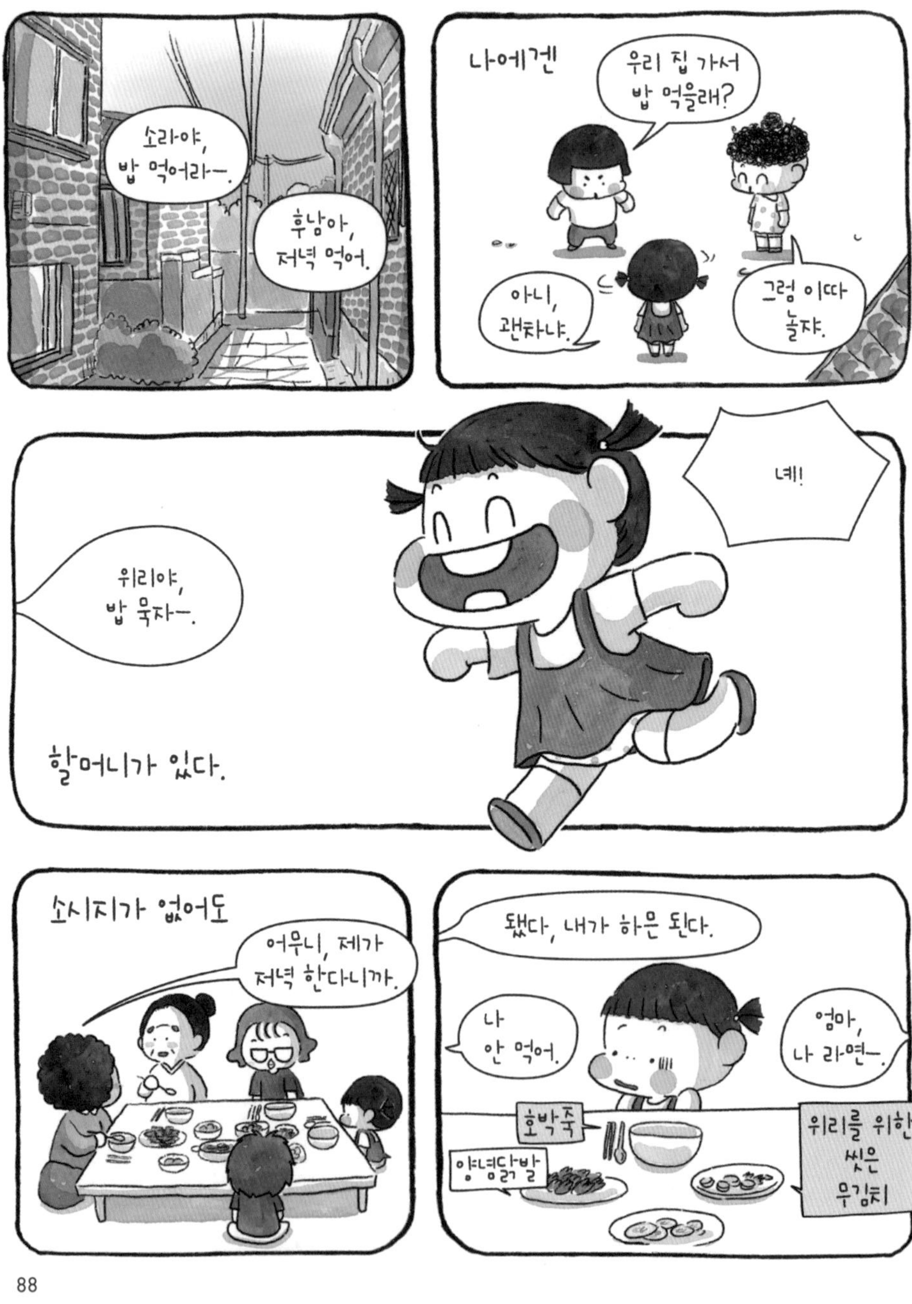
소라야,
밥 먹어라—.
후남아,
저녁 먹어.
나에겐
우리 집 가서
밥 먹을래?
아니,
괜차나.
그럼 이따
놀자.
위리야,
밥 묵자—.
네!
할머니가 있다.
소시지가 없어도
어무니, 제가
저녁 한다니까.
됐다, 내가 하믄 된다.
나
안 먹어.
엄마,
나 라면—.
호박죽
양념닭발
위리를 위한
씻은
무김치

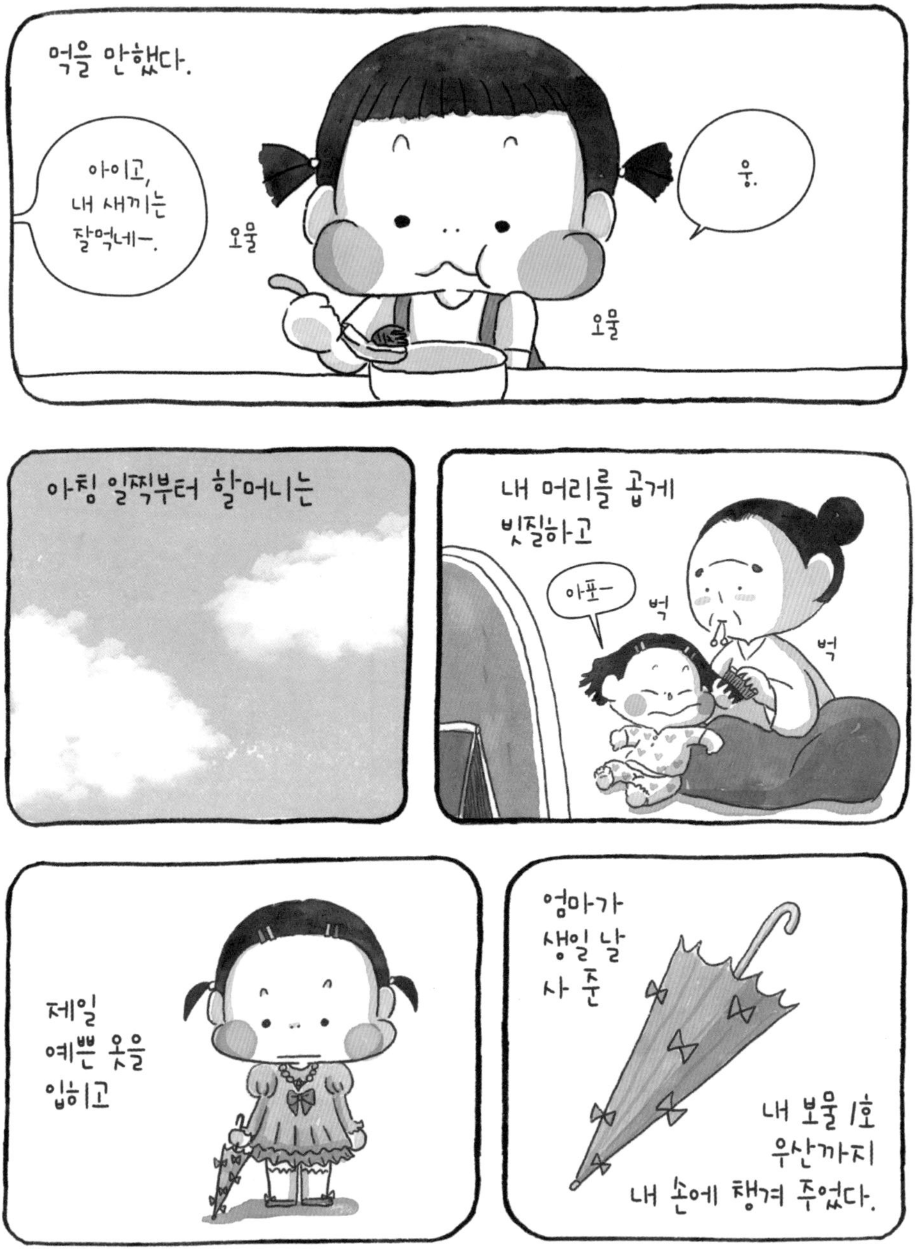
먹을 만했다.
아이고, 내 새끼는 잘먹네-.
오물
응.
오물
아침 일찍부터 할머니는
내 머리를 곱게 빗질하고
아포-
벅
벅
제일 예쁜 옷을 입히고
엄마가 생일 날 사 준
내 보물 1호 우산까지 내 손에 챙겨 주었다.

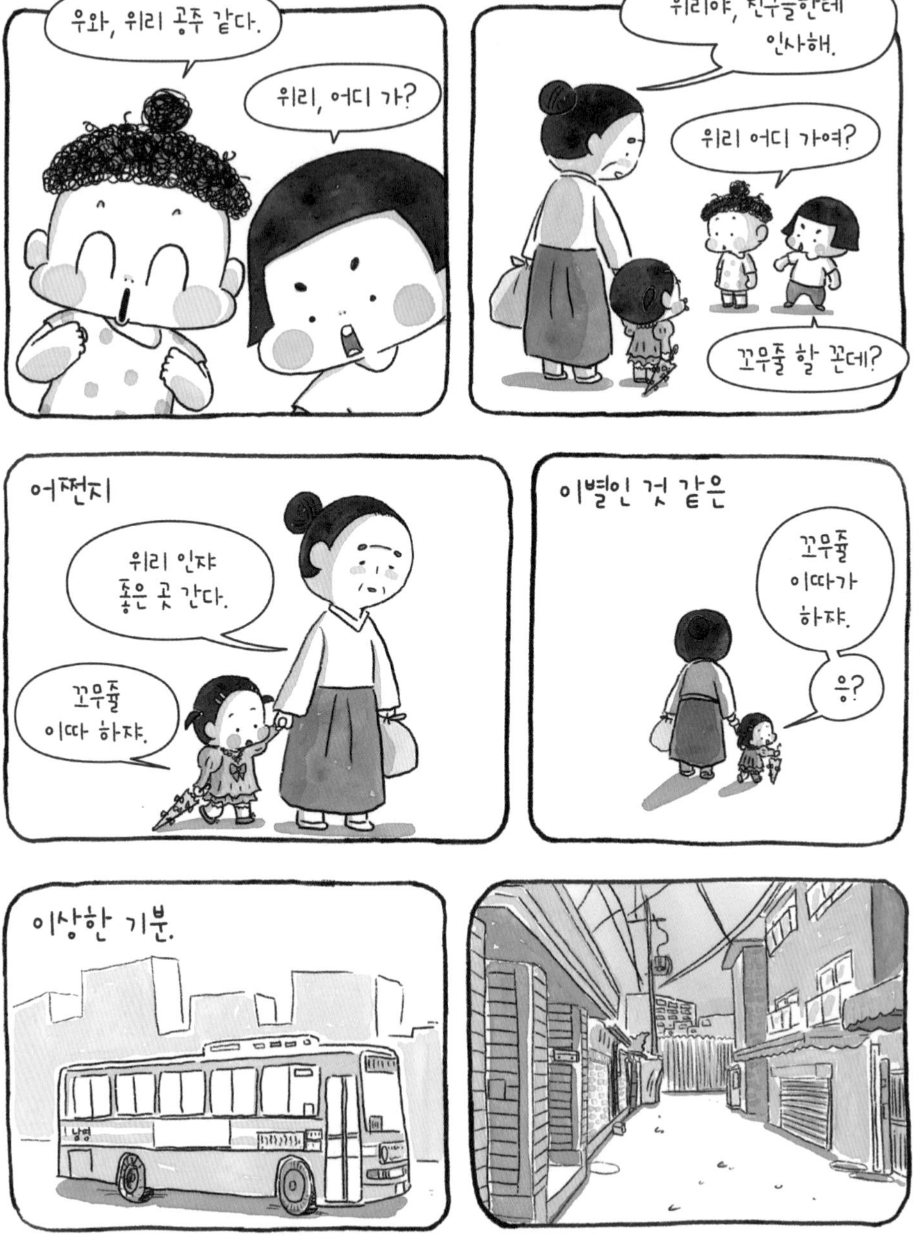
우와, 위리 공주 같다.
위리, 어디 가?
위리야, 친구들한테 인사해.
위리 어디 가여?
꼬무줄 할 꼰데?
어쩐지
위리 인자 좋은 곳 간다.
꼬무줄 이따 하쟈.
이별인 것 같은
꼬무줄 이따가 하쟈.
응?
이상한 기분.

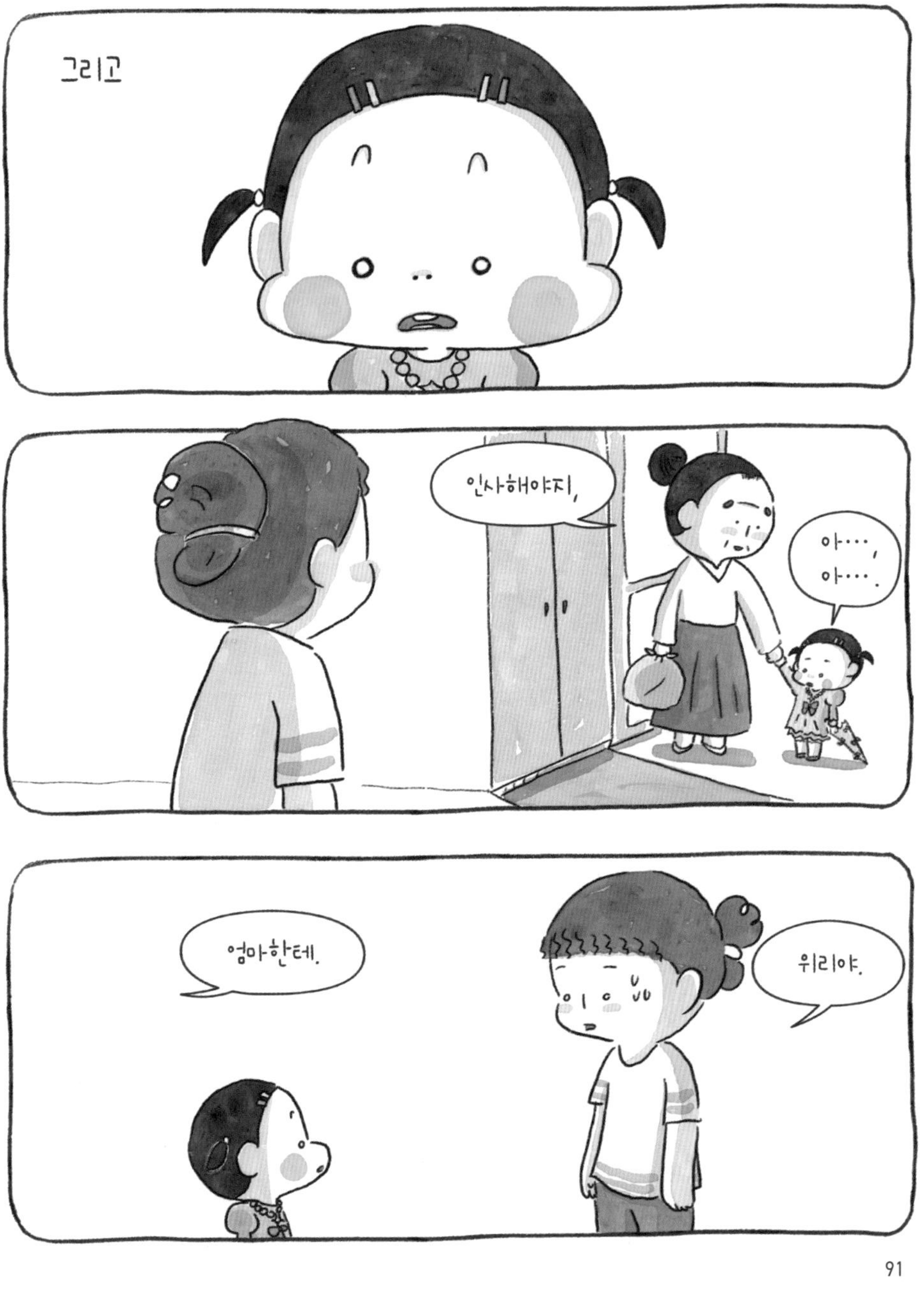
그리고
인사해야지,
아…,
아….
엄마한테.
위리야.

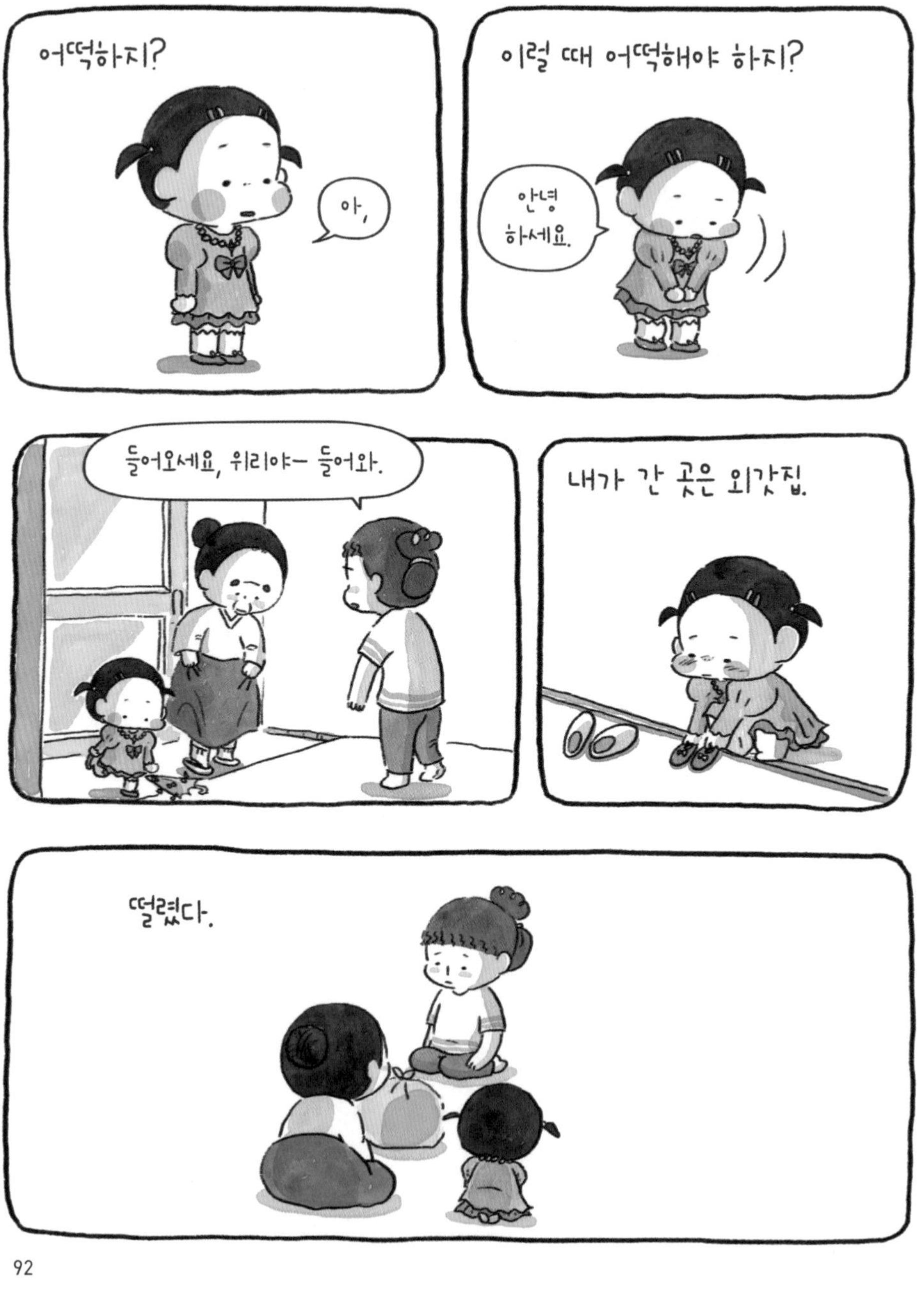
어떡하지?
아,
이럴 때 어떡해야 하지?
안녕
하세요.
들어오세요, 위리야— 들어와.
내가 간 곳은 외갓집.
떨렸다.

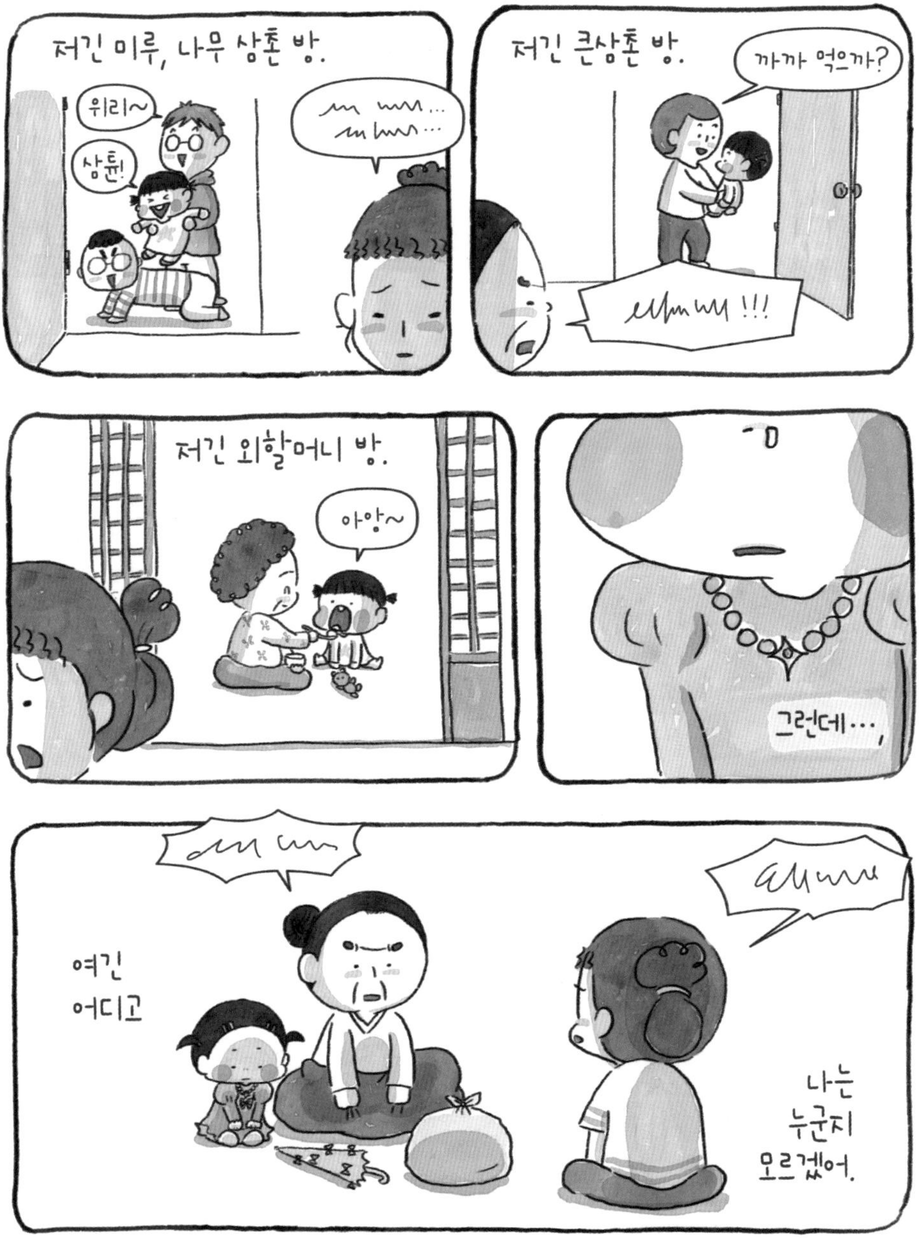
저긴 미루, 나무 삼촌 방.
위리~
삼튠!
저긴 큰삼촌 방.
까까 먹으까?
저긴 외할머니 방.
아앙~
그런데…,
여긴
어디고
나는
누군지
모르겠어.

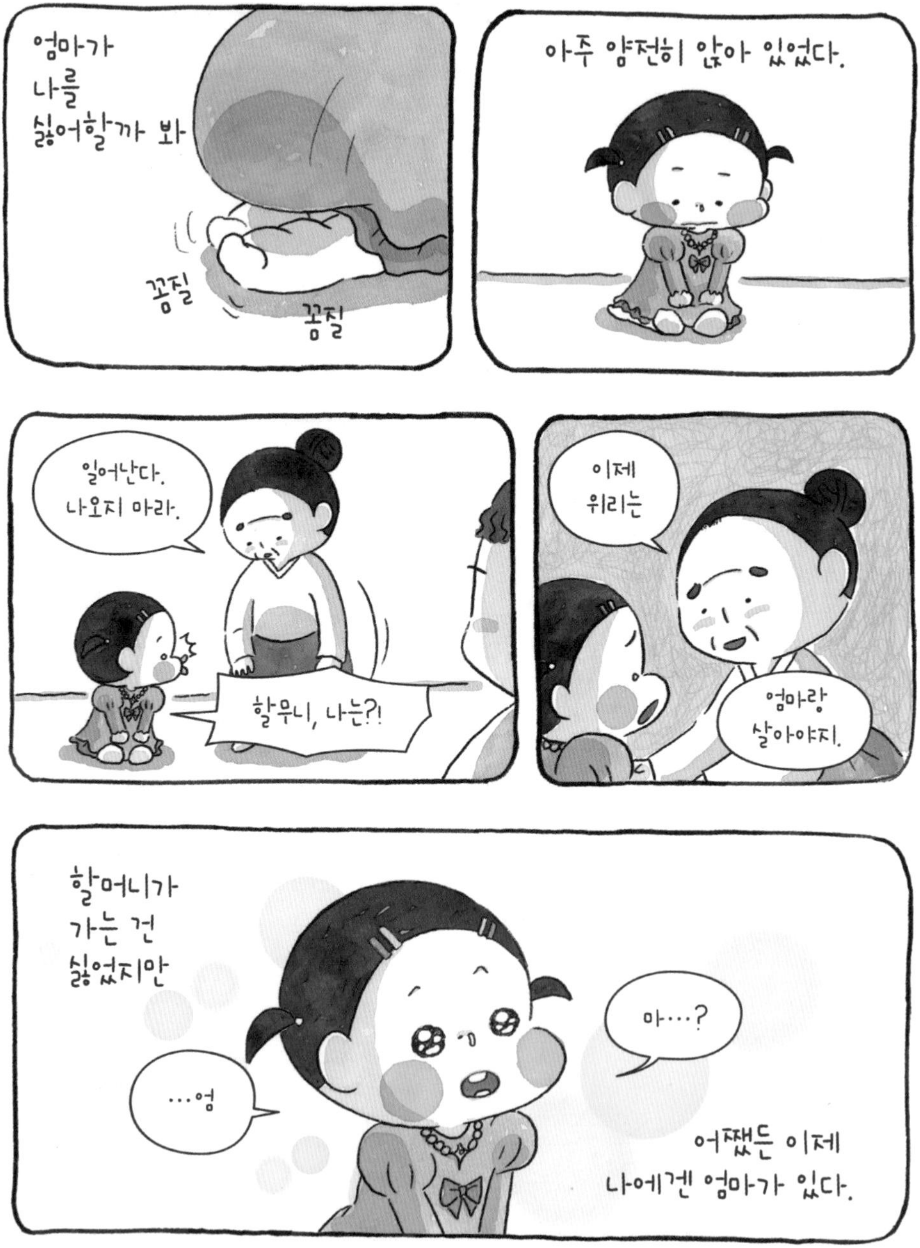
엄마가
나를
싫어할까 봐
꼼질
꼼질
아주 얌전히 앉아 있었다.
일어난다. 나오지 마라.
할무니, 나는?!
이제 위리는
엄마랑 살아야지.
할머니가 가는 건 싫었지만
…엄
마…?
어쨌든 이제 나에겐 엄마가 있다.

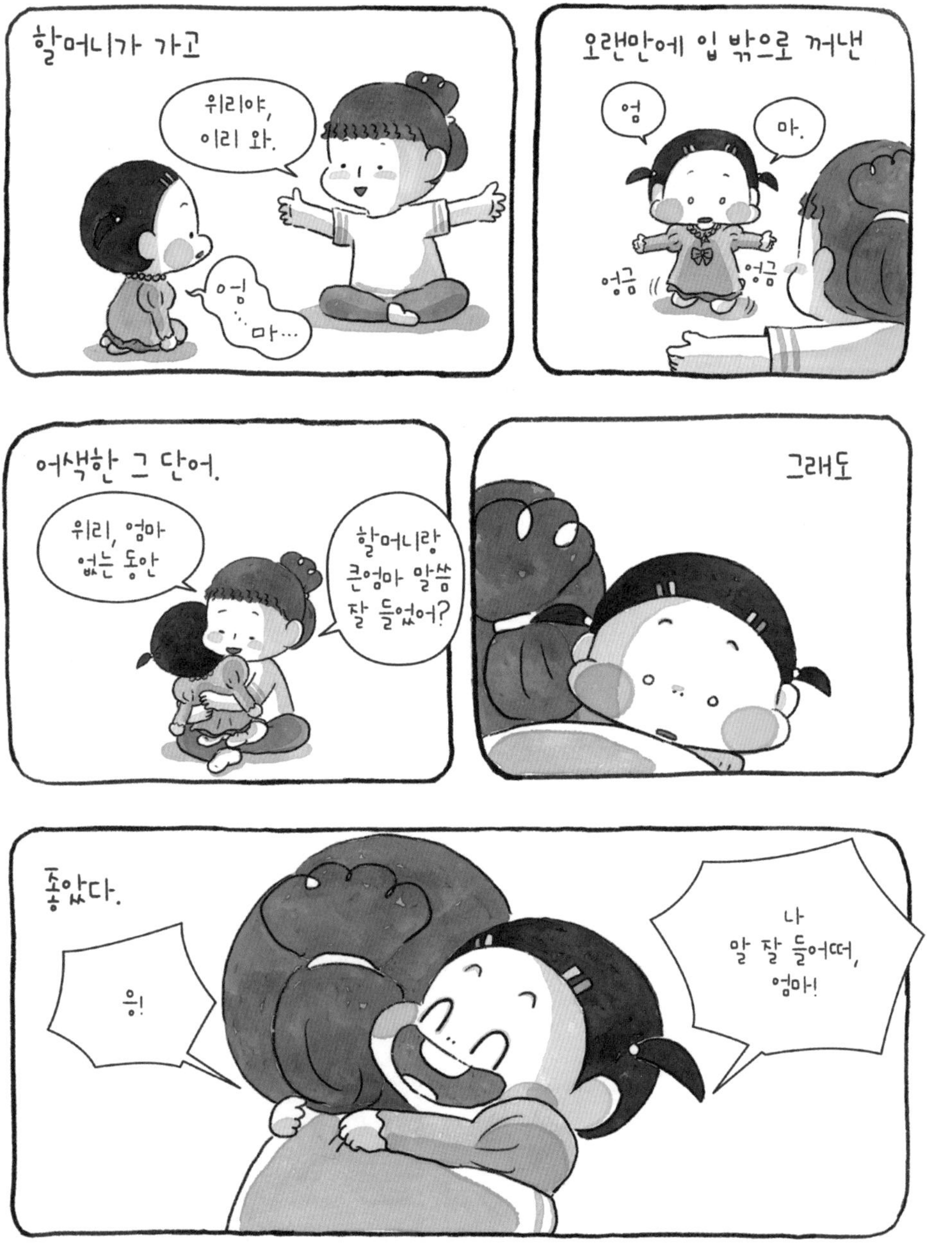
할머니가 가고
위리야,
이리 와.
엄…
…마…
오랜만에 입 밖으로 꺼낸
엄
마.
엉금
엉금
어색한 그 단어.
위리, 엄마
없는 동안
할머니랑
큰엄마 말씀
잘 들었어?
그래도
좋았다.
나
말 잘 들어떠,
엄마!
응!

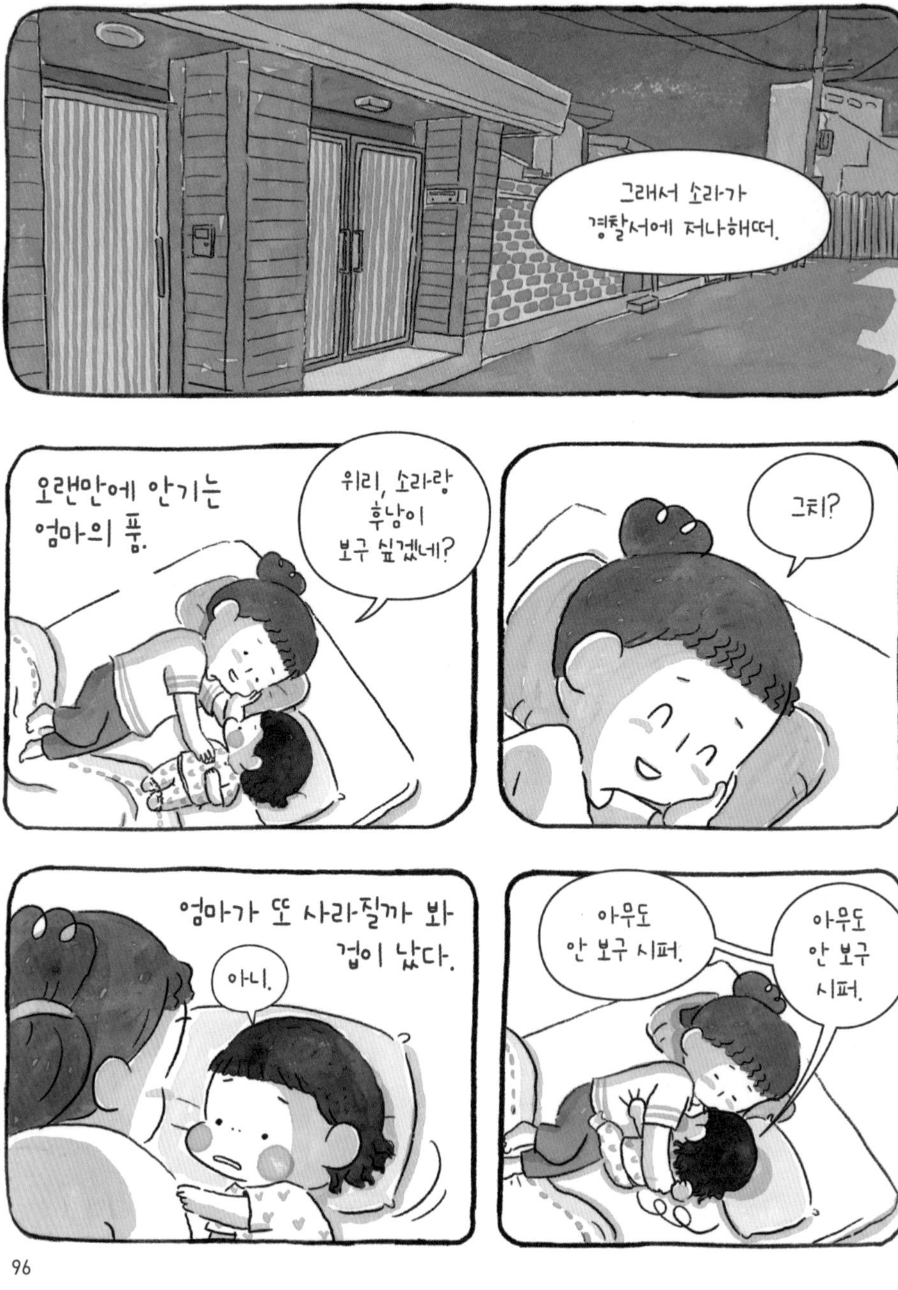
그래서 소라가
경찰서에 전화했떠.
오랜만에 안기는
엄마의 품.
워리, 소라랑
후남이
보구 싶겠네?
그치?
엄마가 또 사라질까 봐
겁이 났다.
아니.
아무도
안 보구 시퍼.
아무도
안 보구
시퍼.

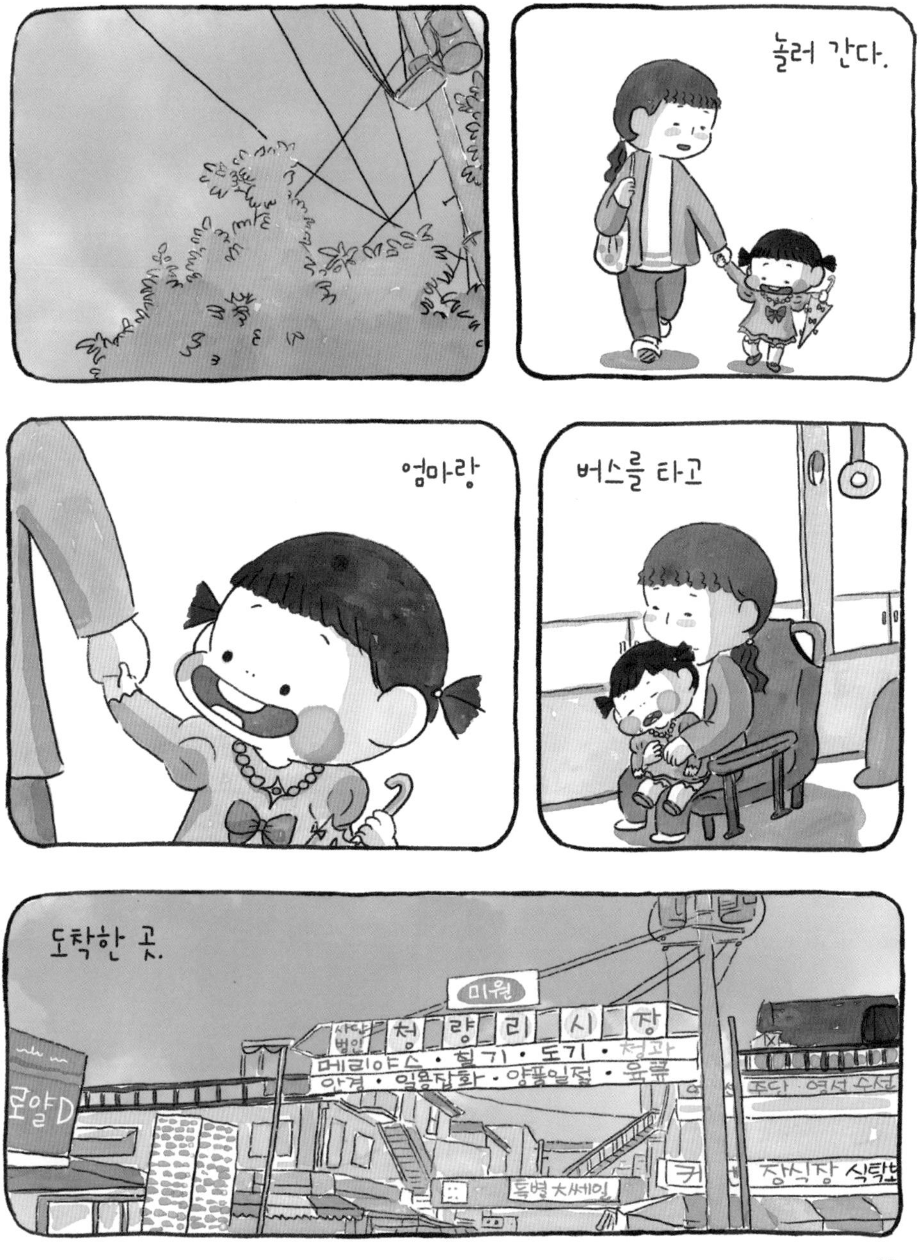
놀러 간다.
엄마랑
버스를 타고
도착한 곳.
미원
사단법인 청량리시장
안경 · 일용잡화 · 양품일절 · 육류
특별 大세일

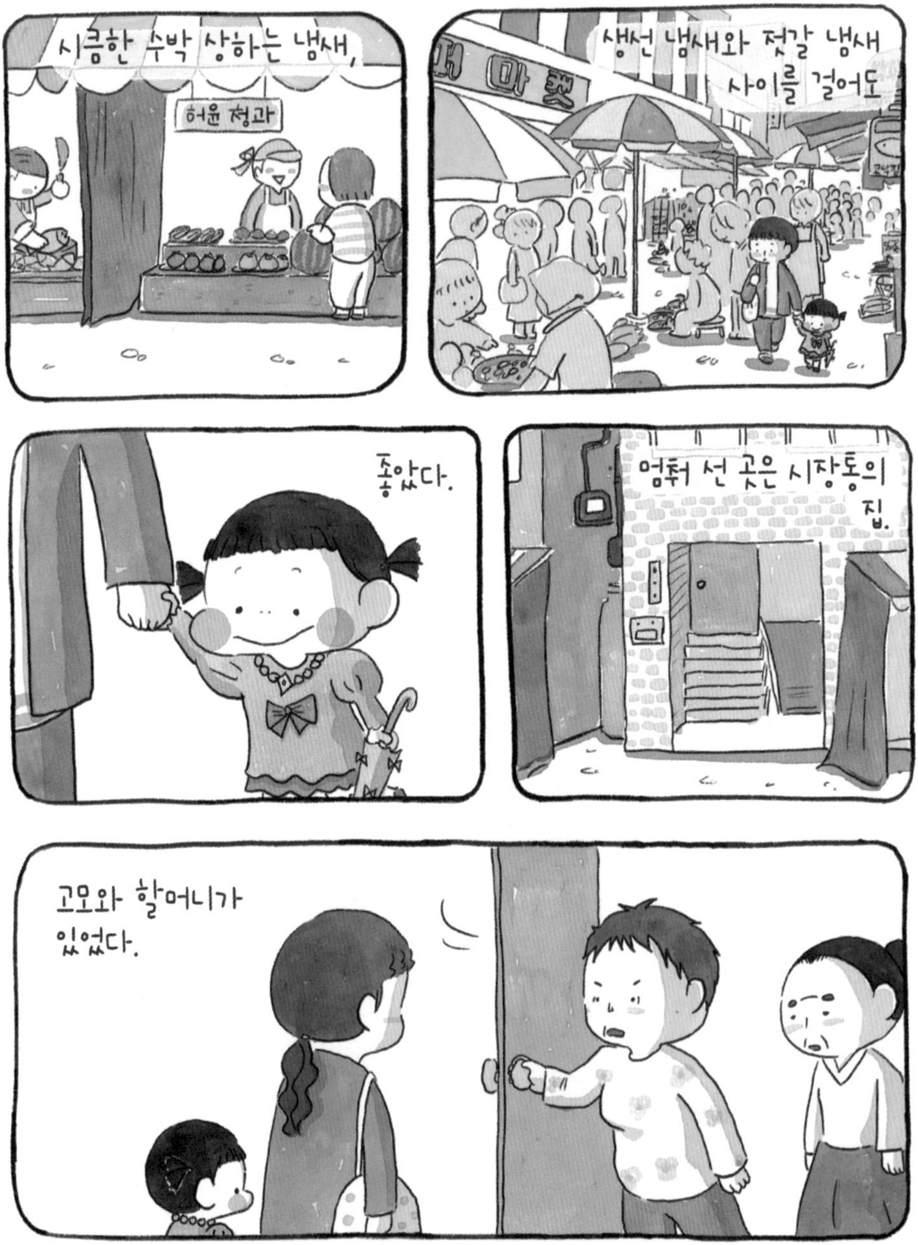
시큼한 수박 상하는 냄새,
허윤 청과
생선 냄새와 젓갈 냄새
사이를 걸어도
좋았다.
멈춰 선 곳은 시장통의
집.
고모와 할머니가
있었다.

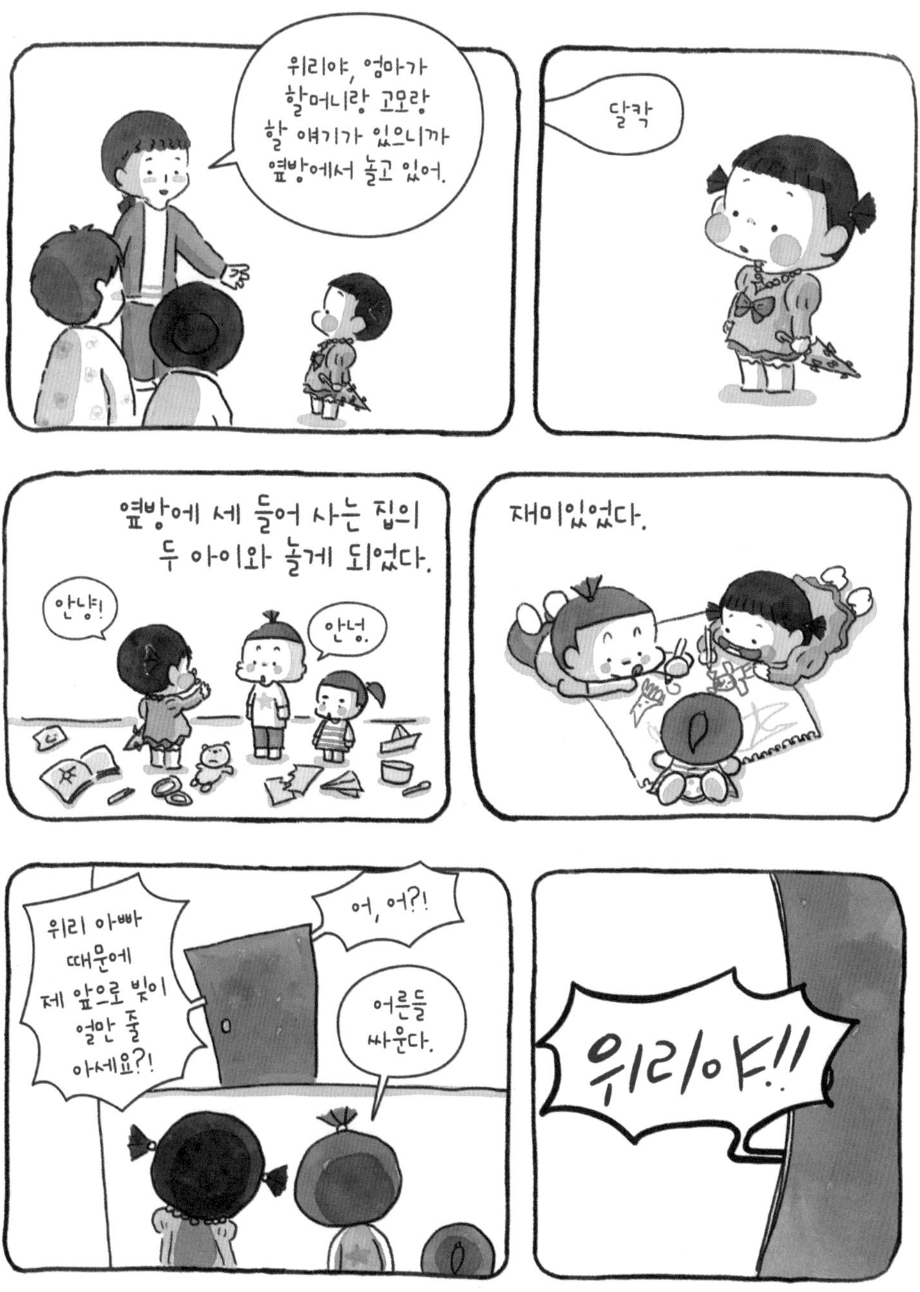
위리야, 엄마가
할머니랑 고모랑
할 얘기가 있으니까
옆방에서 놀고 있어.
달칵
옆방에 세 들어 사는 집의
두 아이와 놀게 되었다.
안녕!
안녕.
재미있었다.
위리 아빠
때문에
제 앞으로 빚이
얼만 줄
아세요?!
어, 어?!
어른들
싸운다.
위리야!!

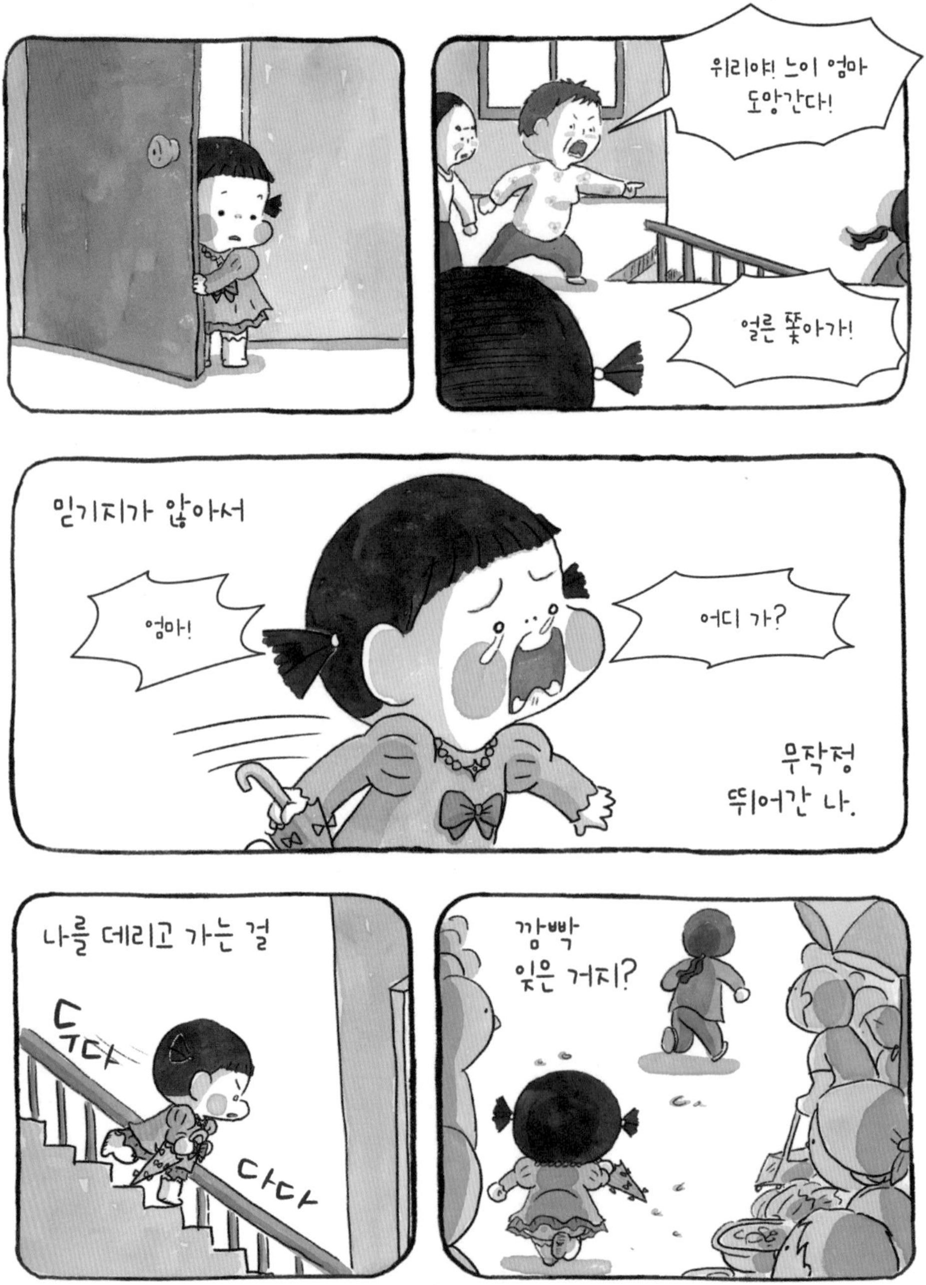
위리야! 느이 엄마 도망간다!
얼른 쫓아가!
믿기지가 않아서
엄마!
어디 가?
무작정 뛰어간 나.
나를 데리고 가는 걸
두다
다다
깜빡 잊은 거지?

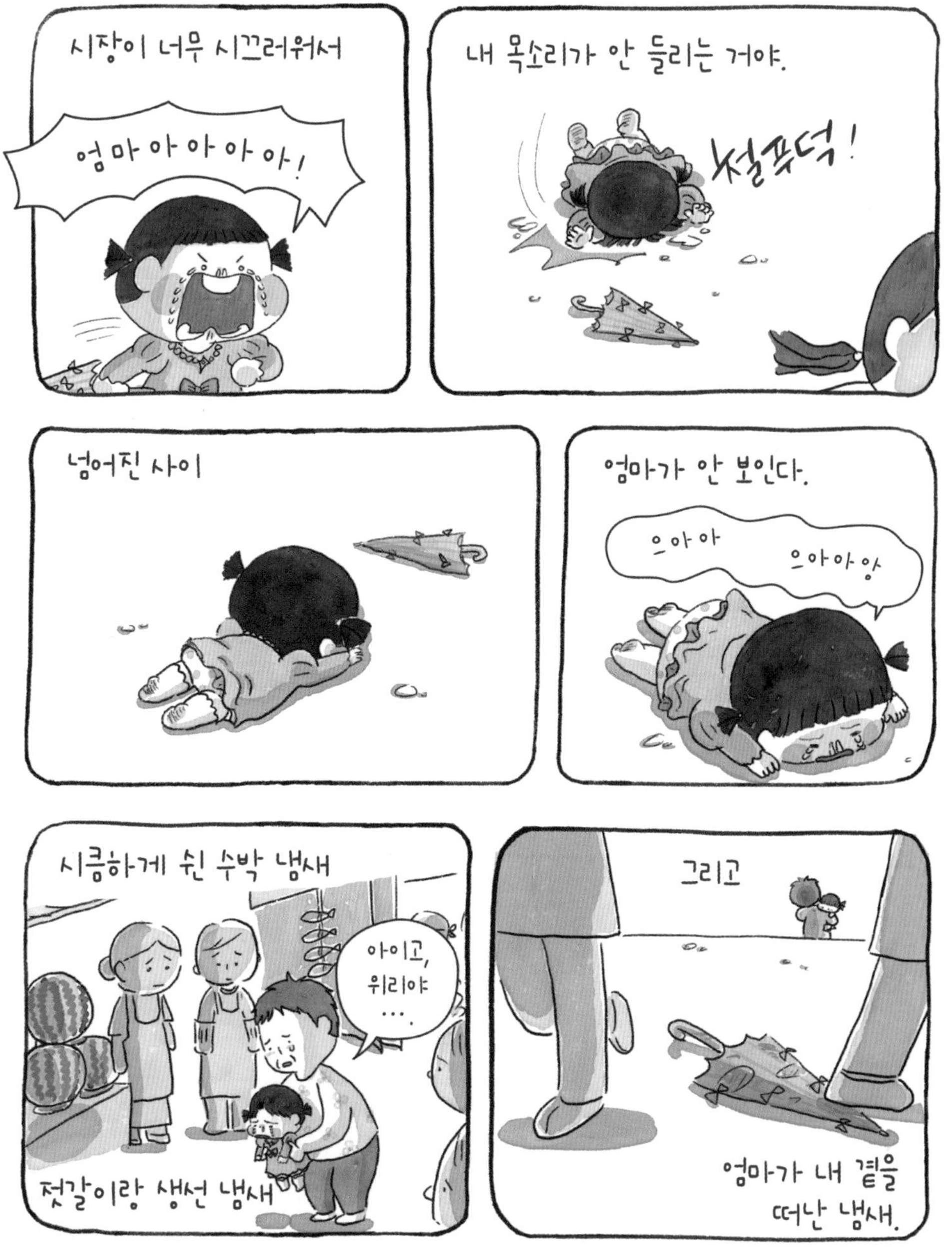

시장이 너무 시끄러워서
엄마아아아아아!
내 목소리가 안 들리는 거야.
철퍼덕!
넘어진 사이
엄마가 안 보인다.
으아아 으아아앙
시큼하게 쉰 수박 냄새
아이고, 위리야 ….
젓갈이랑 생선 냄새
그리고
엄마가 내 곁을 떠난 냄새.

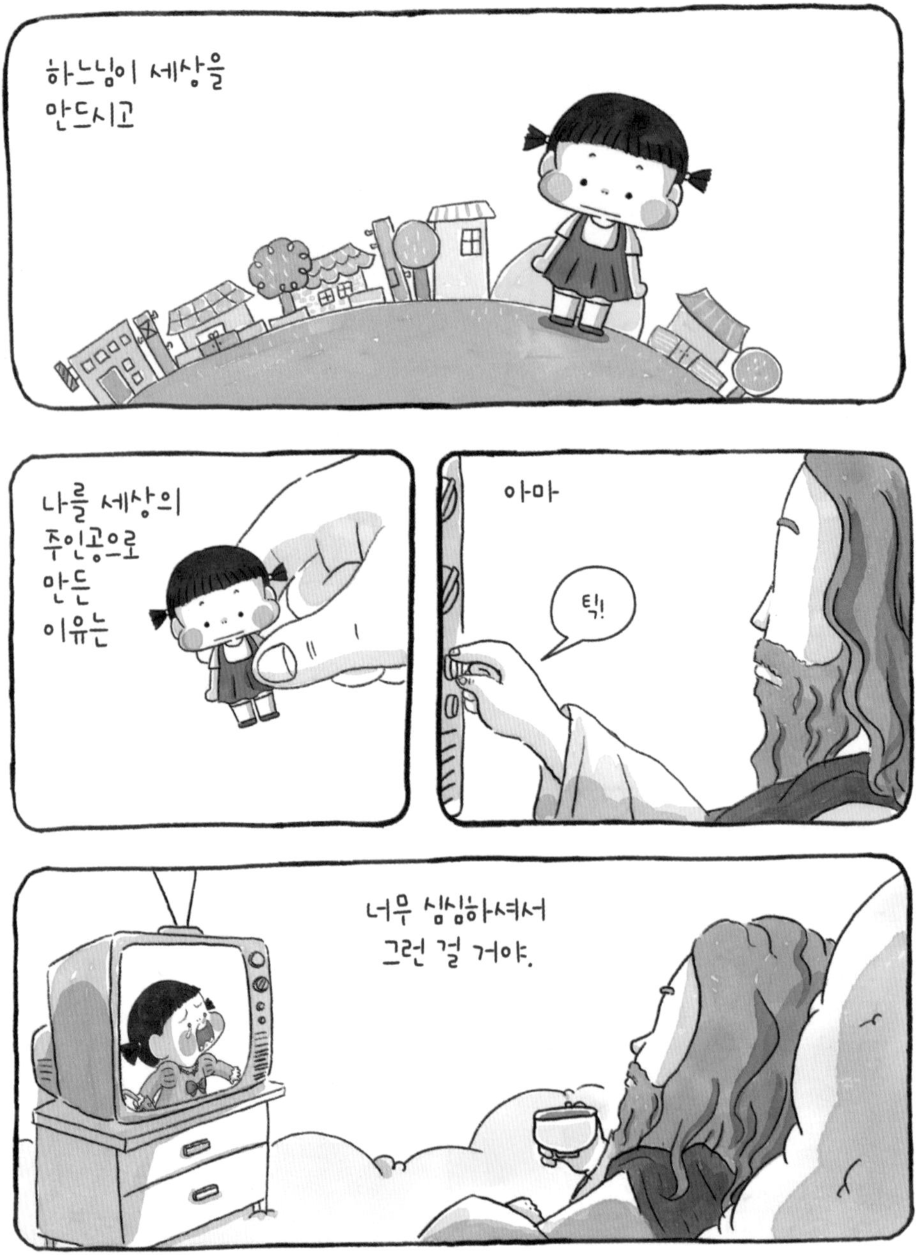
하느님이 세상을
만드시고
나를 세상의
주인공으로
만든
이유는
아마
틱!
너무 심심하셔서
그런 걸 거야.

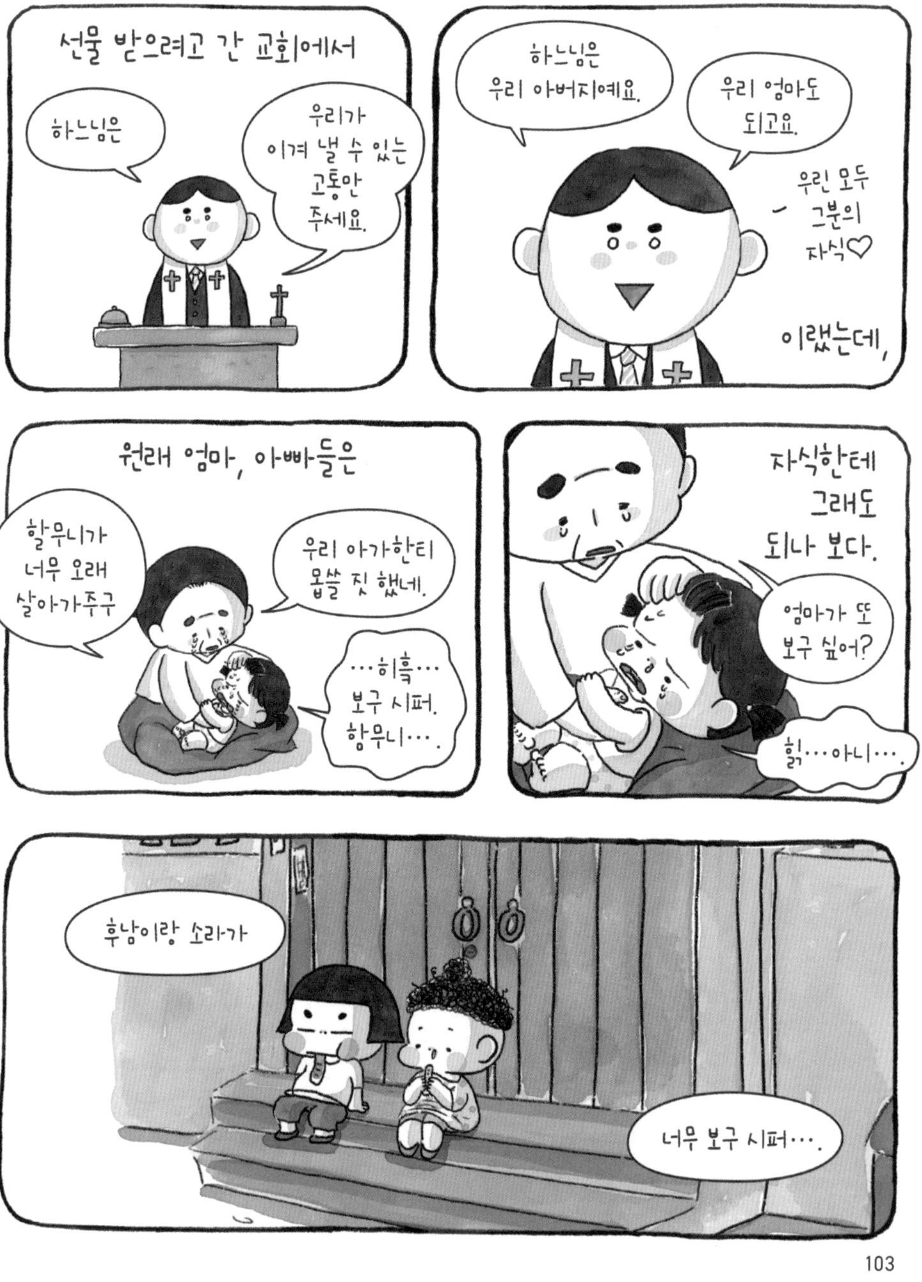

선물 받으려고 간 교회에서
하느님은
우리가 이겨 낼 수 있는 고통만 주세요.
하느님은 우리 아버지예요.
우리 엄마도 되고요.
우리 모두 그분의 자식♡
이랬는데,
원래 엄마, 아빠들은
할무니가 너무 오래 살아가주구
우리 아가한티 몹쓸 짓 했네.
…히흑… 보구 시퍼. 함무니….
자식한테 그래도 되나 보다.
엄마가 또 보구 싶어?
힉…아니….
후남이랑 소리가
너무 보구 시퍼….

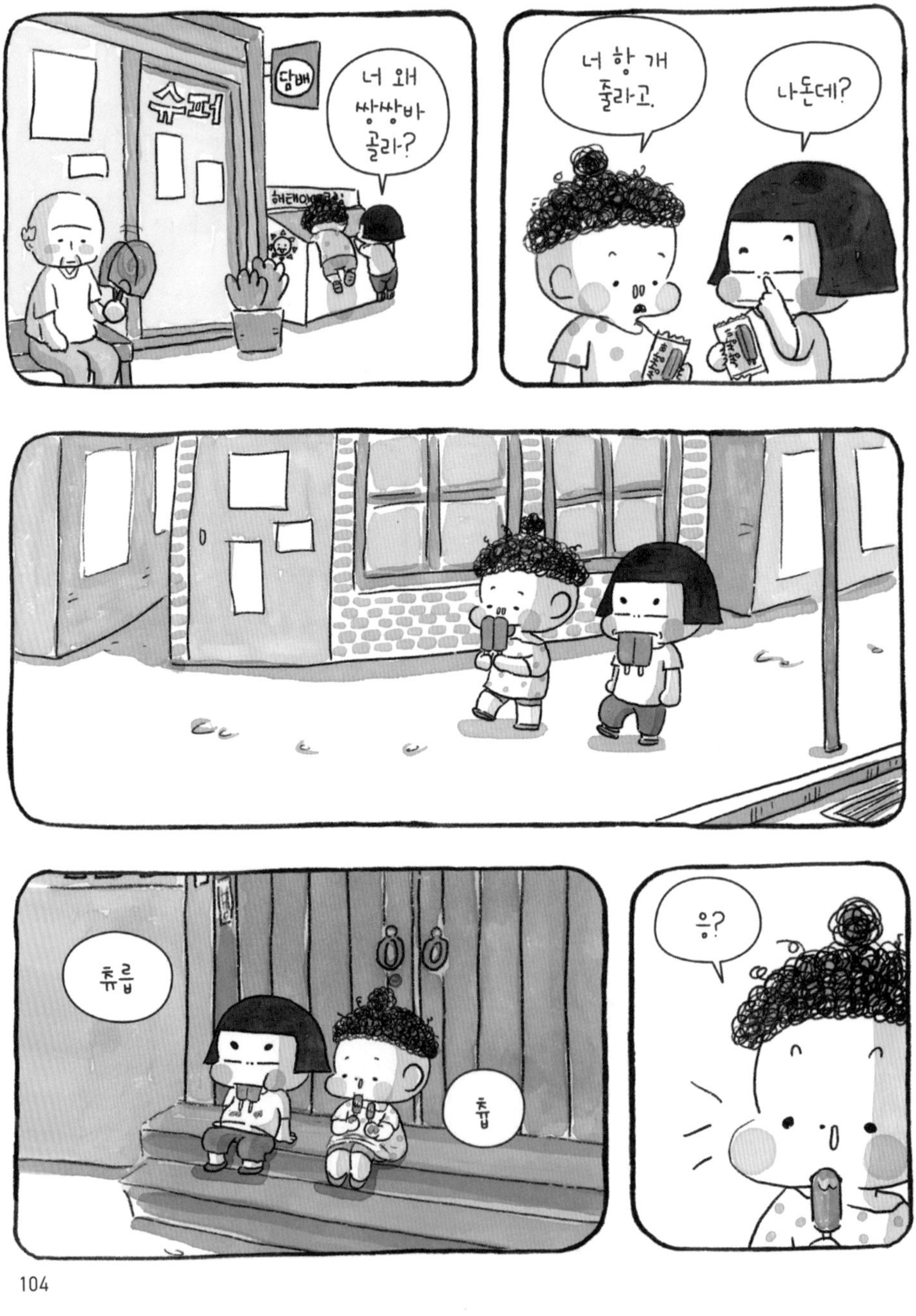
슈퍼
담배
너 왜 쌍쌍바 골라?
너 항 개 줄라고.
나돈데?
츄릅
츕
응?

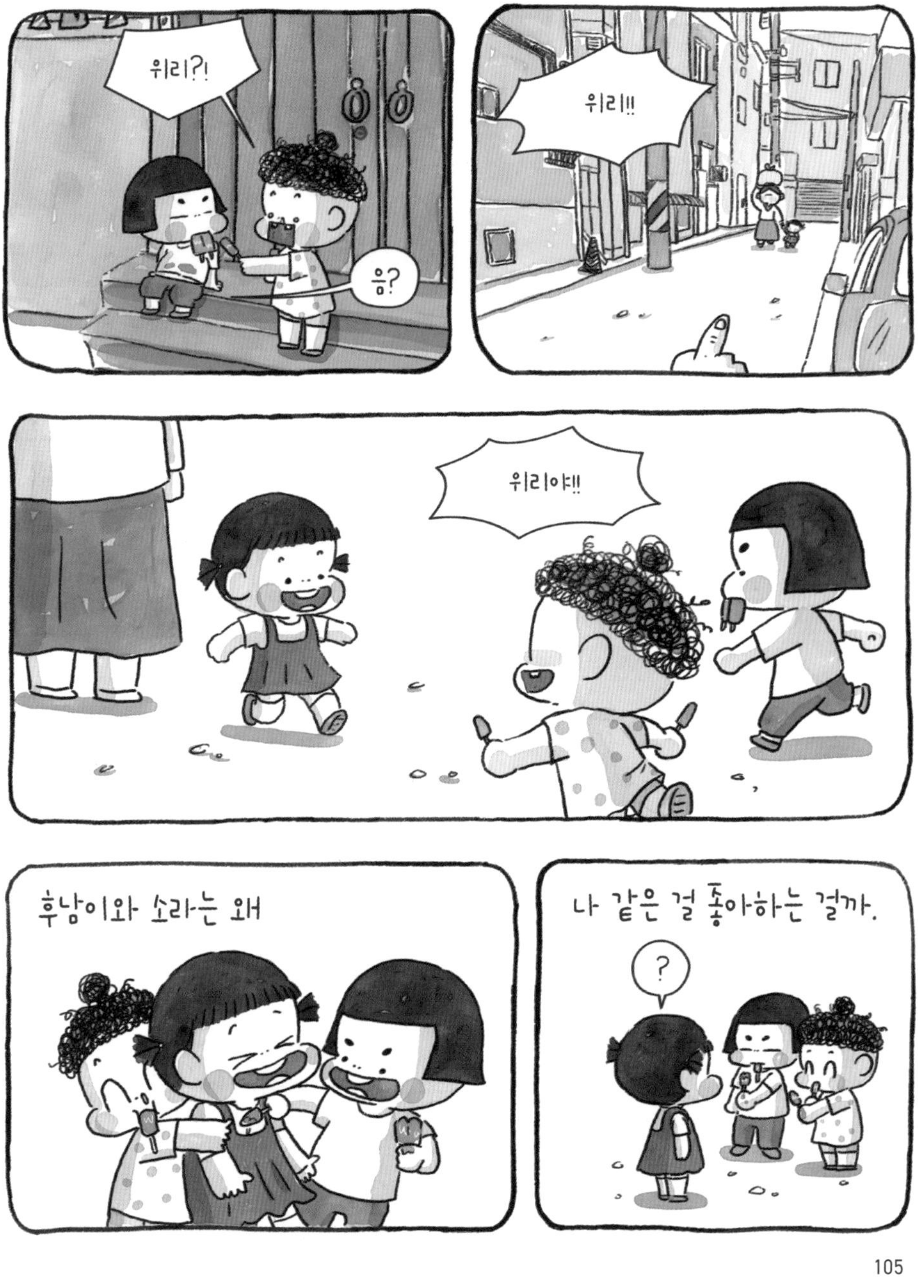
위리?!
음?
위리!!
위리야!!
후남이와 소라는 왜
나 같은 걸 좋아하는 걸까.
?

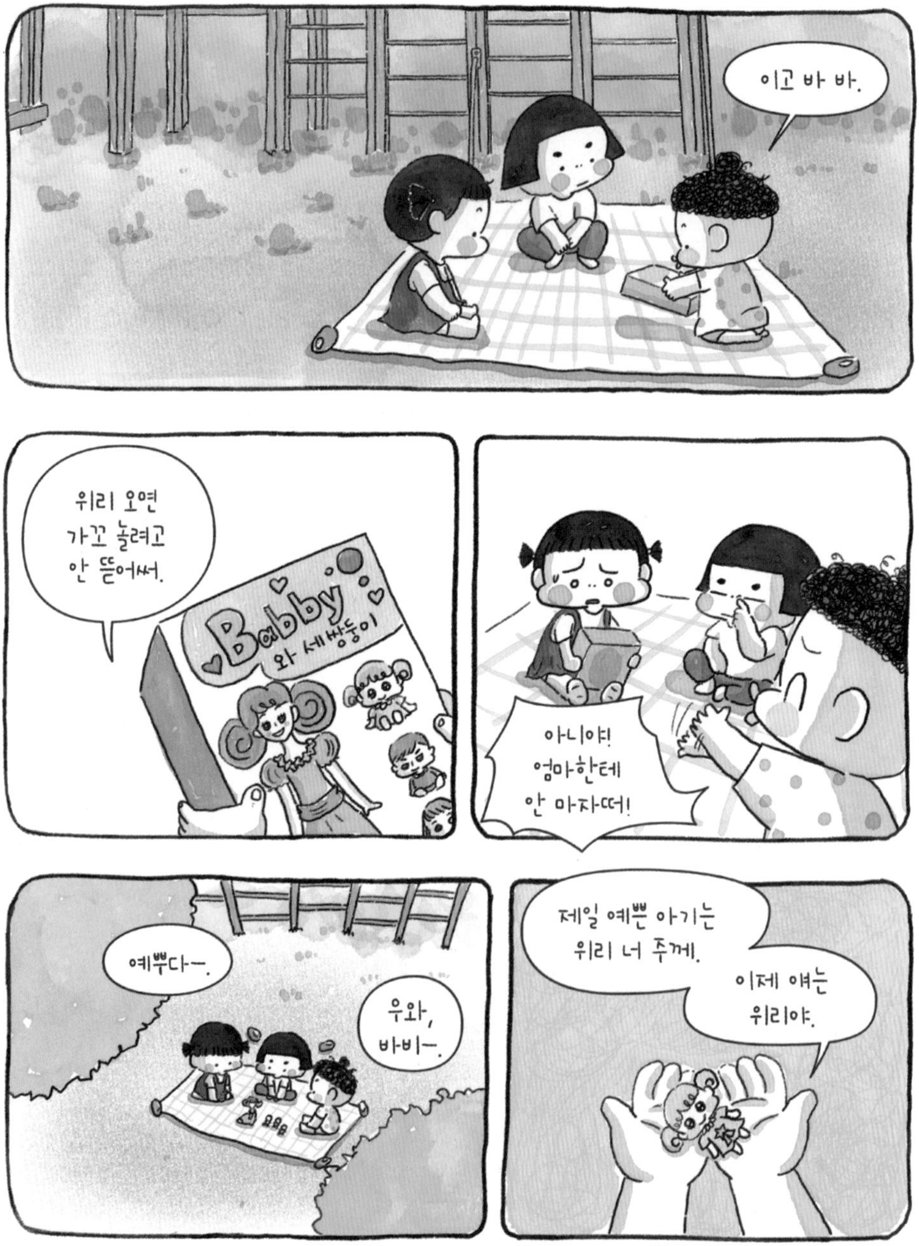

이고 바 바.
우리 오면 가꼬 놀려고 안 뜯어써.
Babby 와 세쌍둥이
아니야! 엄마한테 안 마자떠!
예뿌다—.
우와, 바비—.
제일 예쁜 아기는 우리 너 주께.
이제 얘는 우리야.

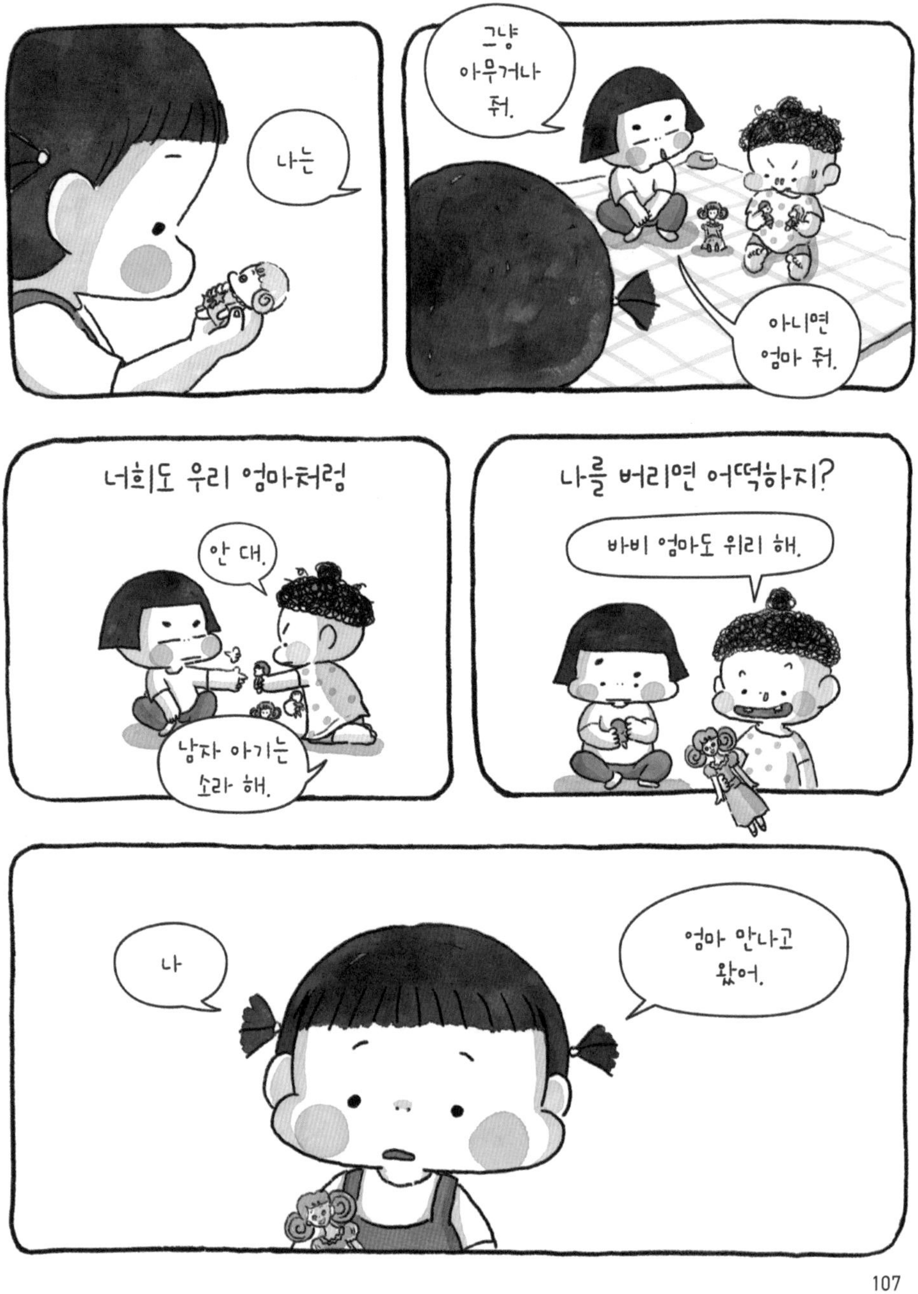
나는
그냥 아무거나 줘.
아니면 엄마 줘.
너희도 우리 엄마처럼
안 대.
남자 아기는 소라 해.
나를 버리면 어떡하지?
바비 엄마도 위리 해.
나
엄마 안나고 왔어.

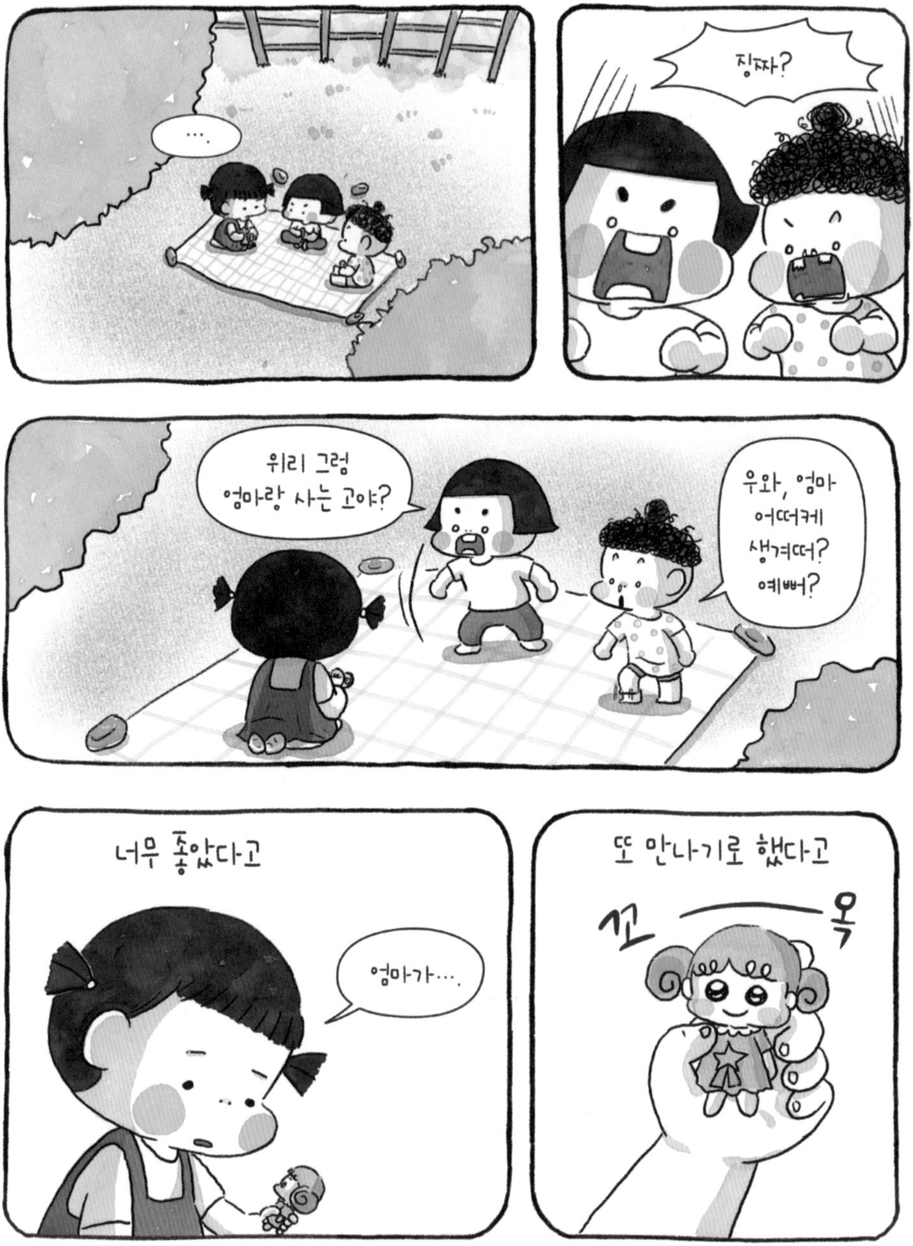
….
징짜?
위리 그럼 엄마랑 사는 고야?
우와, 엄마 어떠케 생겨떠? 예뻐?
너무 좋았다고
엄마가….
또 만나기로 했다고
꼬——옥

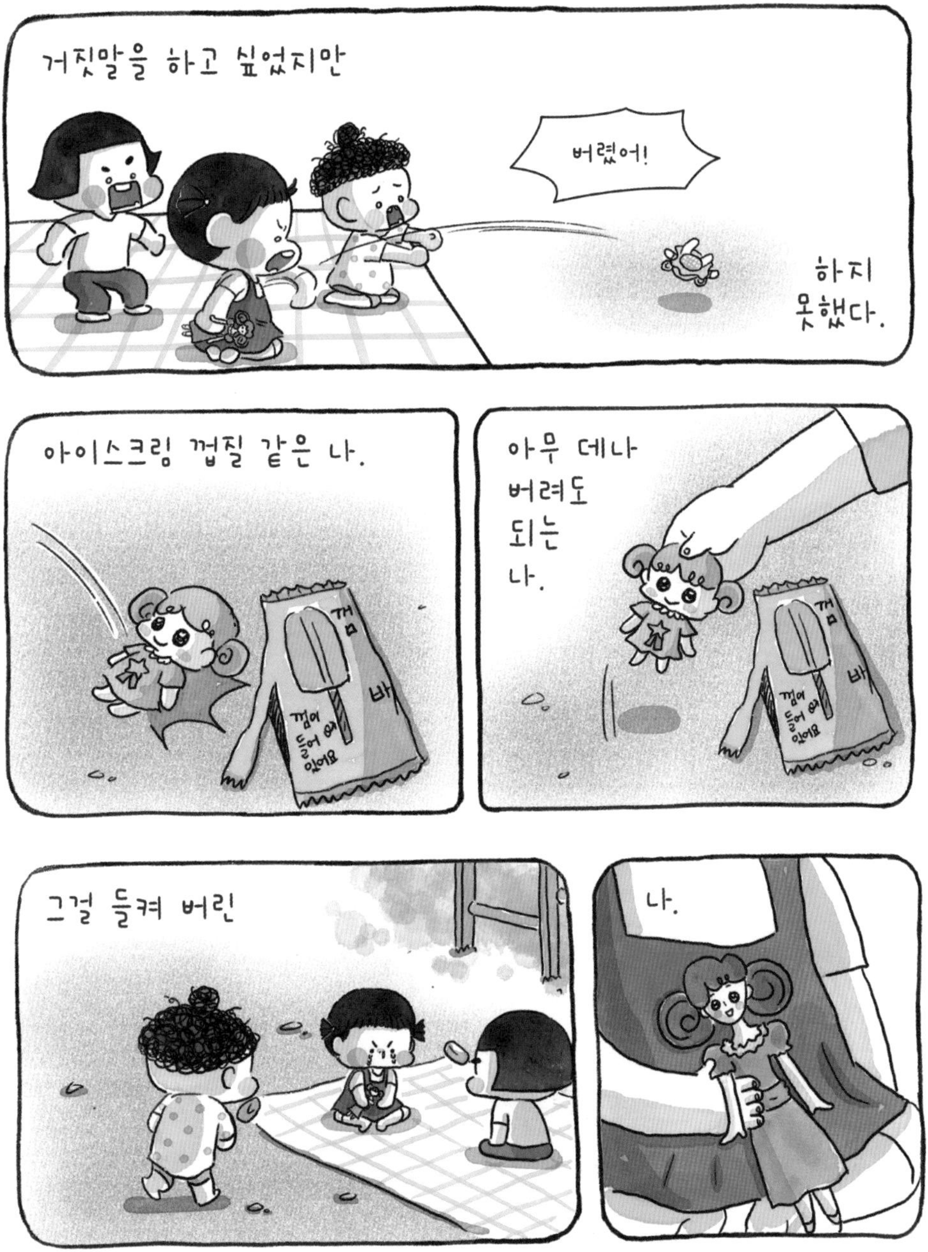

거짓말을 하고 싶었지만
버렸어!
하지
못했다.
아이스크림 껍질 같은 나.
아무 데나
버려도
되는
나.
그걸 들켜 버린
나.

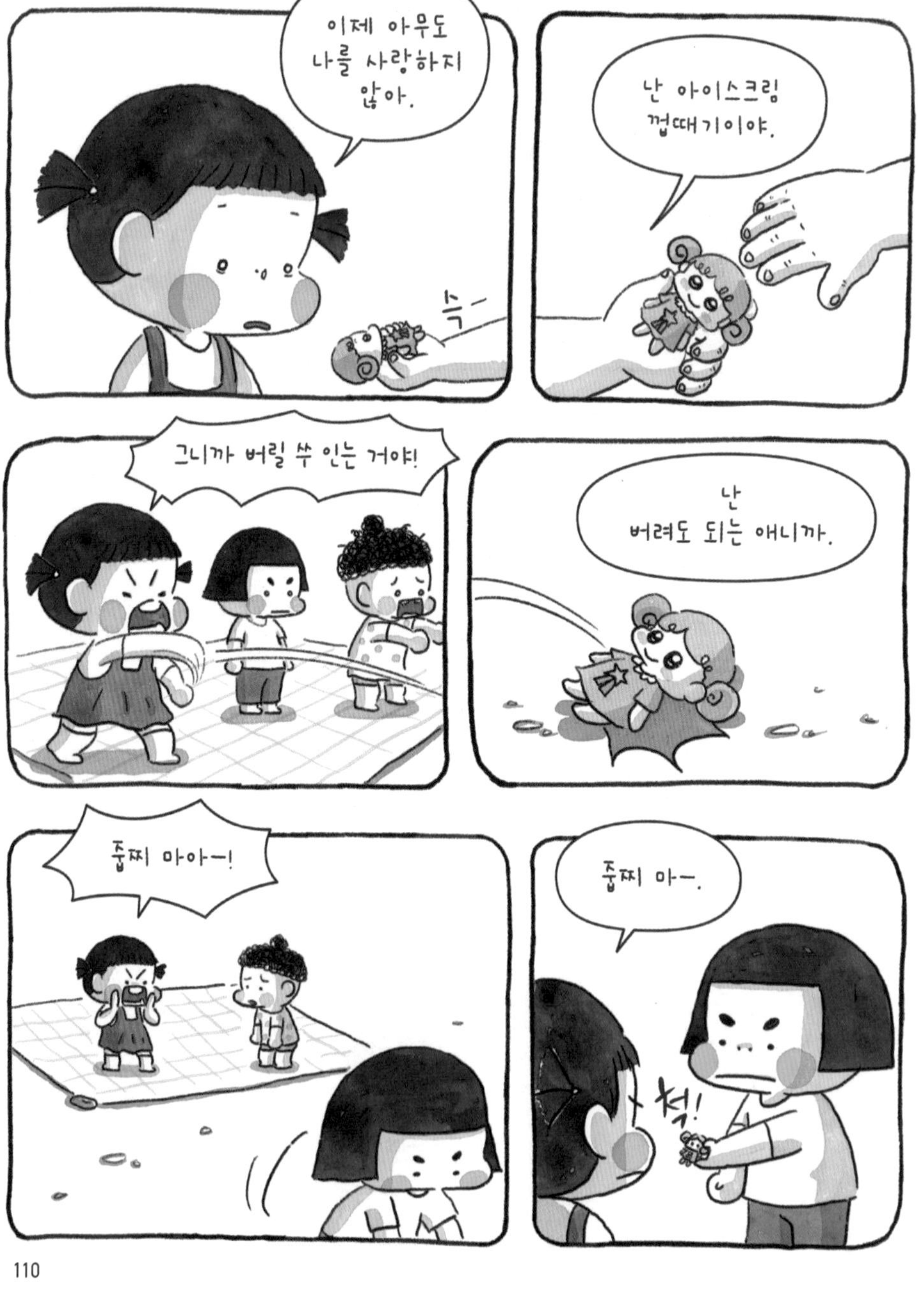
이제 아무도
나를 사랑하지
않아.
슥-
난 아이스크림
껍데기이야.
그니까 버릴 수 있는 거야!
난
버려도 되는 애니까.
줍지 마아-!
줍지 마-.
척!

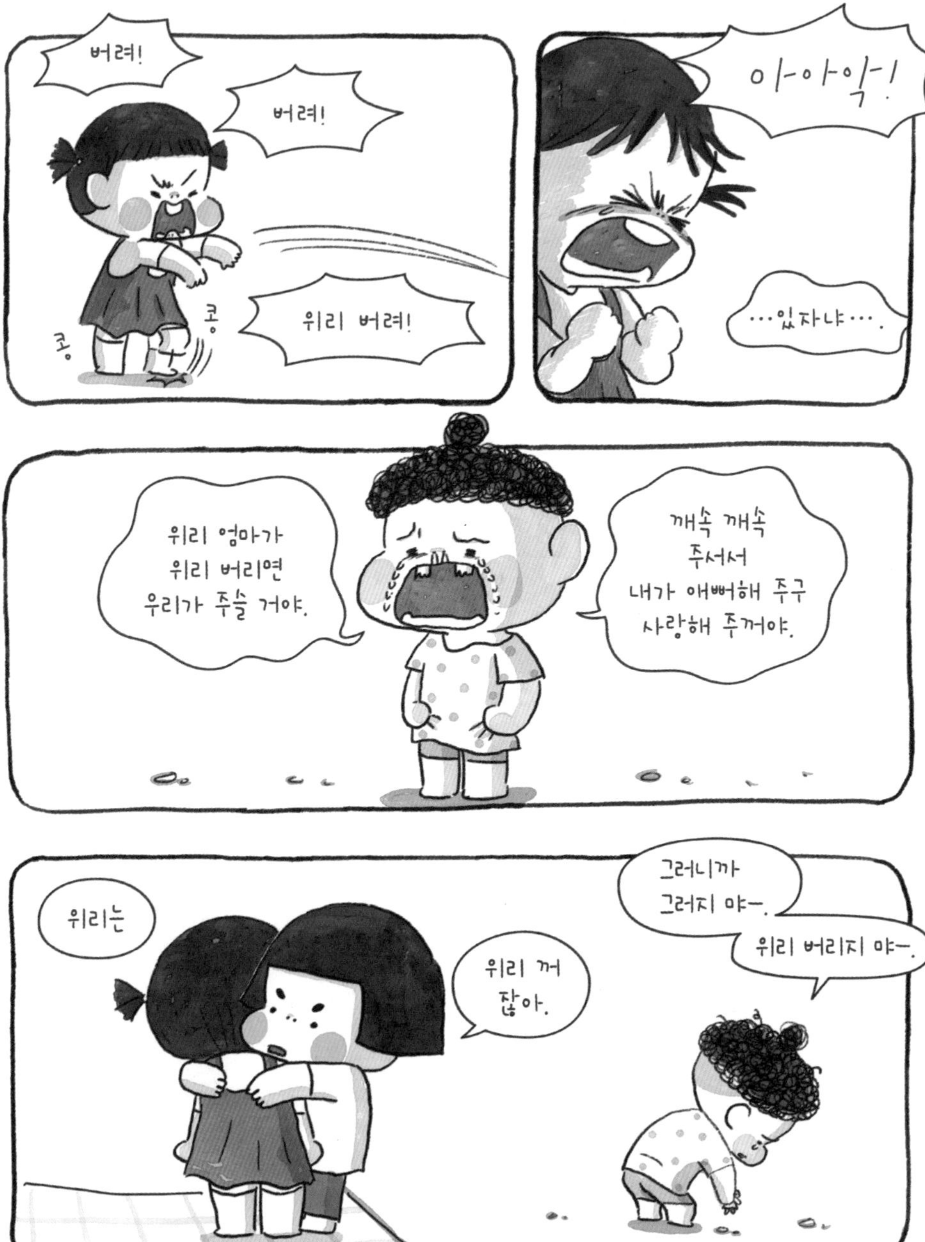
버려!
버려!
위리 버려!
콩
콩
아아악!
…있자냐….
위리 엄마가 위리 버리면 위리가 주슬 거야.
깨속 깨속 주서서 내가 애뻐해 주구 사랑해 주꺼야.
위리는
위리 꺼 잖아.
그러니까 그러지 먀~.
위리 버리지 먀~.

고마워1

바닥에 깔려 버린
내 눈을 맞춰 줘서 고마워.

굽어 버린 내 등을
쓸어 줘서 고마워.

내 부끄러움과
함께 있어 줘서 고마워.

고마워.

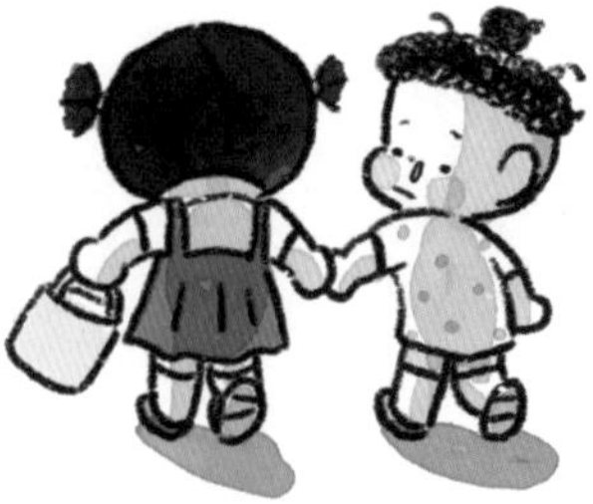

part 8

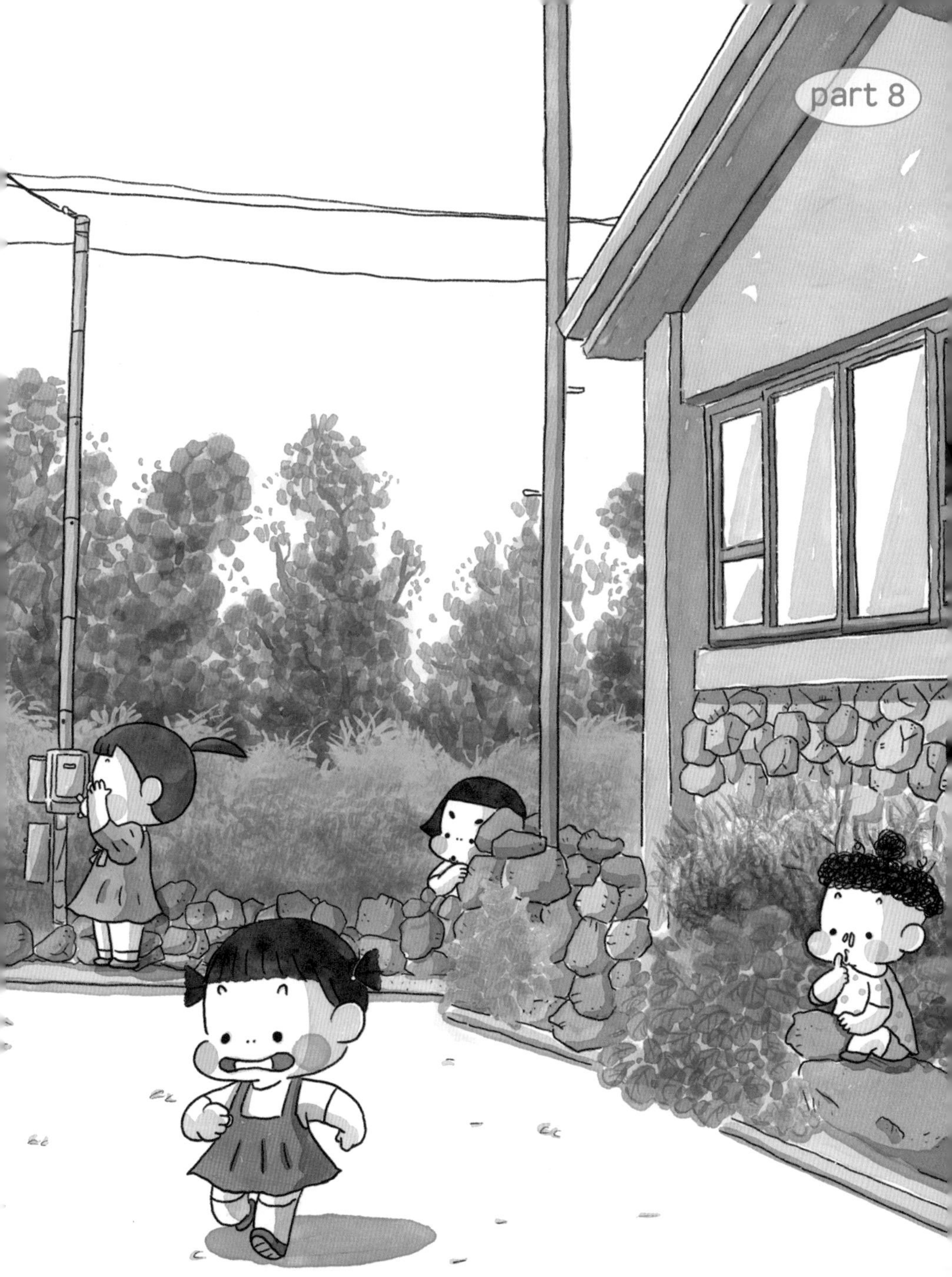

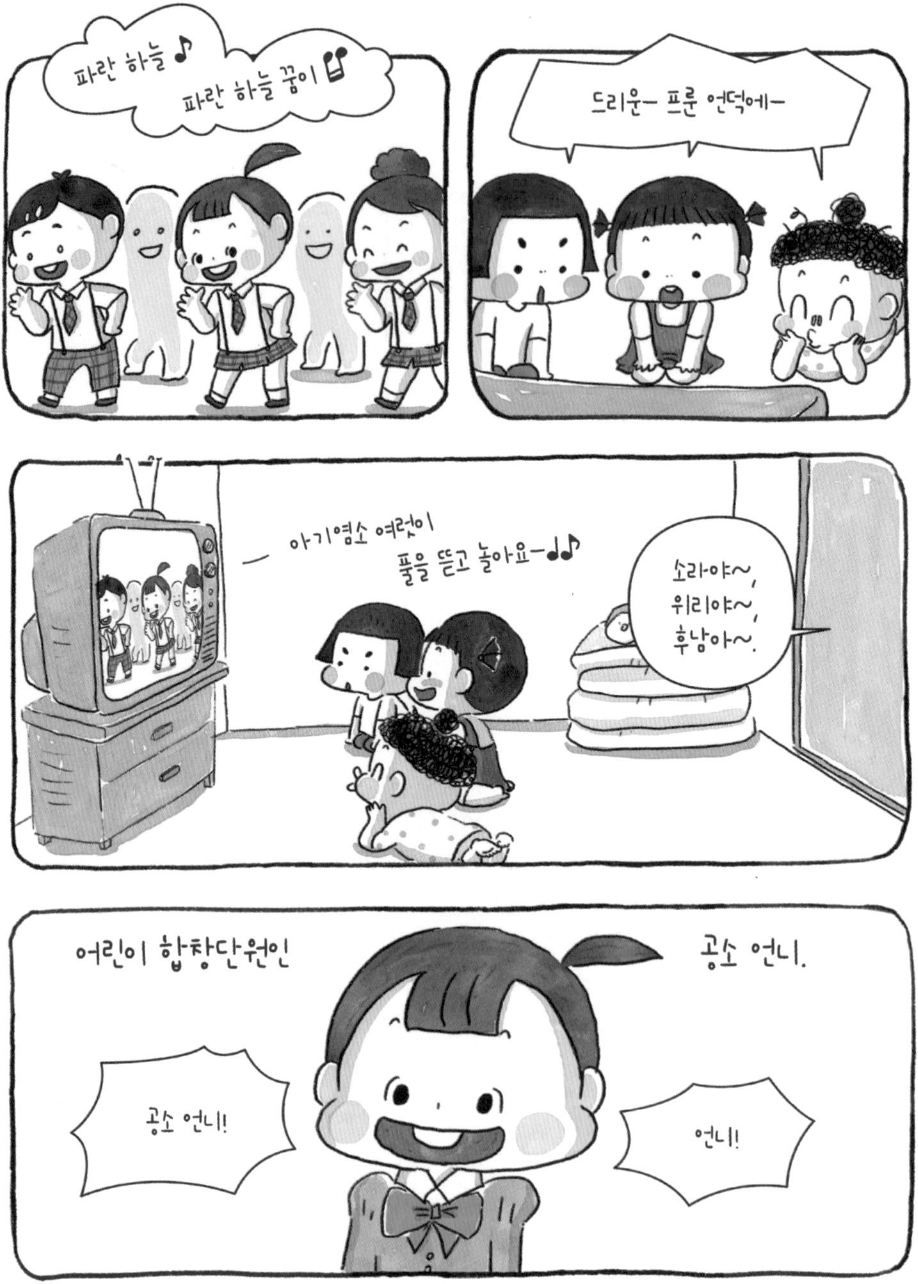
파란 하늘 ♪
파란 하늘 꿈이
드리운— 프룬 언덕에—
— 아기염소 여럿이
풀을 뜯고 놀아요—
소라야~,
위리야~,
후남아~.
어린이 합창단원인
공소 언니.
공소 언니!
언니!

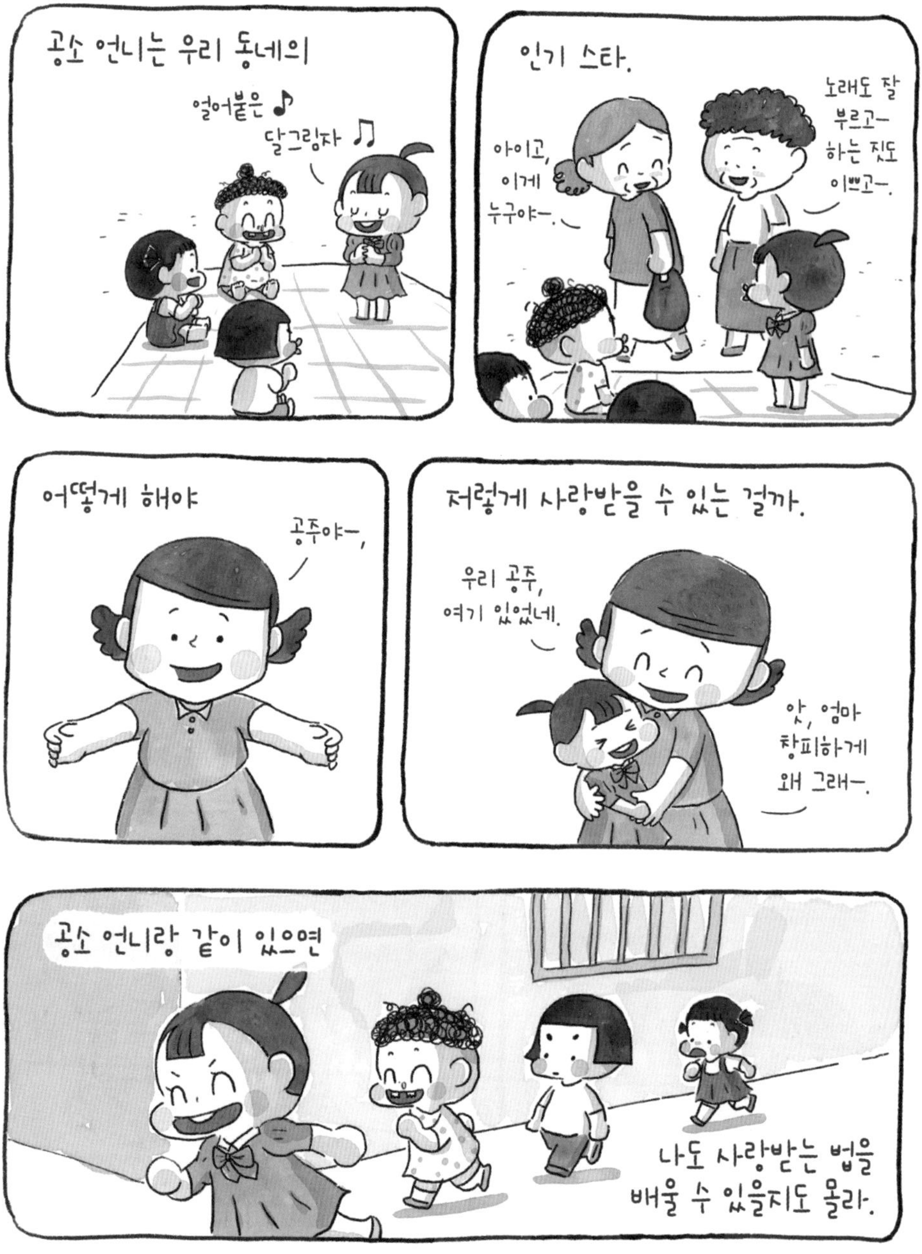
공소 언니는 우리 동네의
얼어붙은 ♪
달그림자 ♫
인기 스타.
아이고, 이게 누구야-.
노래도 잘 부르고- 하는 짓도 이쁘고-.
어떻게 해야
공주야-,
저렇게 사랑받을 수 있는 걸까.
우리 공주, 여기 있었네.
앗, 엄마 창피하게 왜 그래-.
공소 언니랑 같이 있으면
나도 사랑받는 법을 배울 수 있을지도 몰라.

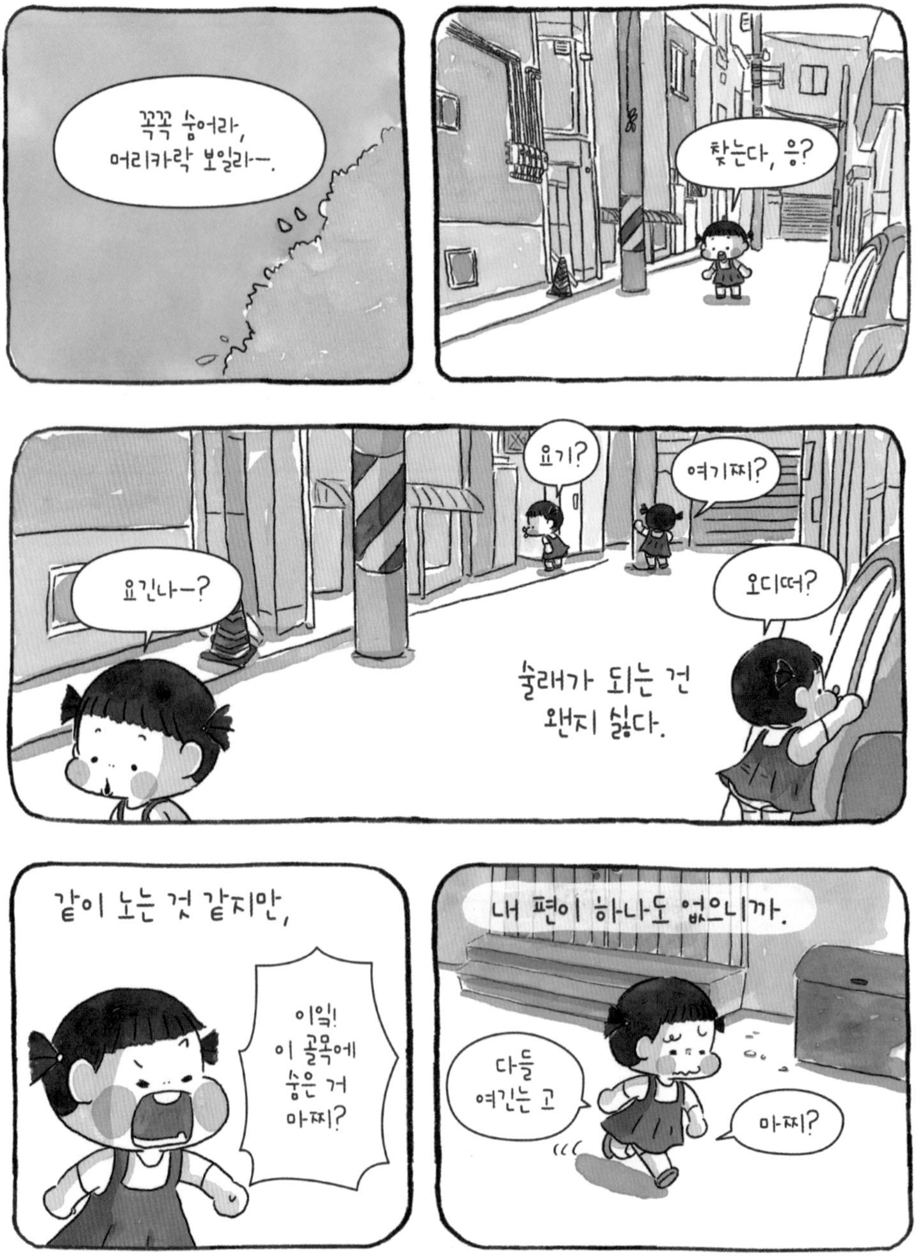

꼭꼭 숨어라,
머리카락 보일라—.
찾는다, 응?
요기?
여기찌?
요긴나—?
오디떠?
술래가 되는 건
왠지 싫다.
같이 노는 것 같지만,
이익!
이 골목에
숨은 거
마찌?
내 편이 하나도 없으니까.
다들
여긴는 고
마찌?

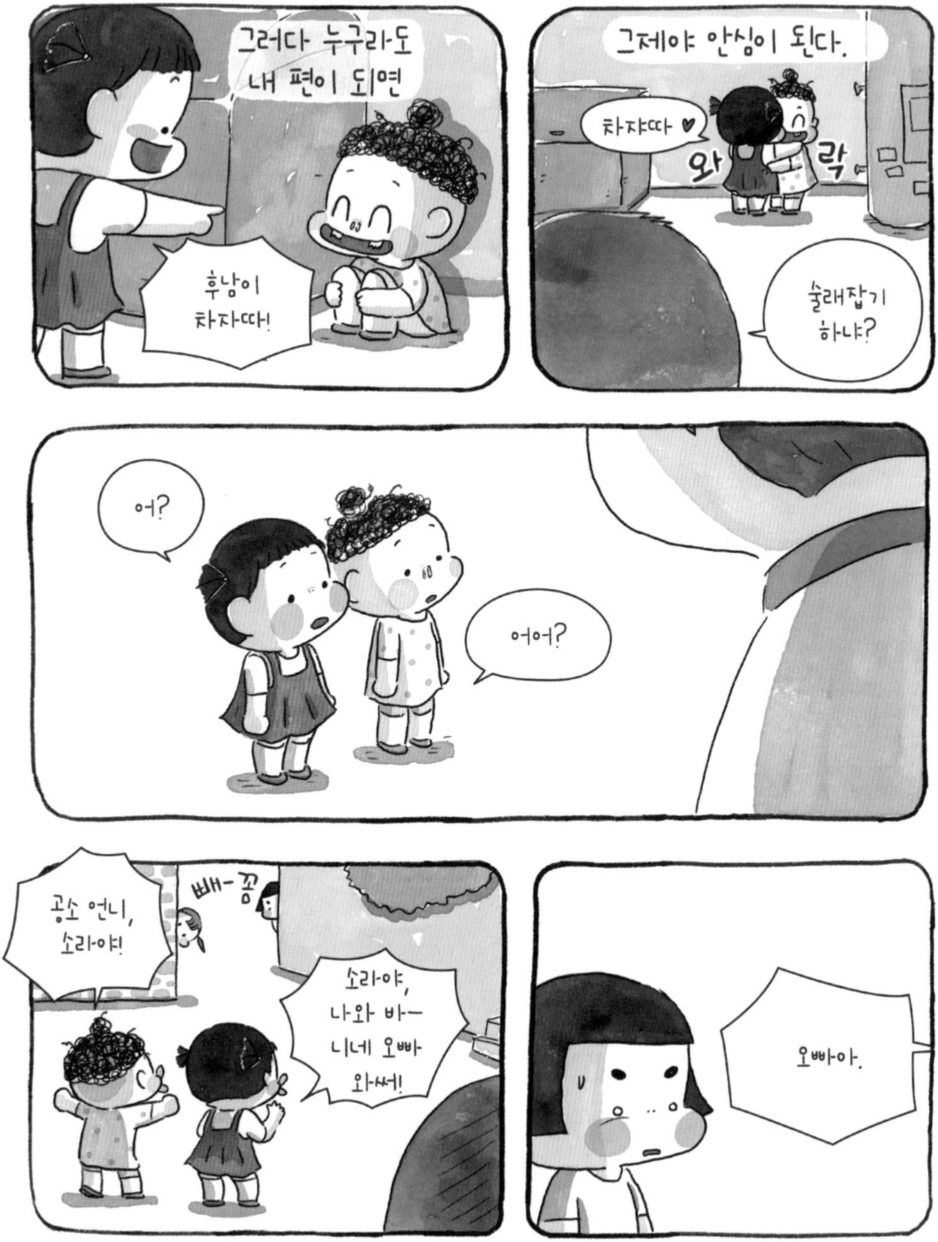
그러다 누구라도
내 편이 되면
후남이
차자따!
그제야 안심이 된다.
차자따 ♥
와락
술래잡기
하냐?
어?
어어?
공소 언니,
소라야!
빼-꼼
소라야,
나와 바—
니네 오빠
와써!
오빠야.

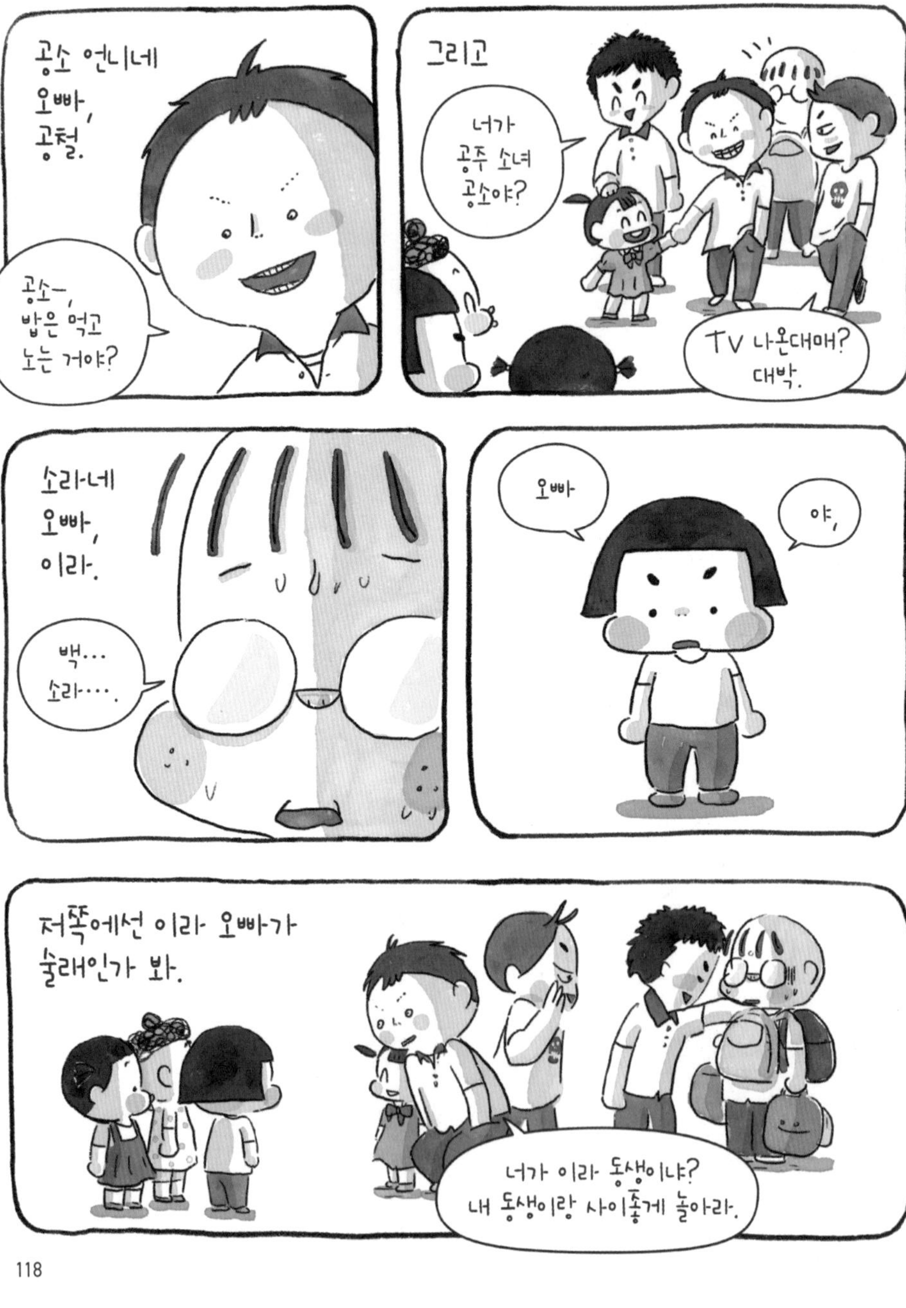
공소 언니네
오빠,
공철.
공소-,
밥은 먹고
노는 거야?
그리고
너가
공주 소녀
공소야?
TV 나온대매?
대박.
소라네
오빠,
이라.
백...
소라....
오빠
야,
저쪽에선 이라 오빠가
술래인가 봐.
너가 이라 동생이냐?
내 동생이랑 사이좋게 놀아라.

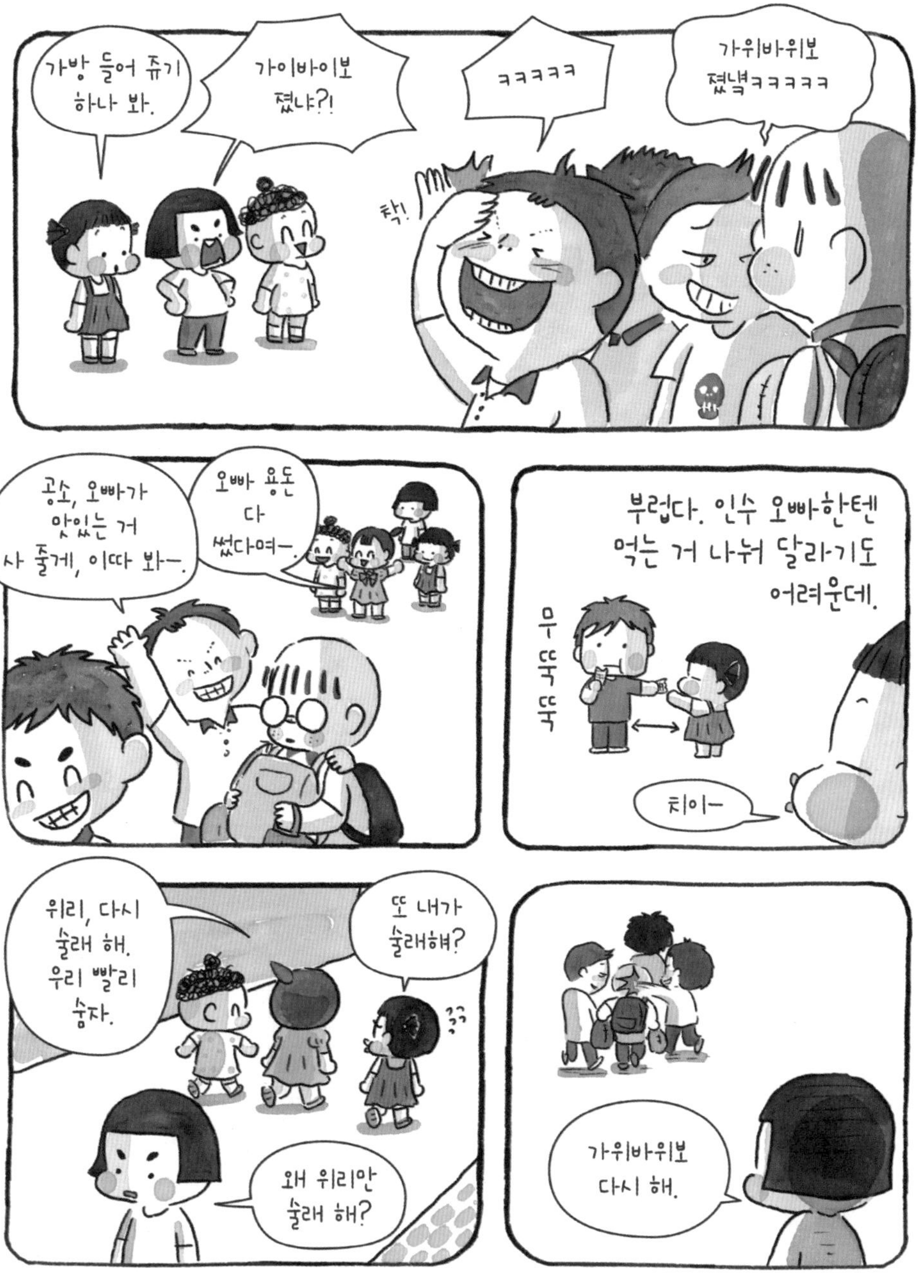
가방 들어 쥬기 하나 봐.
가이바이보 졌냐?!
ㅋㅋㅋㅋㅋ
가위바위보 졌녜ㅋㅋㅋㅋㅋ
착!
공소, 오빠가 맛있는 거 사 줄게, 이따 봐~.
오빠 용돈 다 썼다며~.
부럽다. 인수 오빠한텐 먹는 거 나눠 달라기도 어려운데.
무뚝뚝
치이~
위리, 다시 술래 해. 우리 빨리 숨자.
또 내가 술래해?
왜 위리만 술래 해?
가위바위보 다시 해.

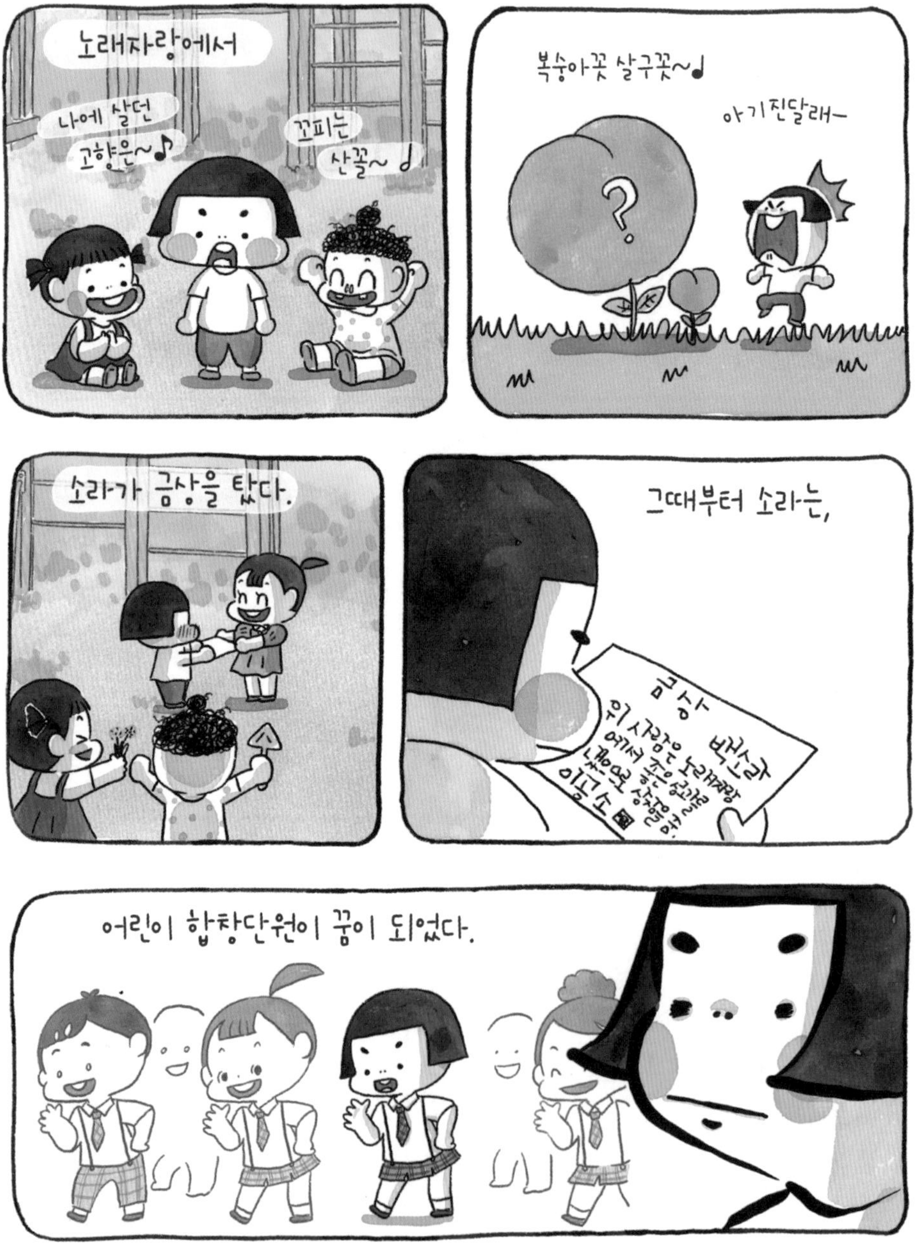
노래자랑에서
나에 살던
고향은~
꼬피는
산꼴~
복숭아꽃 살구꽃~
아기진달래~
?
소라가 금상을 탔다.
그때부터 소라는,
상장
백소라
위 사람은 노래자랑
에서 훌륭한 실력을
어린이 합창단원이 꿈이 되었다.

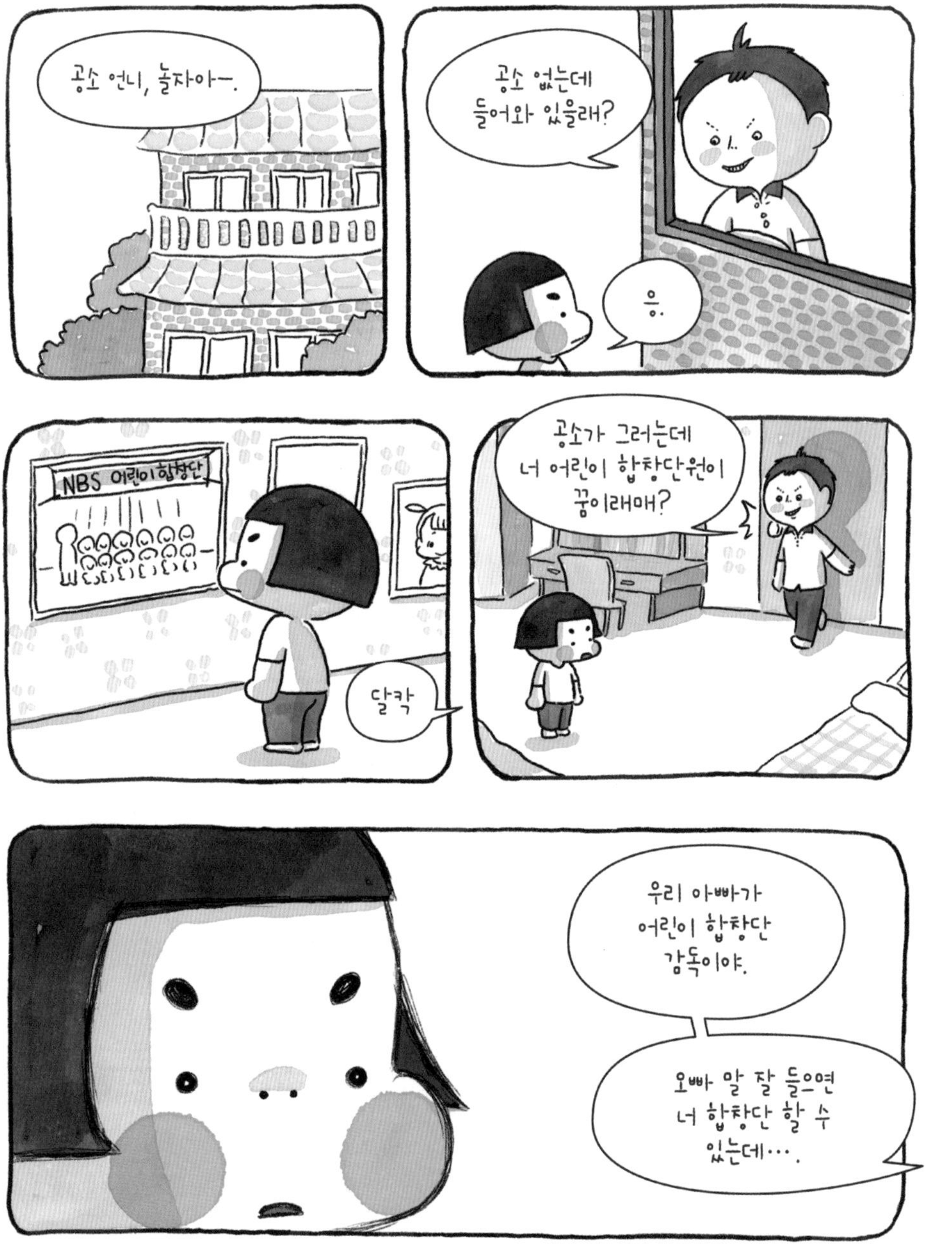
공소 언니, 놀자아—.
공소 없는데 들어와 있을래?
응.
NBS 어린이 합창단
달칵
공소가 그러는데 너 어린이 합창단원이 꿈이래매?
우리 아빠가 어린이 합창단 감독이야.
오빠 말 잘 들으면 너 합창단 할 수 있는데….

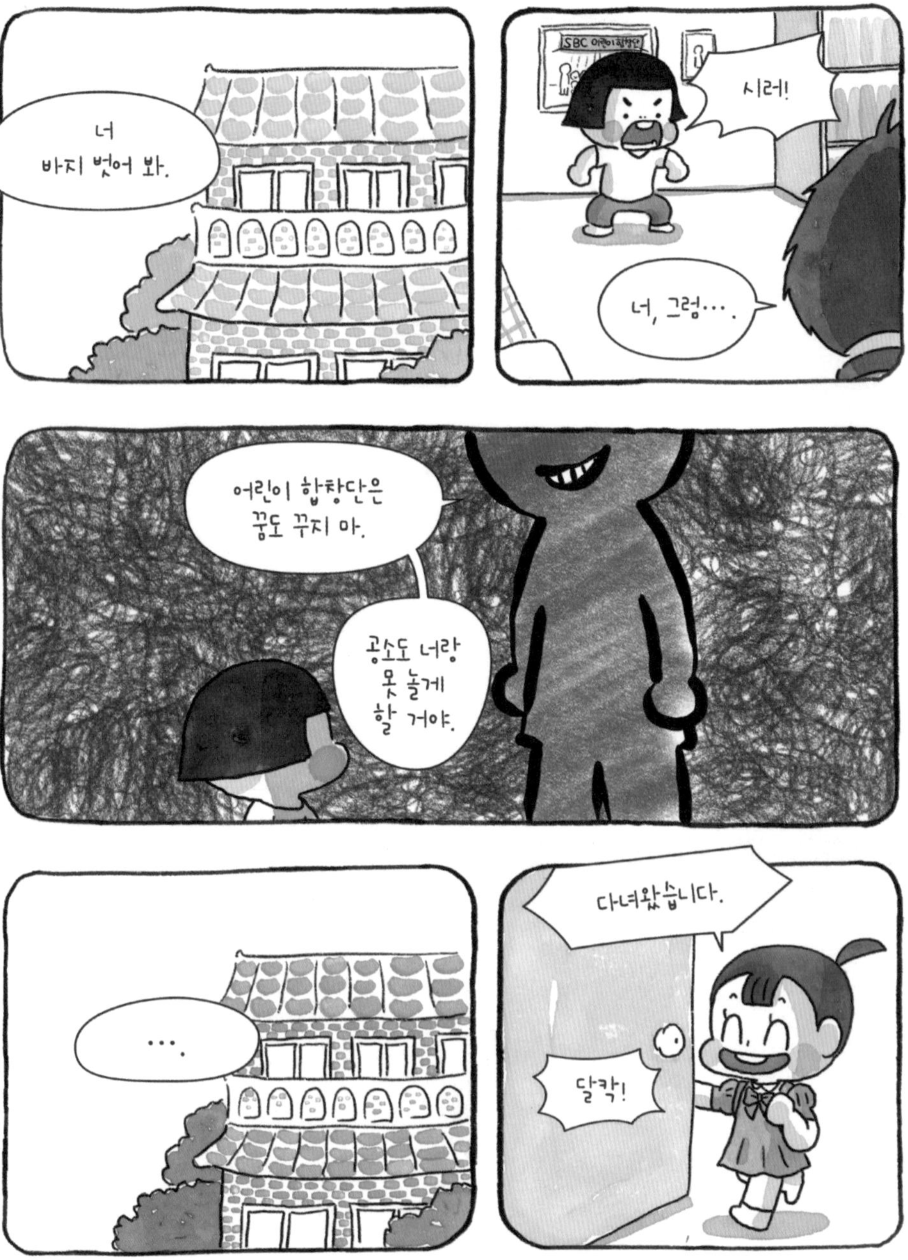
너
바지 벗어 봐.
SBC 어린이 합창단
시러!
너, 그럼….
어린이 합창단은
꿈도 꾸지 마.
공소도 너랑
못 놀게
할 거야.
….
다녀왔습니다.
달칵!

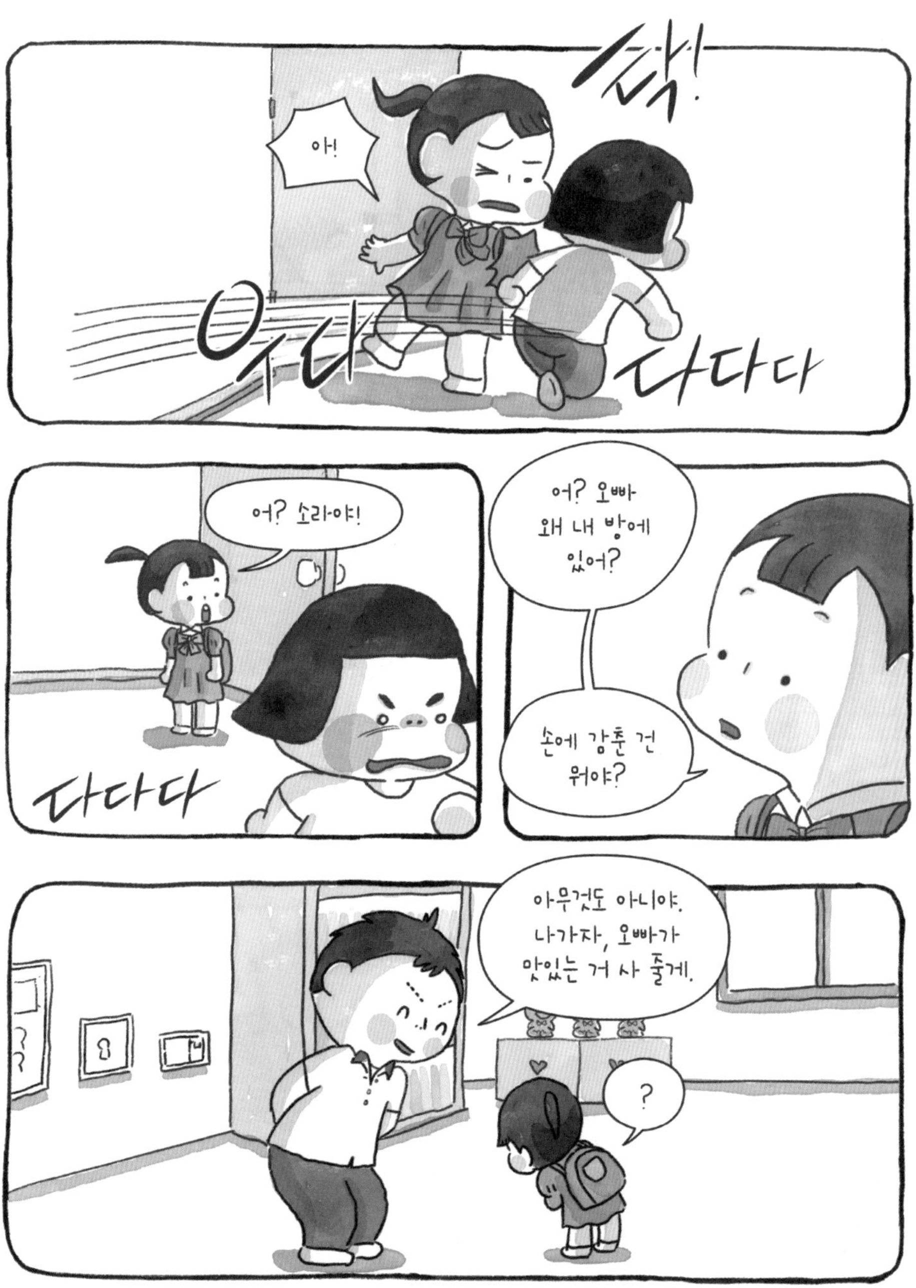
탁!
아!
우다다
다다다
어? 소라야!
다다다
어? 오빠 왜 내 방에 있어?
손에 감춘 건 뭐야?
아무것도 아니야. 나가자, 오빠가 맛있는 거 사 줄게.
?

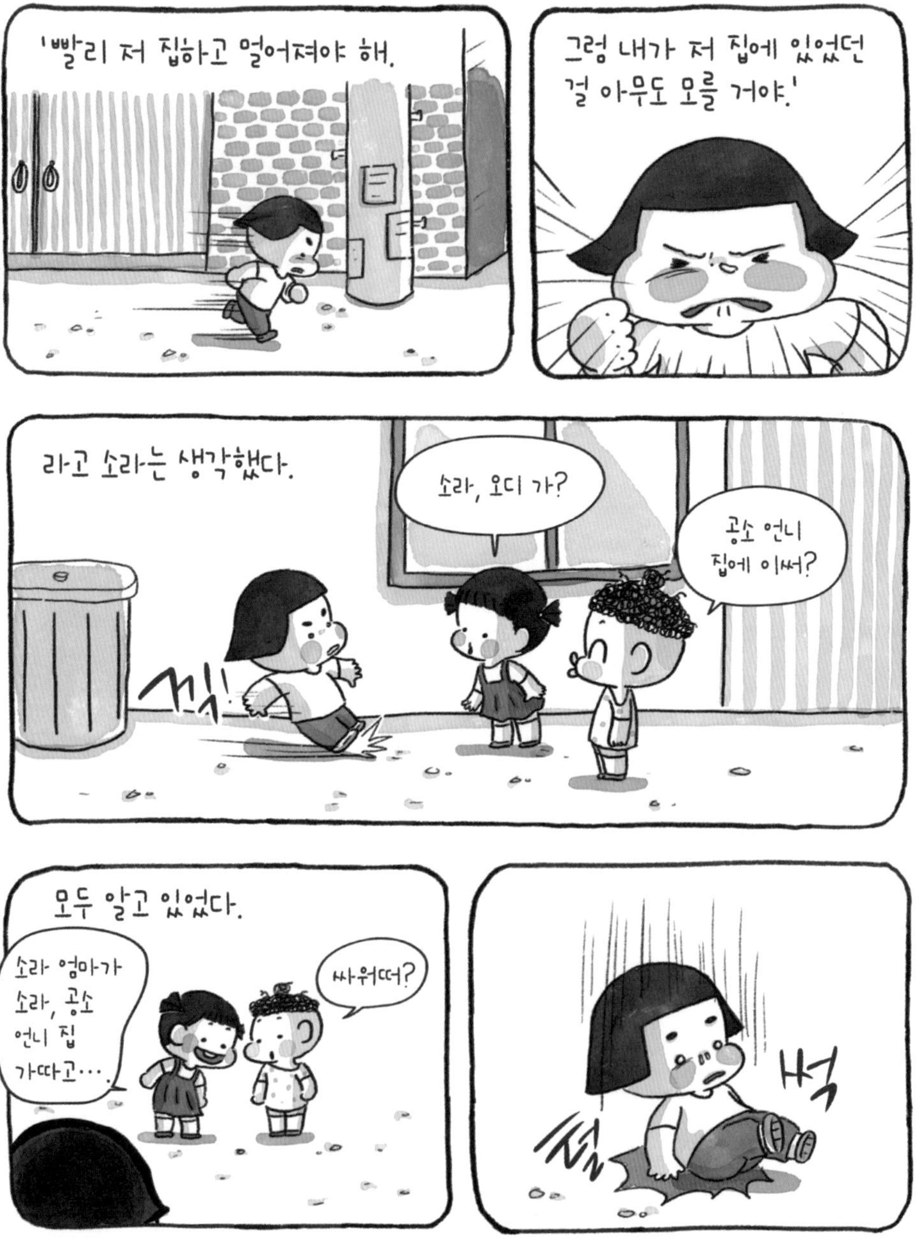
'빨리 저 집하고 멀어져야 해.
그럼 내가 저 집에 있었던 걸 아무도 모를 거야.'
라고 소라는 생각했다.
소라, 오디 가?
공소 언니 집에 이써?
찍!
모두 알고 있었다.
소라 엄마가 소라, 공소 언니 집 가따고…
싸워떠?
벅
철

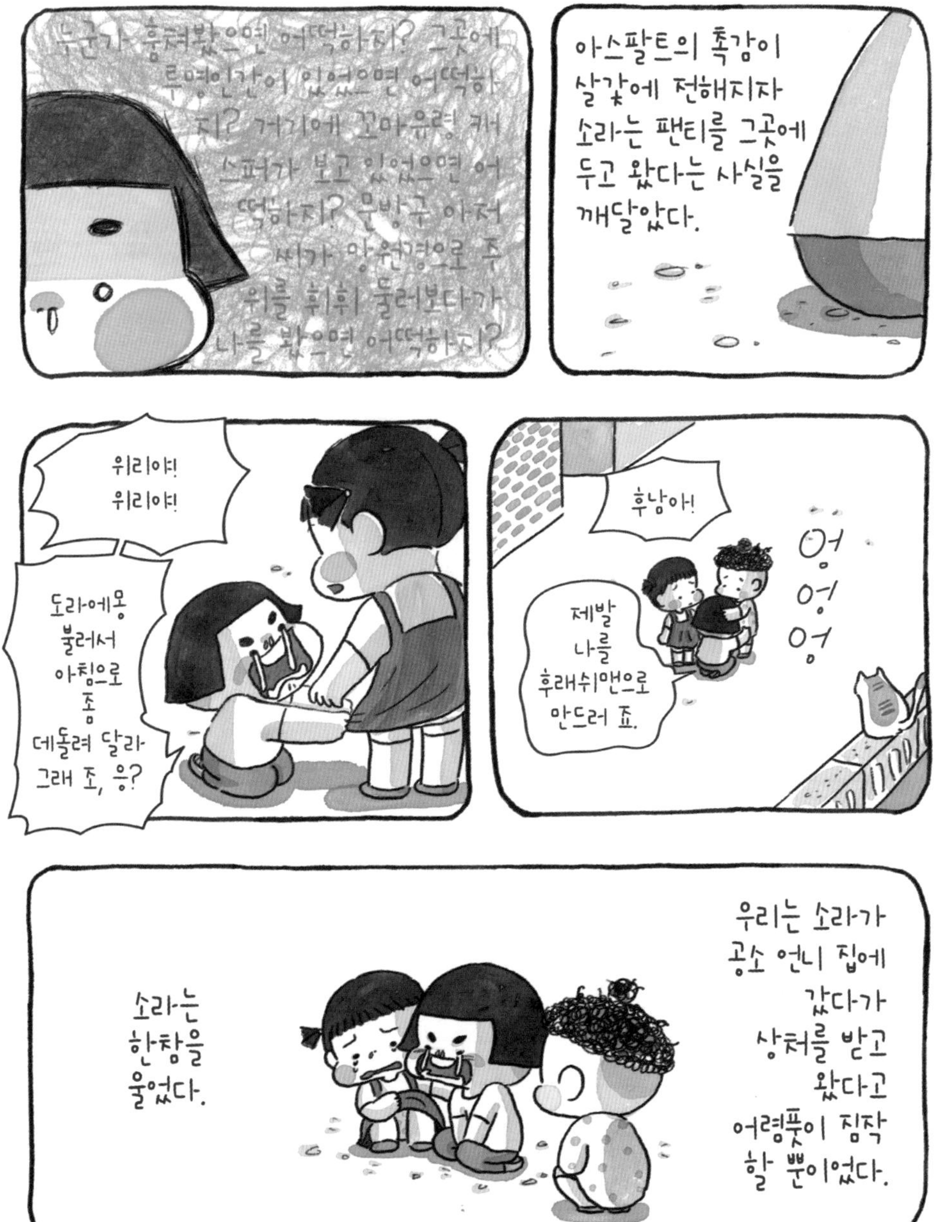
누군가 훔쳐봤으면 어떡하지? 그곳에 투명인간이 있었으면 어떡하지? 거기에 꼬마유령 캐스퍼가 보고 있었으면 어떡하지? 문방구 아저씨가 망원경으로 주위를 휘휘 둘러보다가 나를 봤으면 어떡하지?
아스팔트의 촉감이 살갗에 전해지자 소라는 팬티를 그곳에 두고 왔다는 사실을 깨달았다.
위리야! 위리야!
도라에몽 불러서 아침으로 좀 데돌려 달라 그래 조, 응?
후남아!
제발 나를 후래쉬맨으로 만드러 죠.
엉 엉 엉
우리는 소라가 공소 언니 집에 갔다가 상처를 받고 왔다고 어렴풋이 짐작할 뿐이었다.
소라는 한참을 울었다.

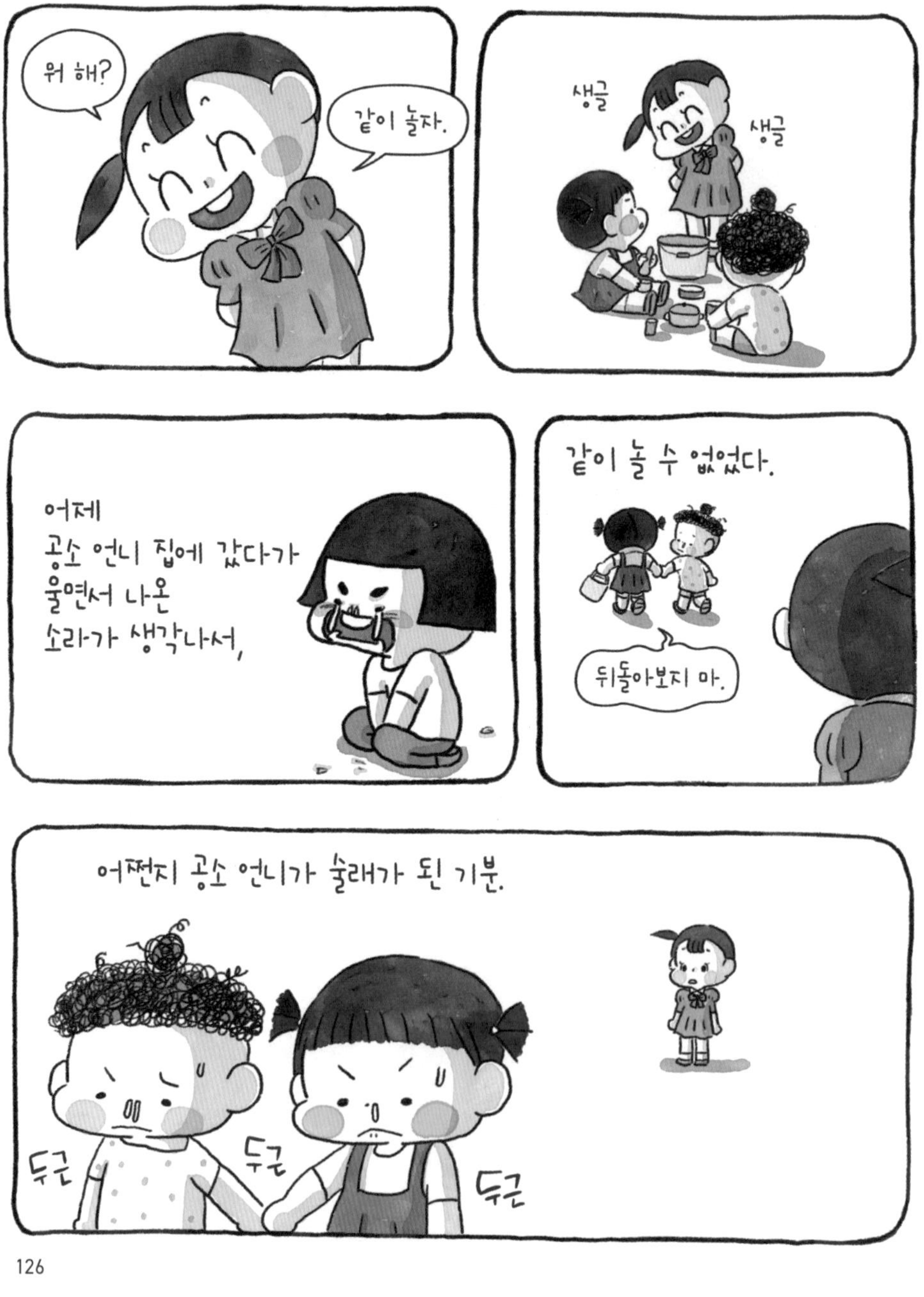
뭐 해?
같이 놀자.
생글
생글
어제
공소 언니 집에 갔다가
울면서 나온
소리가 생각나서,
같이 놀 수 없었다.
뒤돌아보지 마.
어쩐지 공소 언니가 술래가 된 기분.
두근
두근
두근

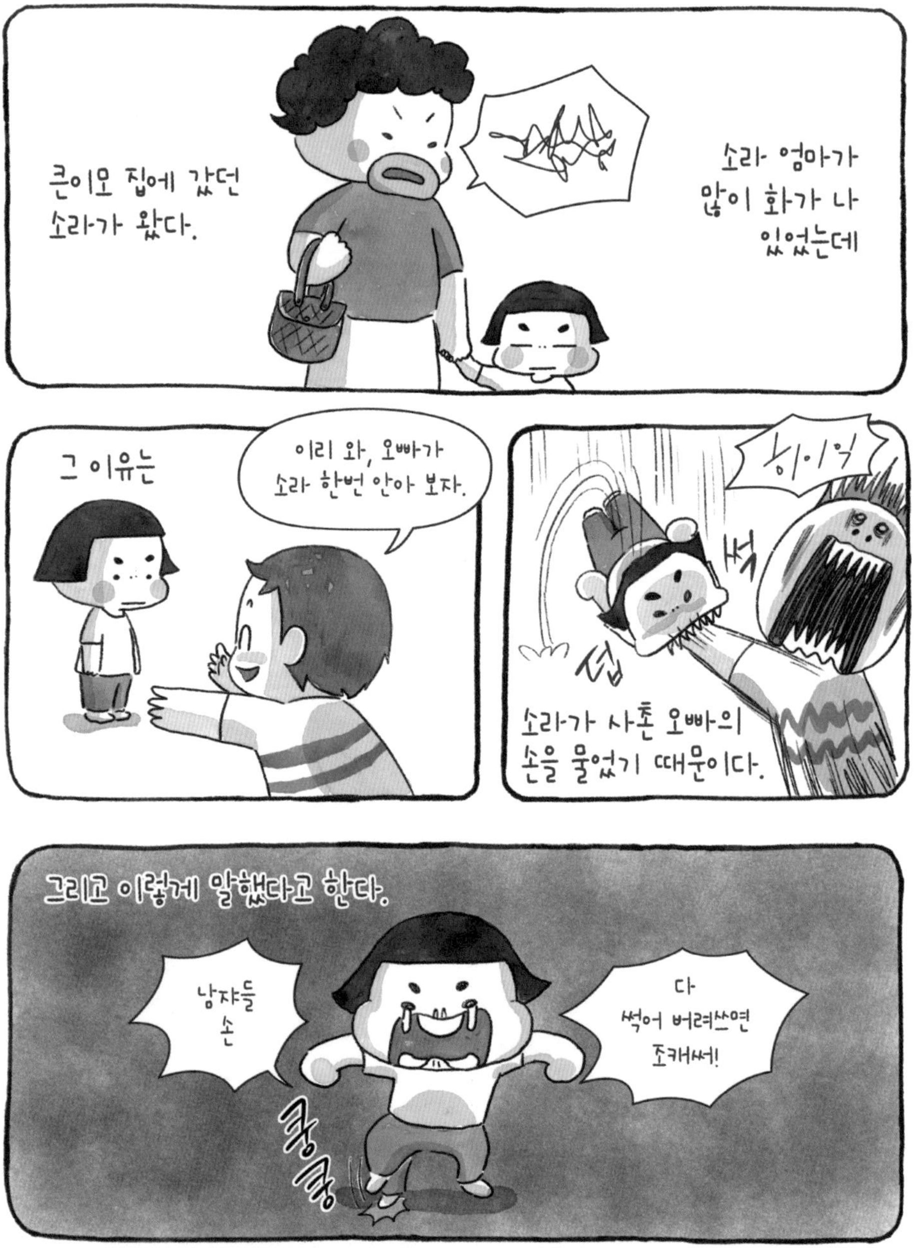

큰이모 집에 갔던
소라가 왔다.
소라 엄마가
많이 화가 나
있었는데
그 이유는
이리 와, 오빠가
소라 한번 안아 보자.
히이익
썩
섭
소라가 사촌 오빠의
손을 물었기 때문이다.
그리고 이렇게 말했다고 한다.
남쟈들
손
다
썩어 버려쓰면
조캐써!
쿵
쿵

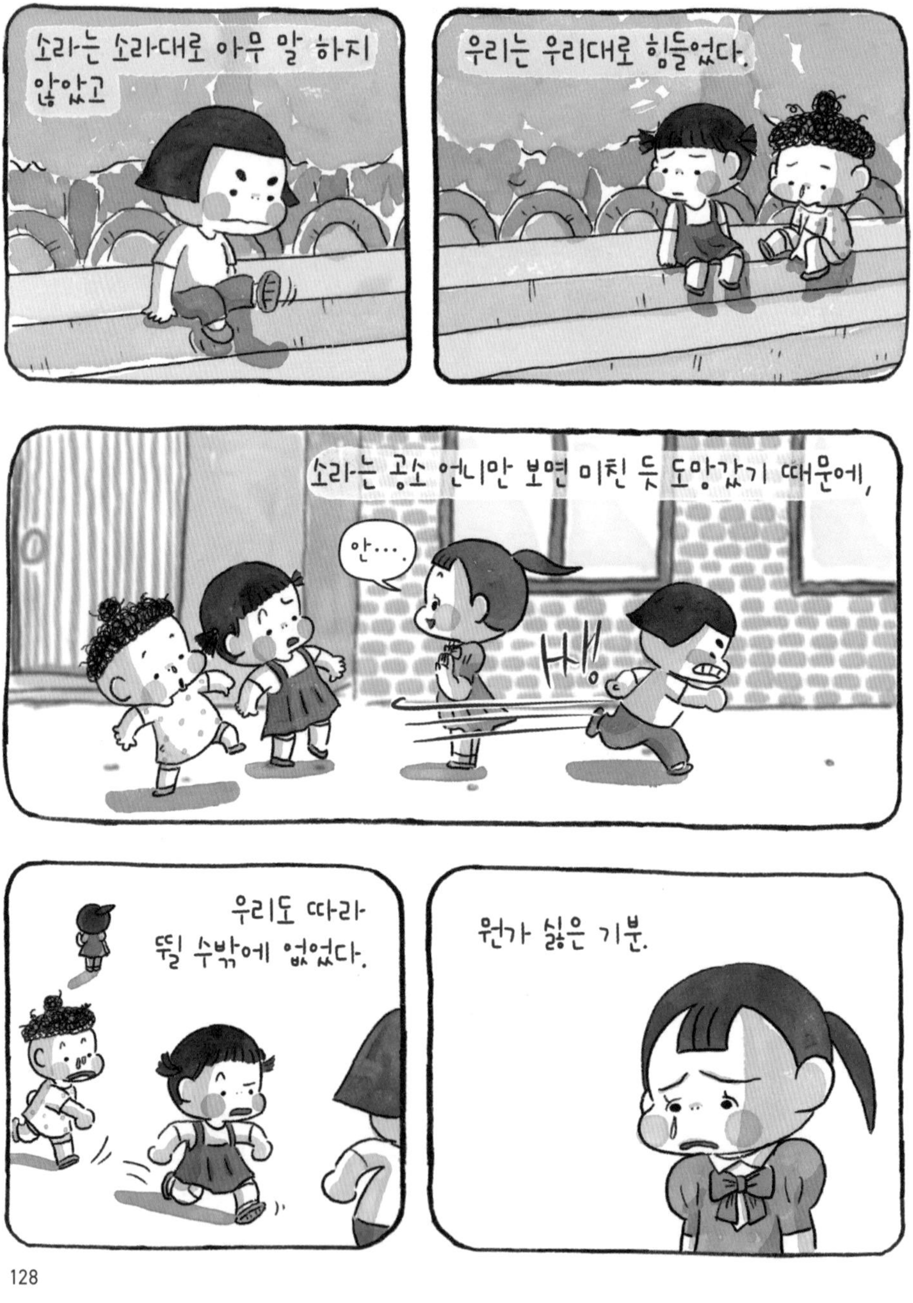
소라는 소라대로 아무 말 하지 않았고
우리는 우리대로 힘들었다.
소라는 공소 언니만 보면 미친 듯 도망갔기 때문에,
안….
뱅
우리도 따라 뛸 수밖에 없었다.
뭔가 싫은 기분.

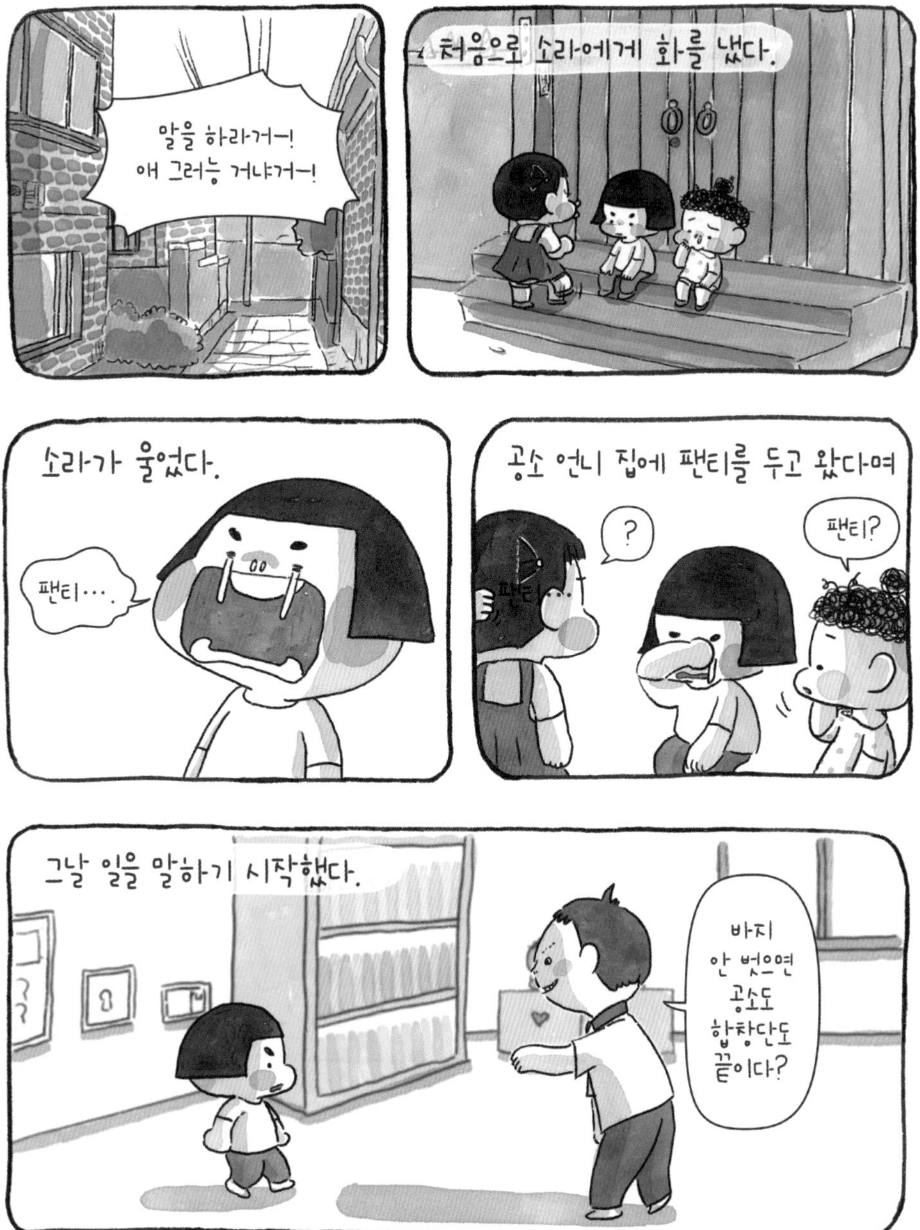
말을 하라거ㅡ!
애 그러능 거냐거ㅡ!
처음으로 소라에게 화를 냈다.
소라가 울었다.
팬티….
공소 언니 집에 팬티를 두고 왔다며
?
팬티?
팬티
그날 일을 말하기 시작했다.
바지 안 벗으면 공소도 합창단도 끝이다?

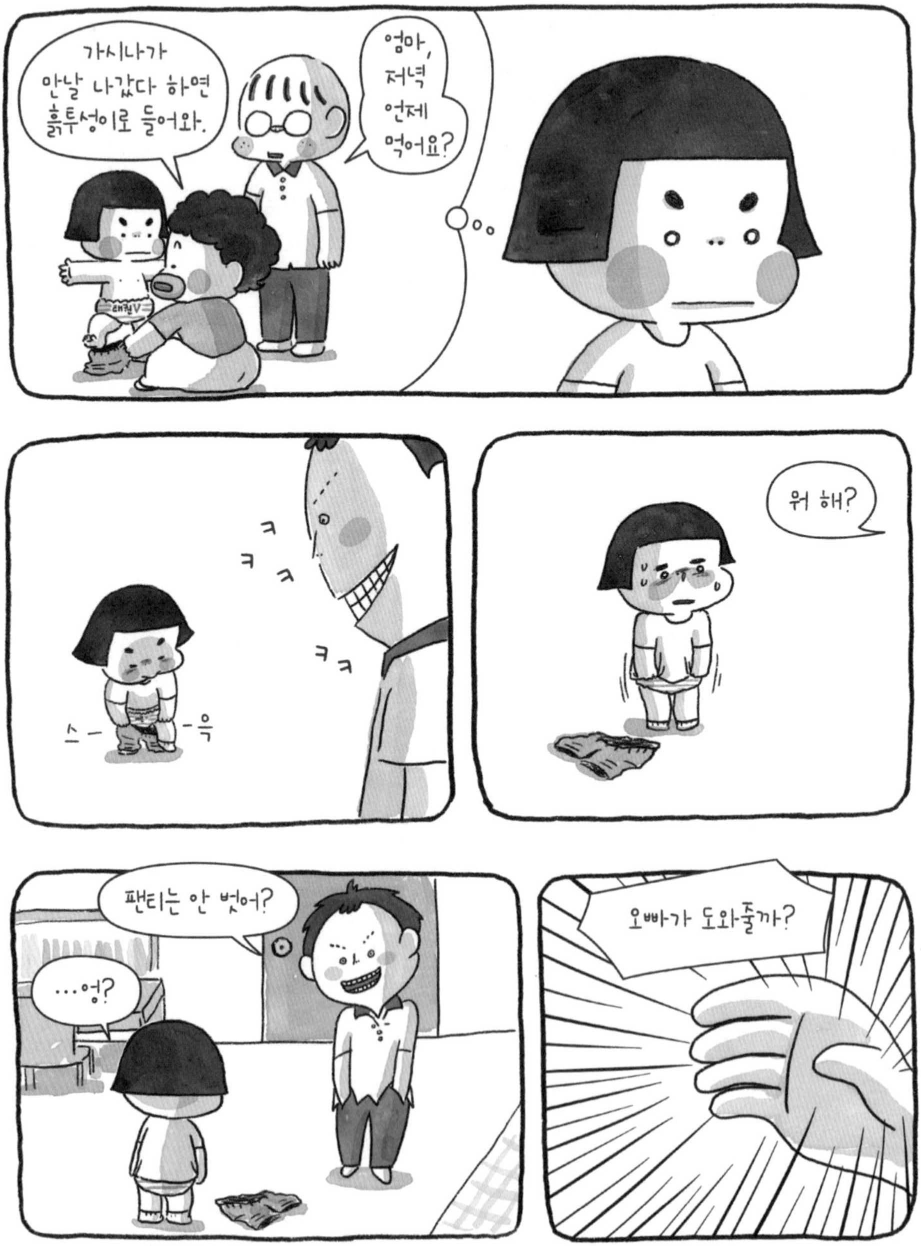
가시나가 만날 나갔다 하면 흙투성이로 들어와.
태권V
엄마, 저녁 언제 먹어요?
ㅋ ㅋ ㅋ
ㅋㅋ
스— —윽
뭐 해?
팬티는 안 벗어?
…엉?
오빠가 도와줄까?

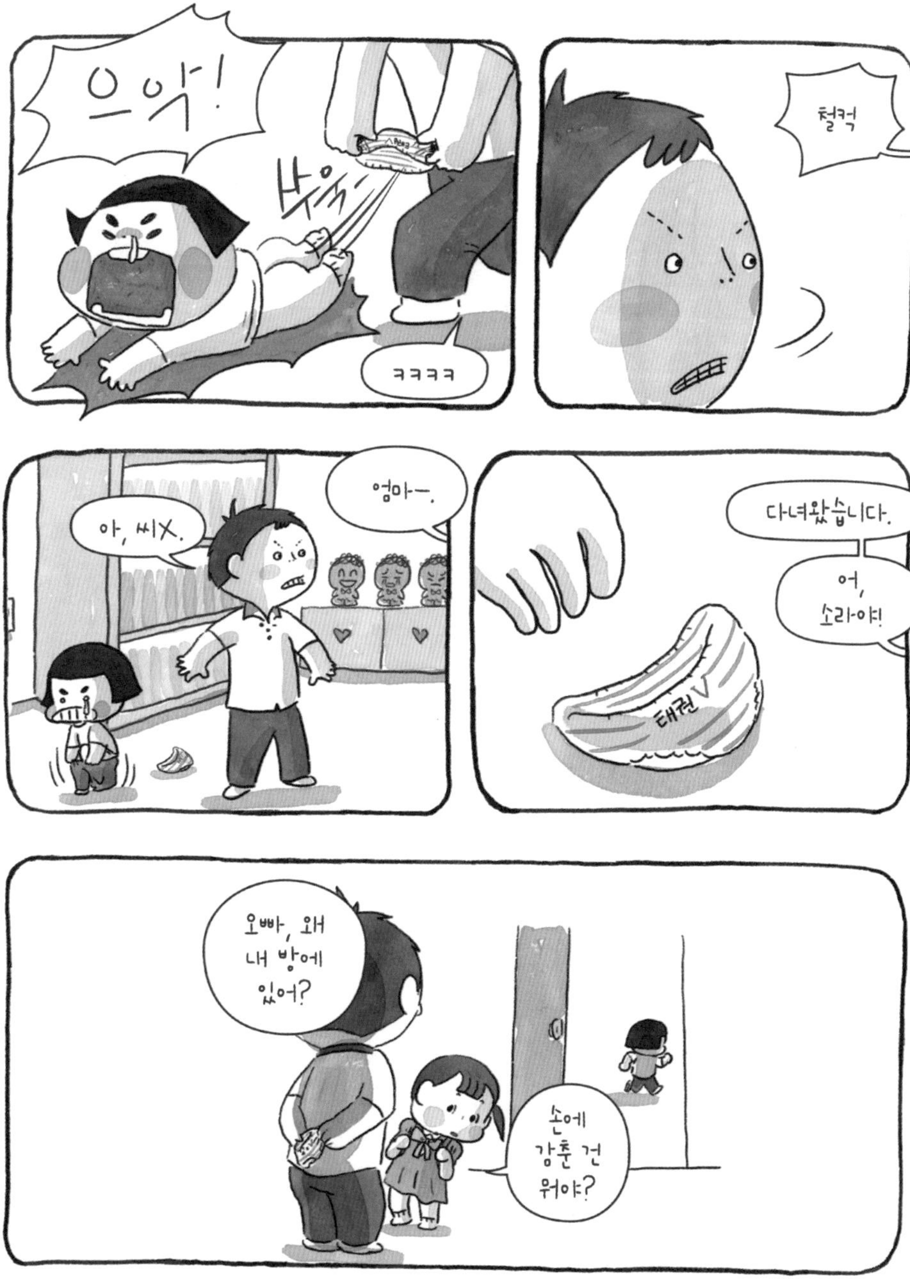
으악!
뿌욱-
ㅋㅋㅋㅋ
철컥
엄마-.
아, 씨X.
다녀왔습니다.
어, 소라야!
태권V
오빠, 왜 내 방에 있어?
손에 감춘 건 뭐야?

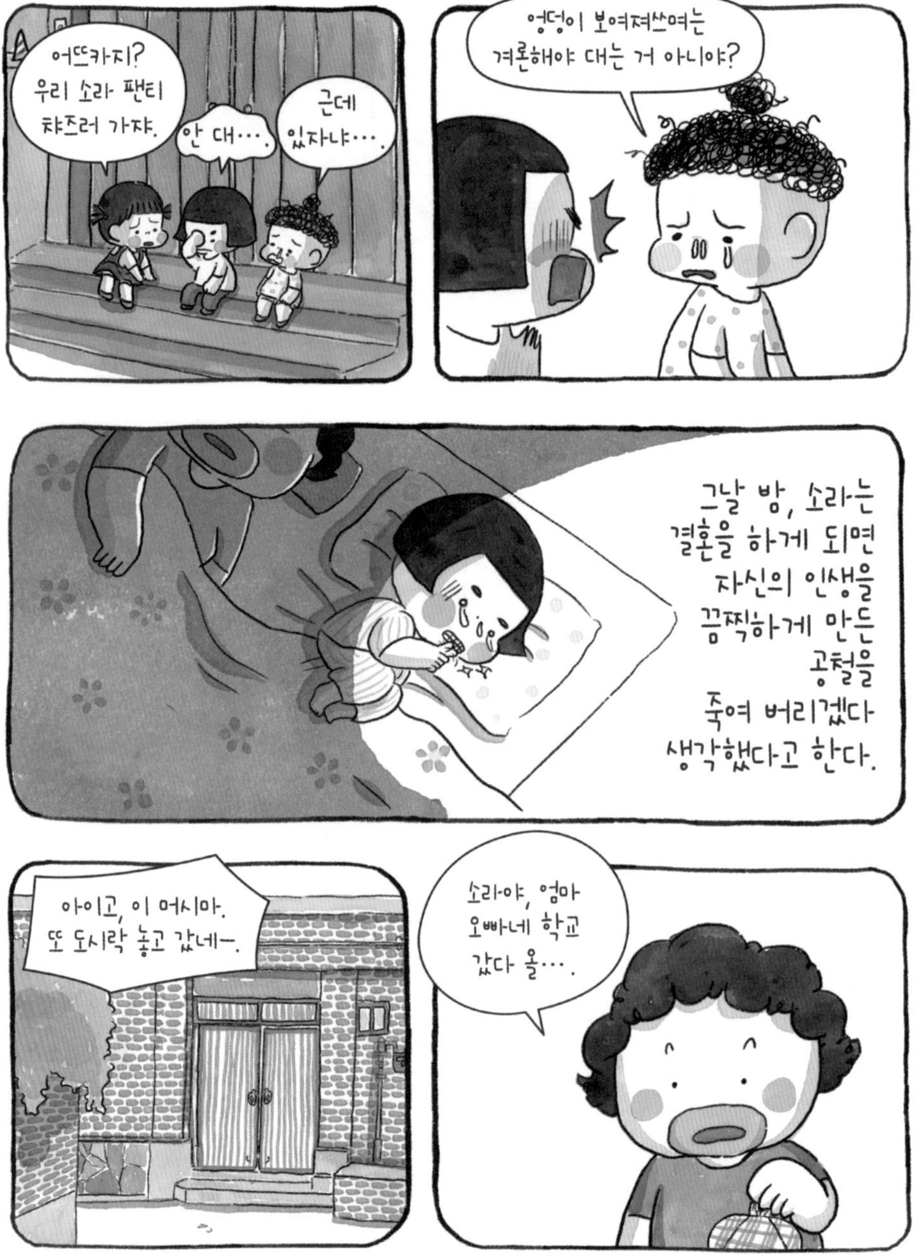
어뜨카지? 우리 소라 팬티 챠즈러 가쟈.
안 대….
근데 있자나냐….
엉덩이 보여져쓰며는 겨론해야 대는 거 아니야?
그날 밤, 소라는 결혼을 하게 되면 자신의 인생을 끔찍하게 만든 공철을 죽여 버리겠다 생각했다고 한다.
아이고, 이 머시마. 또 도시락 놓고 갔네-.
소라야, 엄마 오빠네 학교 갔다 올….

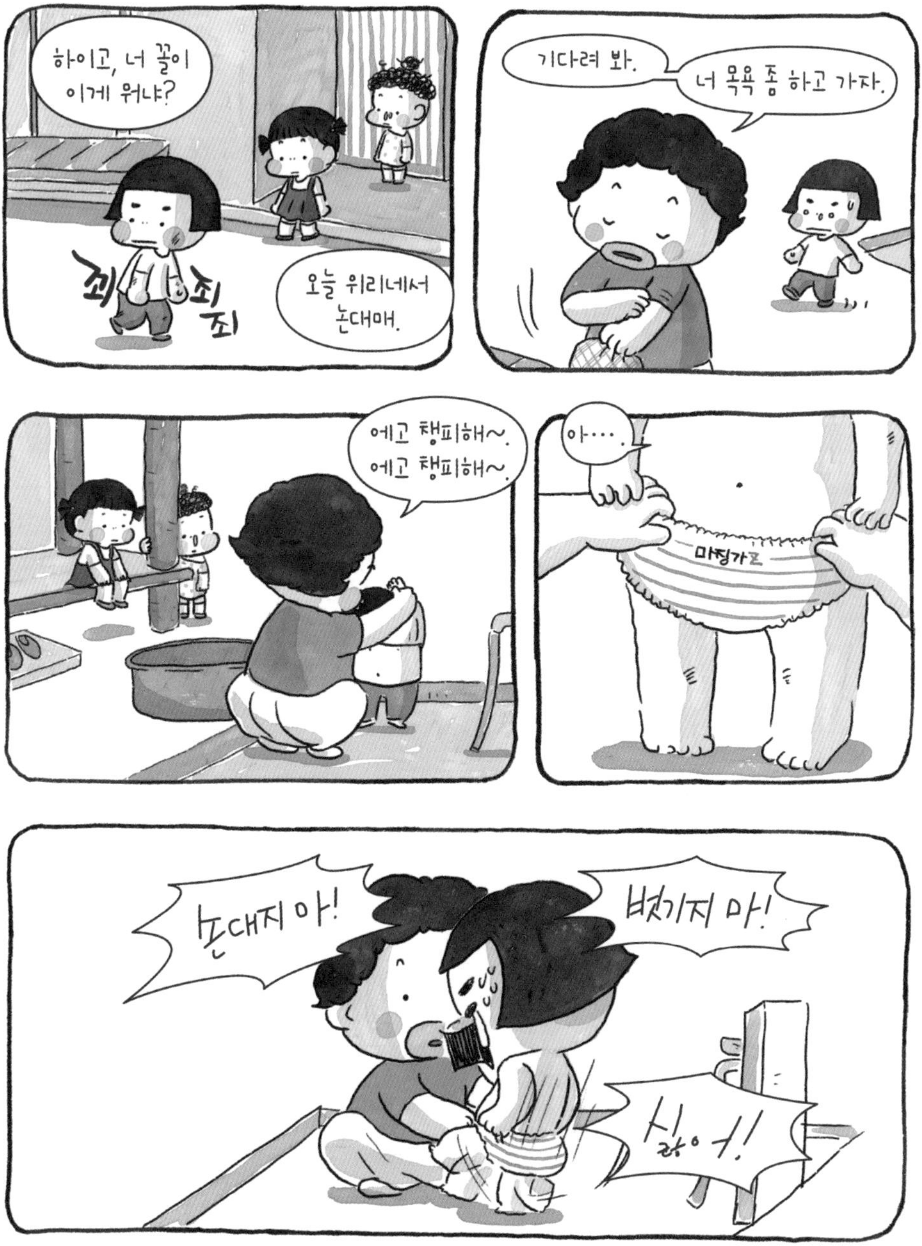
하이고, 너 꼴이 이게 뭐냐?
쬐 쬐 쬐
오늘 위리네서 논대매.
기다려 봐.
너 목욕 좀 하고 가자.
에고 챙피해~. 에고 챙피해~.
아….
마징가Z
손대지 마!
벗기지 마!
싫어!

소외된 모두, 왼발을 한 보 앞으로

가끔 인터넷 뉴스를 보면 연예인의 과거 이야기가 나온다.
재밌는 것은 학창 시절 괴롭힘당하고 소외되었던 자는 응원을,
소외시키고 괴롭혔던 자는 가혹한 공격을 받는다는 것이다.
아무리 잘나가는 연예인이라도 남을 괴롭혔던 과거가 밝혀지면
프로그램 하차는 물론 방송가 퇴출도 시켜 버리는 게 시청자들이다.
한 치의 동정도 없다.
솔직히 이 정도면 본인은 인생 끝났다고 생각하겠지.

소외된 친구에게 손을 뻗어 일으켜 주는 사람이 있다.
무릎에 묻은 흙을 툭툭 털어 주고, 손을 잡고 나란히 걸어 주는 사람도 있다.
그 행동은 한 인생을 벼랑 끝에서 구해 준다. 굉장한 구원자다.
본인은 그걸 모르지만 정말 세상 멋진 사람 중 하나다.
이런 사람은 나중에 함정에 빠지거나 넘어져도 과거의 행동들이
이 사람을 벌떡 일으켜 주더라.
그걸 미담이라 하던가.

인생은 되로 주고 말로 받더라.

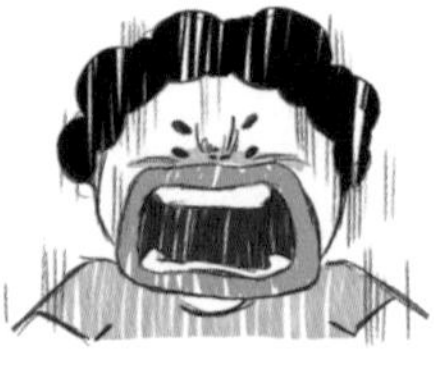

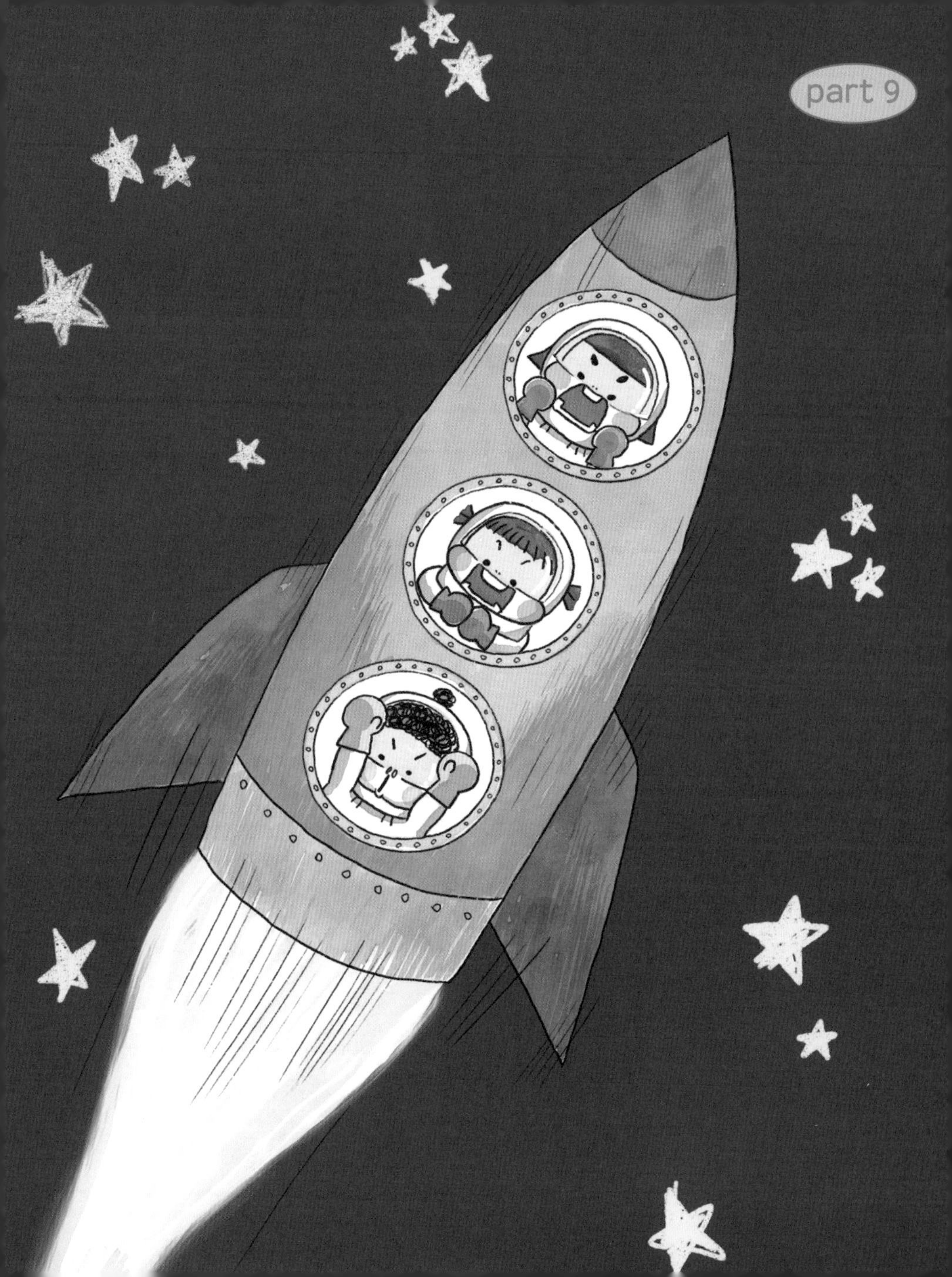
part 9

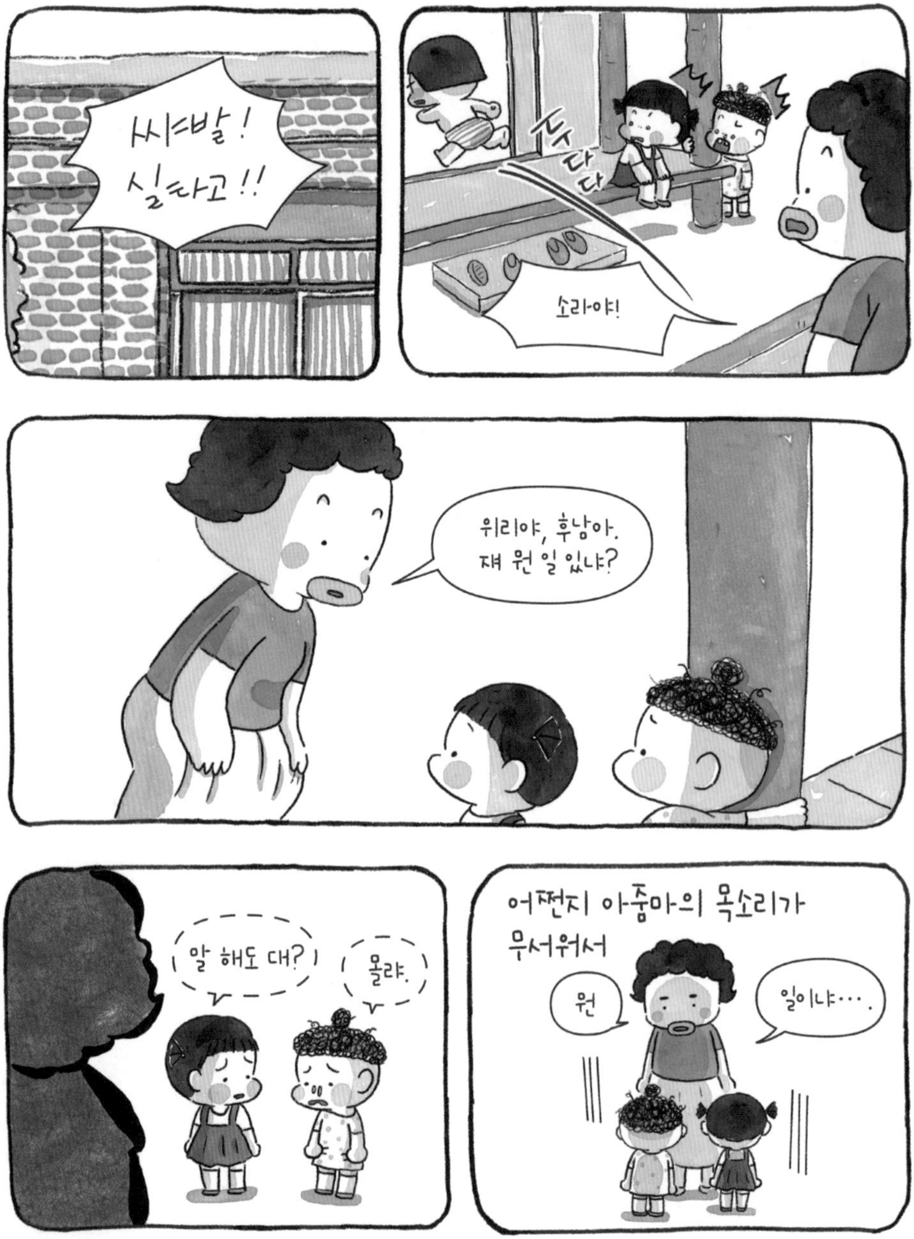

씨=발!
실타고!!
두다다
소리야!
위리야, 후남아.
재 뭔 일 있냐?
말 해도 대?
몰라.
어쩐지 아줌마의 목소리가
무서워서
뭔
일이냐….

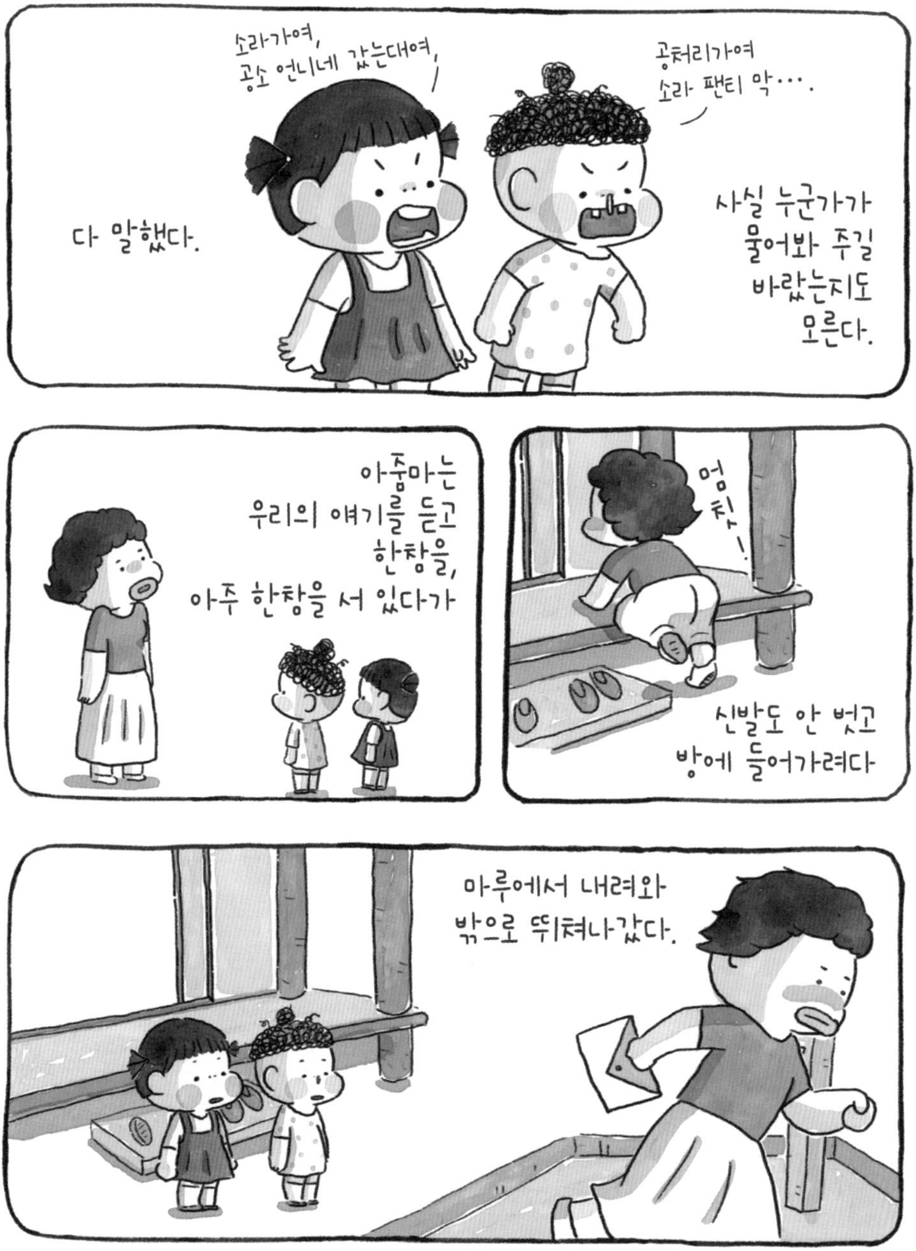

소라가여,
공소 언니네 갔는대여,
공처리가여
소라 팬티 막….
다 말했다.
사실 누군가가
물어봐 주길
바랐는지도
모른다.
아줌마는
우리의 얘기를 듣고
한참을,
아주 한참을 서 있다가
멈칫!
신발도 안 벗고
방에 들어가려다
마루에서 내려와
밖으로 뛰쳐나갔다.

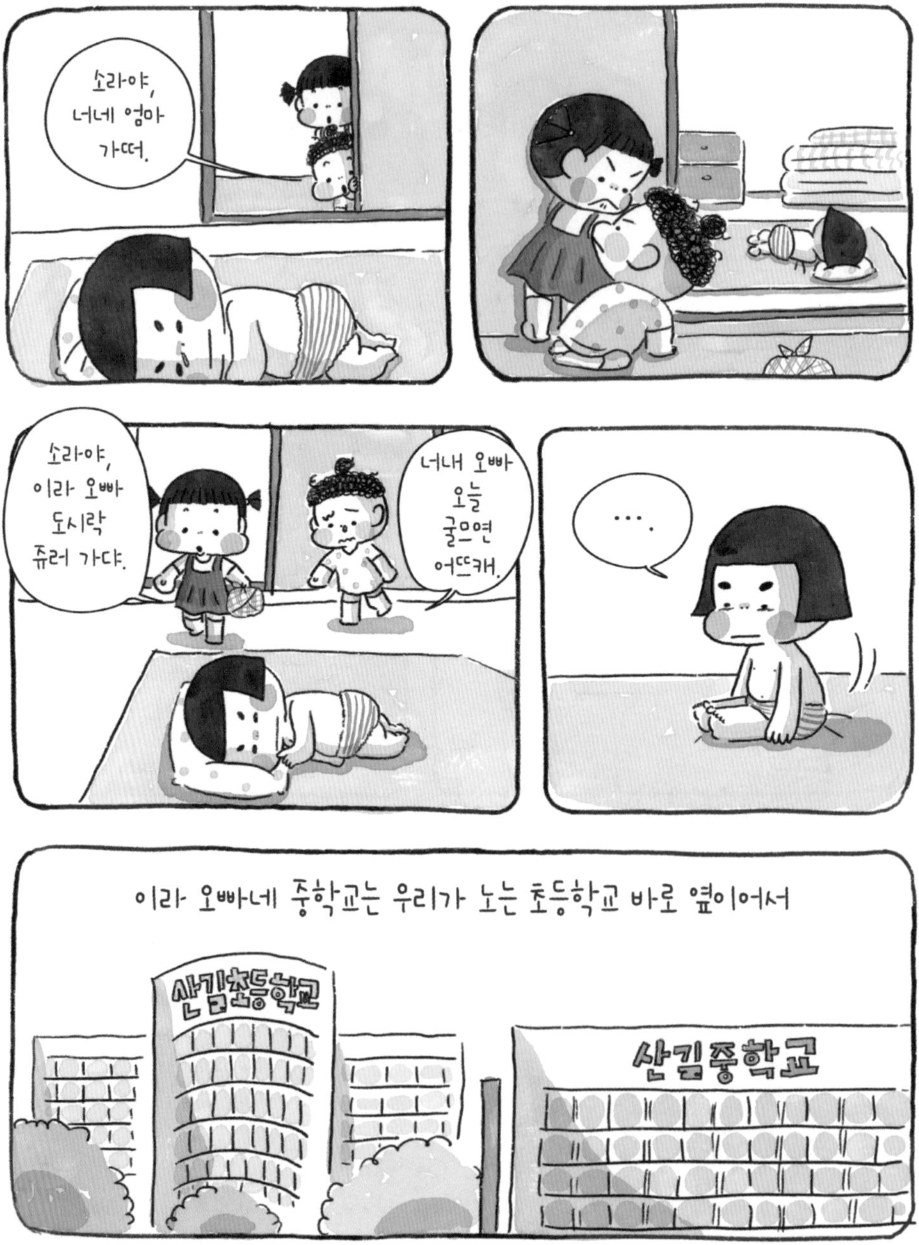
소라야, 너네 엄마 가떠.
소라야, 이라 오빠 도시락 쥬러 가댜.
너내 오빠 오늘 굴므면 어뜨캐.
….
이라 오빠네 중학교는 우리가 노는 초등학교 바로 옆이어서
산길초등학교
산길중학교

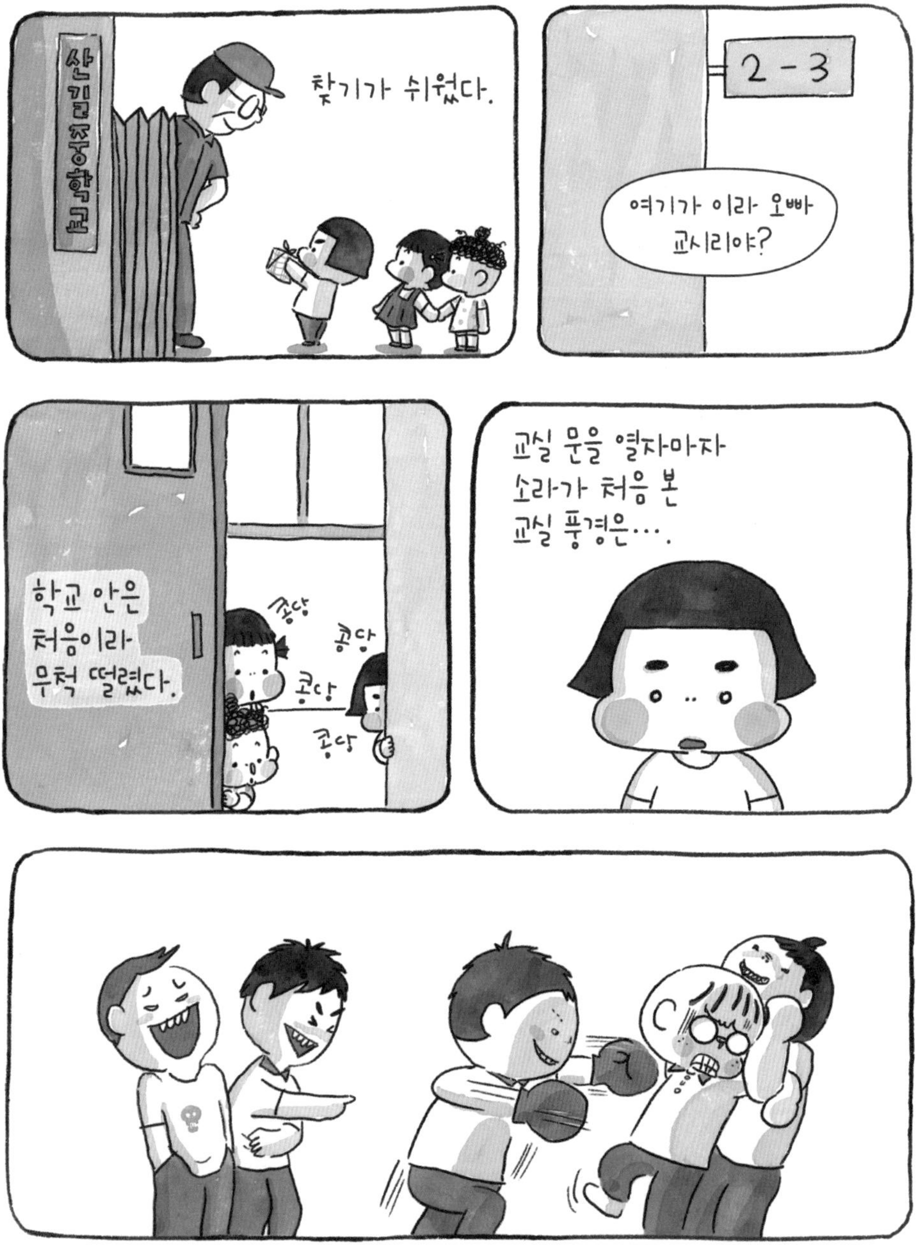
산길중학교
찾기가 쉬웠다.
2-3
여기가 이라 오빠 교시리야?
학교 안은 처음이라 무척 떨렸다.
콩닥
콩닥
콩닥
콩닥
교실 문을 열자마자 소라가 처음 본 교실 풍경은….

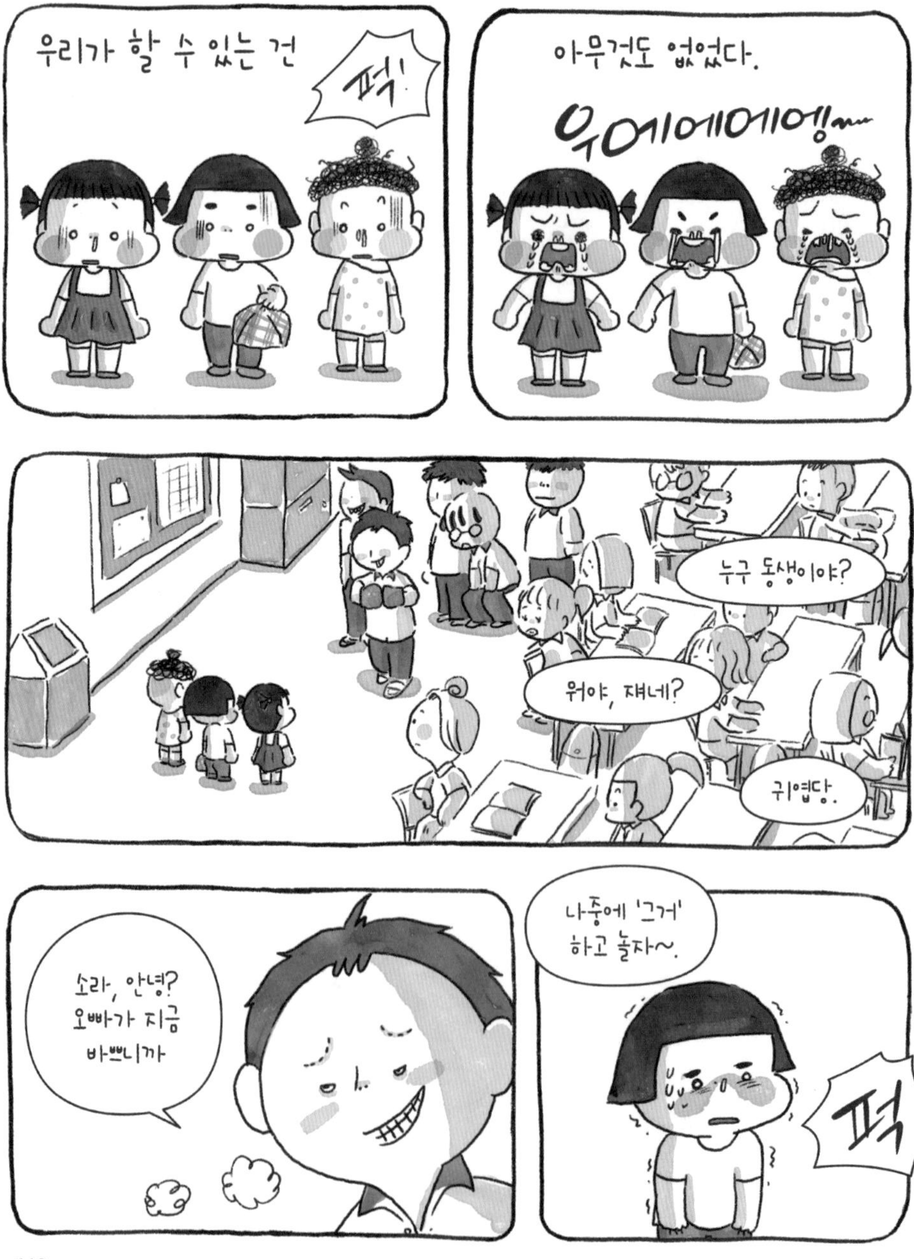
우리가 할 수 있는 건
퍽!
아무것도 없었다.
우에에에엥~
누구 동생이야?
뭐야, 쟤네?
귀엽당.
소라, 안녕?
오빠가 지금
바쁘니까
나중에 '그거'
하고 놀자~.
퍽

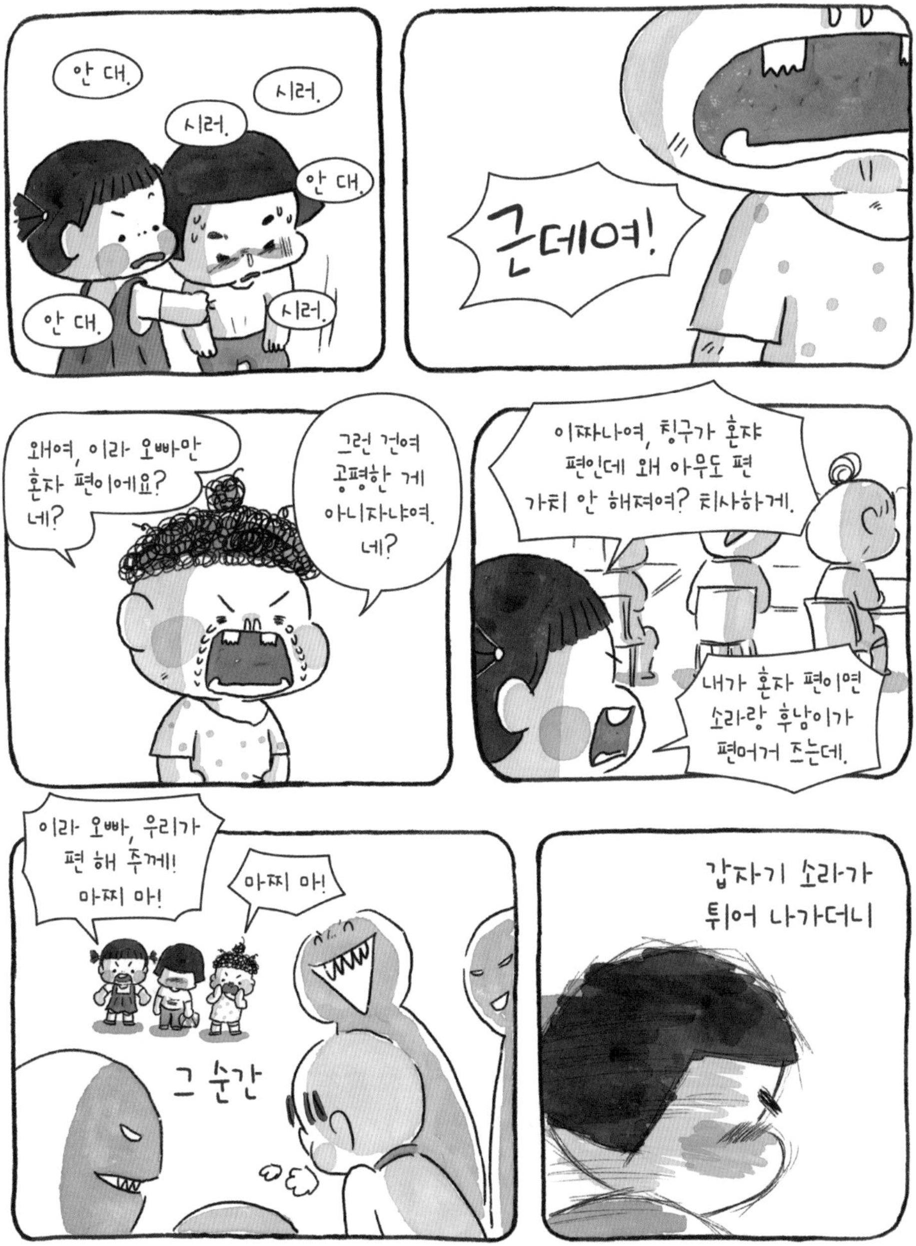
안 대.
시러.
시러.
안 대.
안 대.
시러.
근데여!
왜여, 이라 오빠만 혼자 편이에요? 네?
그런 건여 공평한 게 아니자냐여. 네?
이짜나여, 칭구가 혼쟈 편인데 왜 아무도 편 가치 안 해져여? 치사하게.
내가 혼자 편이면 소라랑 후남이가 편머거 즈는데.
이라 오빠, 우리가 편 해 주께! 마찌 마!
마찌 마!
그 순간
갑자기 소라가 튀어 나가더니

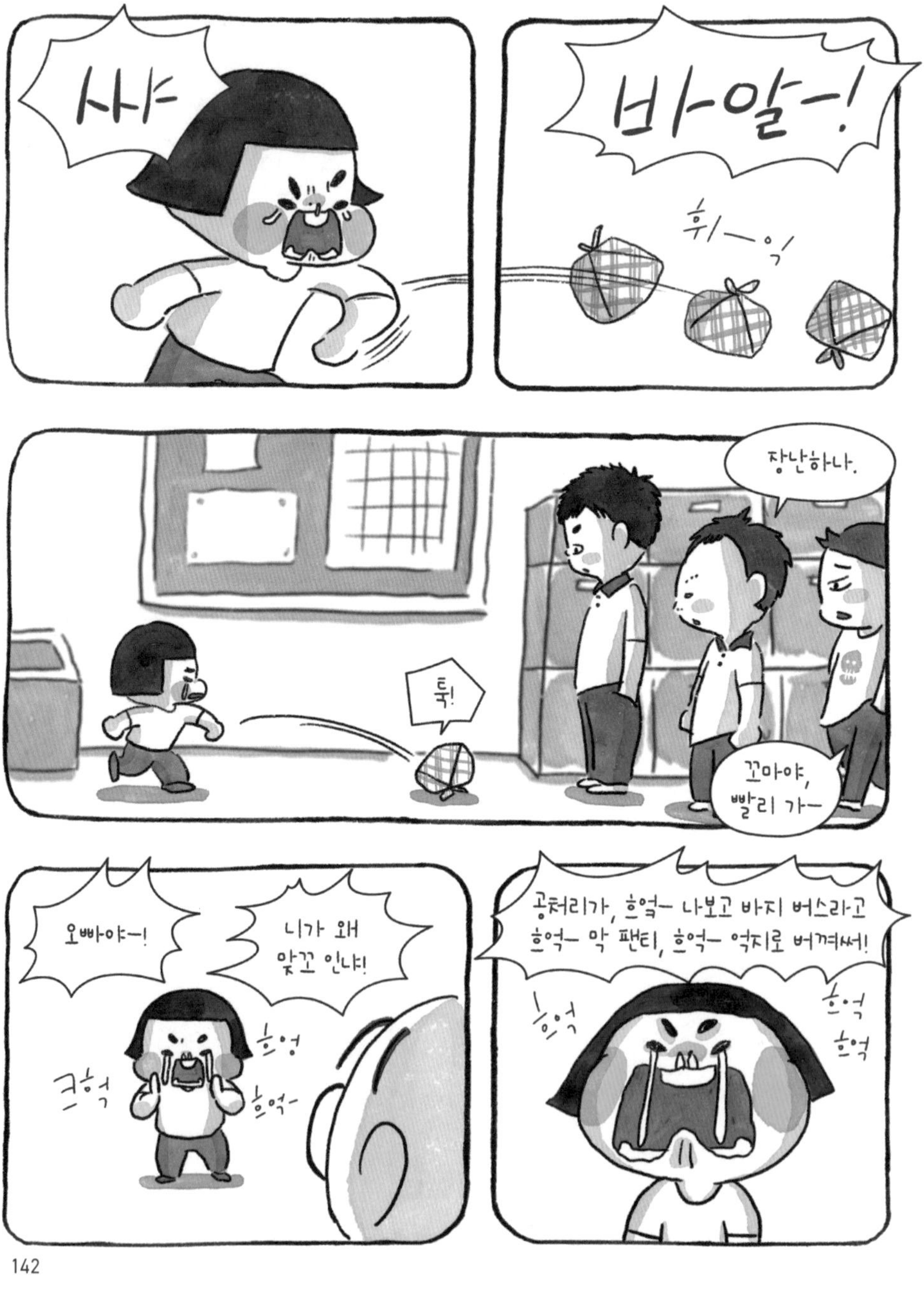
샤!
바알―!
휘―익!
장난하나.
툭!
꼬마야,
빨리 가―
오빠야―!
니가 왜
맞고 인나!
흐엉
크헉
흐억―
공처리가, 흐억― 나보고 바지 버스라고
흐억― 막 팬티, 흐억― 억지로 버껴써!
흐억
흐억
흐억

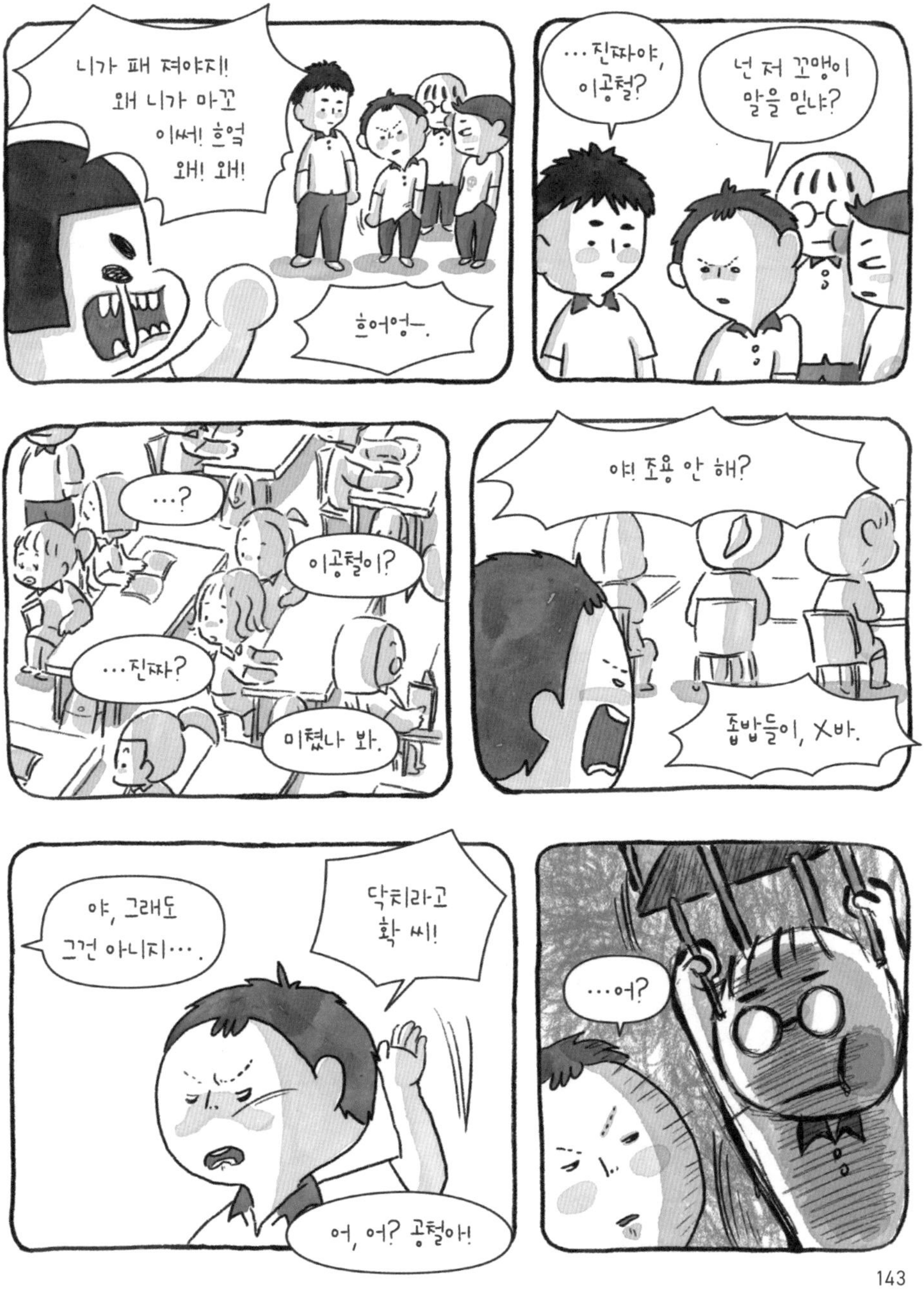
니가 패 져야지! 왜 니가 마꼬 이써! 흐억 왜! 왜!
흐어엉—.
…진짜야, 이공철?
넌 저 꼬맹이 말을 믿냐?
…?
이공철이?
…진짜?
미쳤나 봐.
야! 조용 안 해?
좁밥들이, X바.
야, 그래도 그건 아니지….
닥치라고 확 씨!
어, 어? 공철아!
…어?

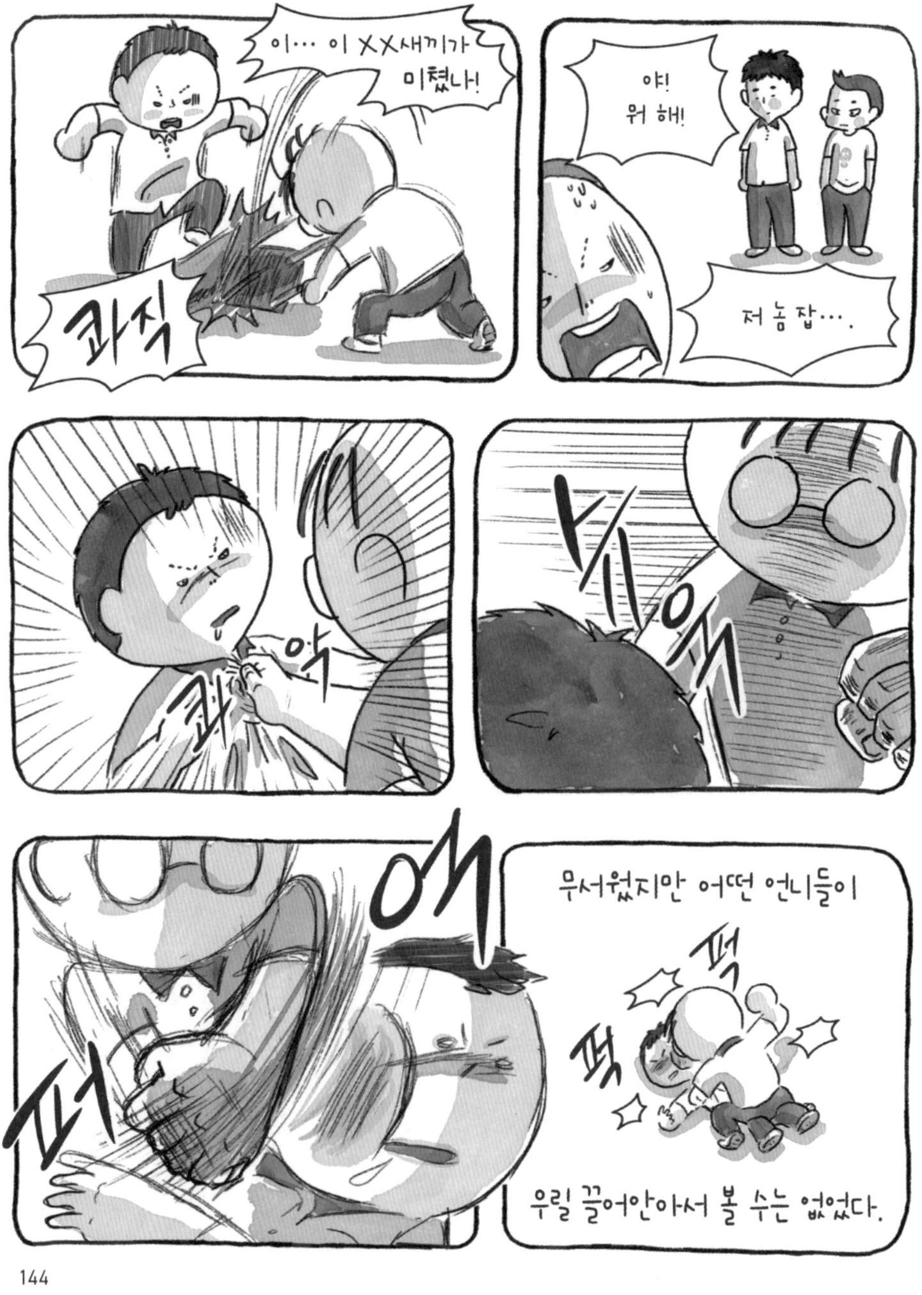
이… 이 XX새끼가 미쳤나!
콰직
야! 뭐 해!
저 놈 잡….
콱
악
휘익
퍼
억
무서웠지만 어떤 언니들이
퍽
퍽
우릴 끌어안아서 볼 수는 없었다.

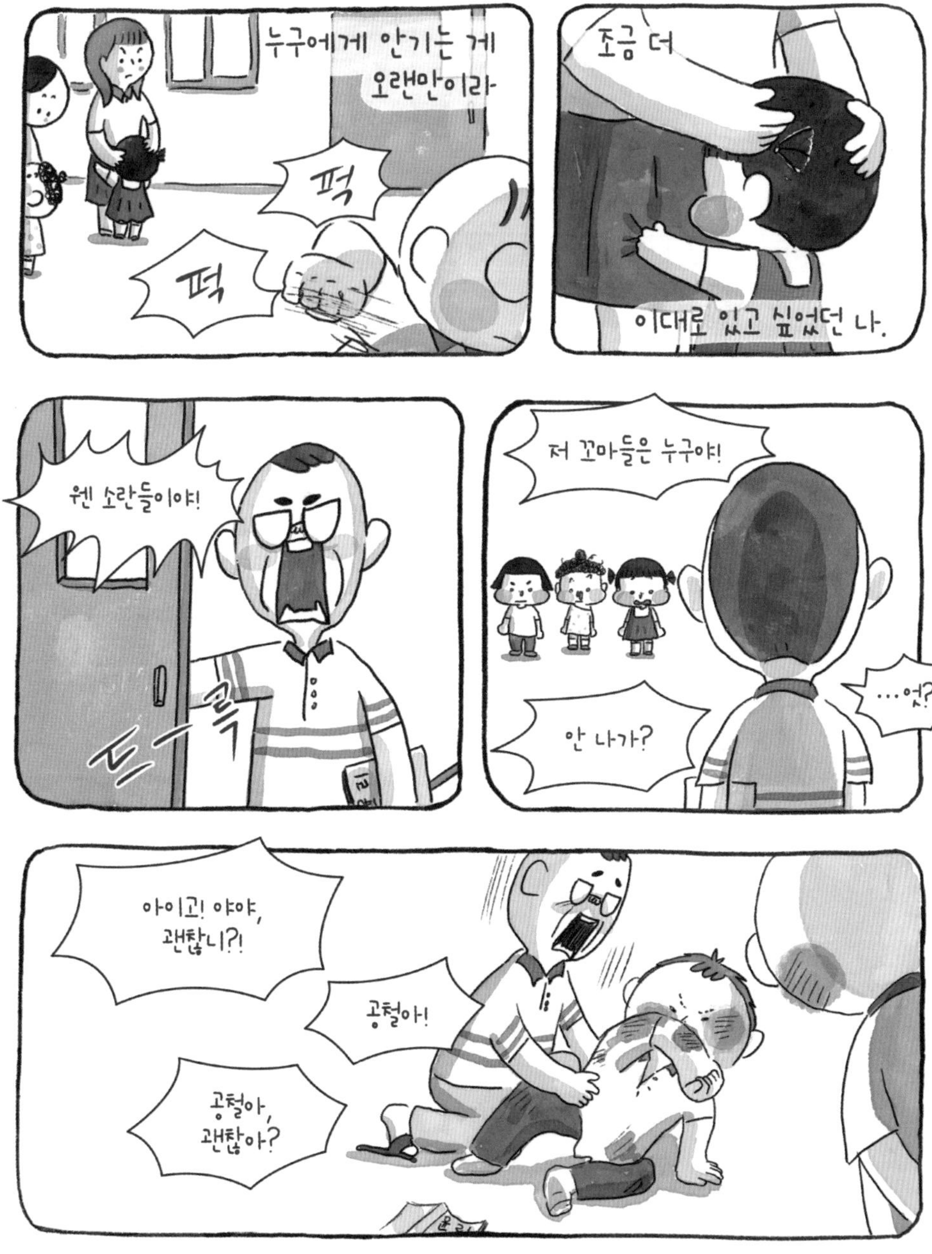
누구에게 안기는 게
오랜만이라
퍽
퍽
조금 더
이대로 있고 싶었던 나.
웬 소란들이야!
드—륵
저 꼬마들은 누구야!
안 나가?
…엇?!
아이고! 야야,
괜찮니?!
공철아!
공철아,
괜찮아?

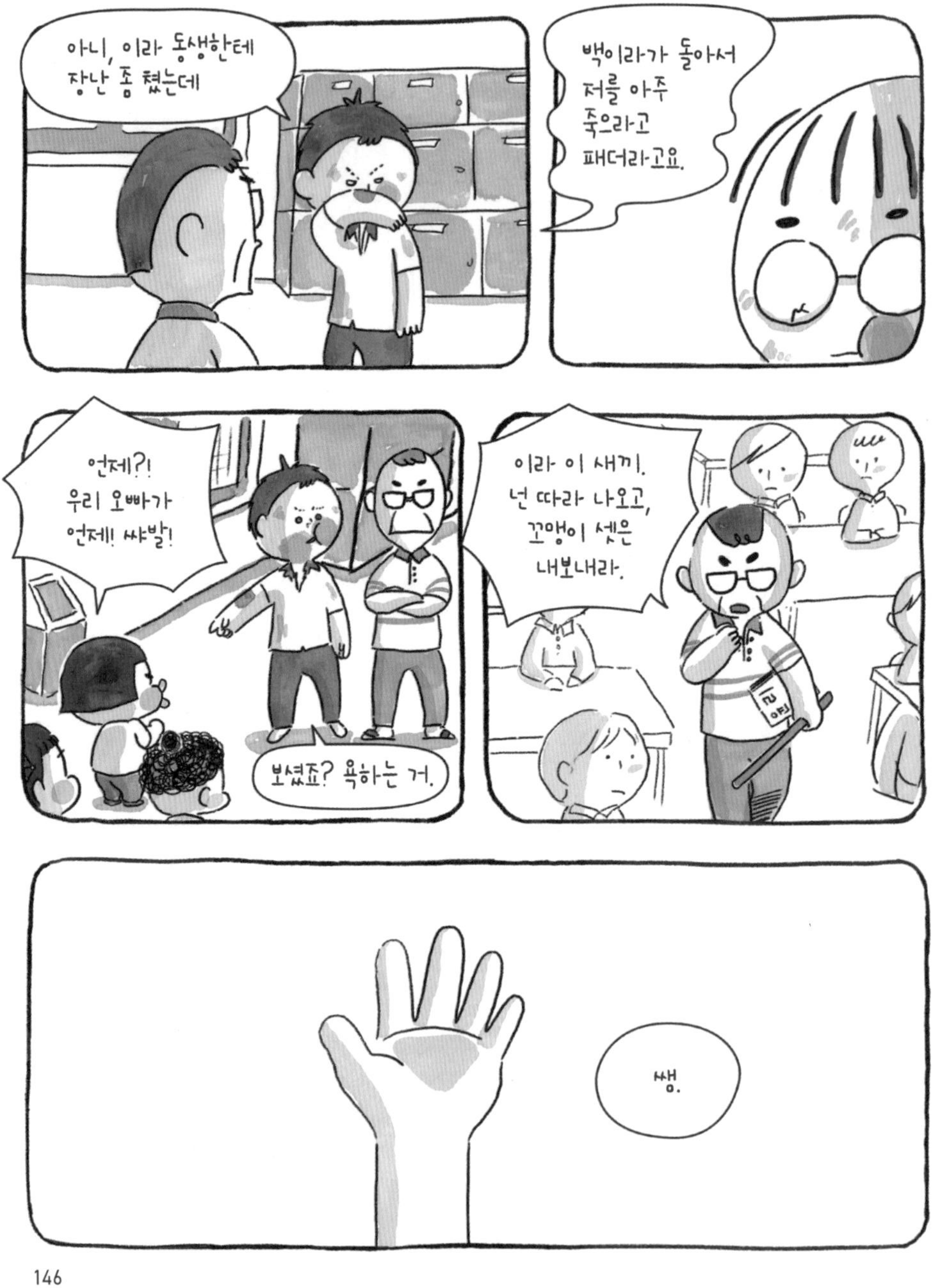
아니, 이라 동생한테
장난 좀 쳤는데
백이라가 돌아서
저를 아주
죽으라고
패더라고요.
언제?!
우리 오빠가
언제! 싸발!
보셨죠? 욕하는 거.
이라 이 새끼.
넌 따라 나오고,
꼬맹이 셋은
내보내라.
쌩.

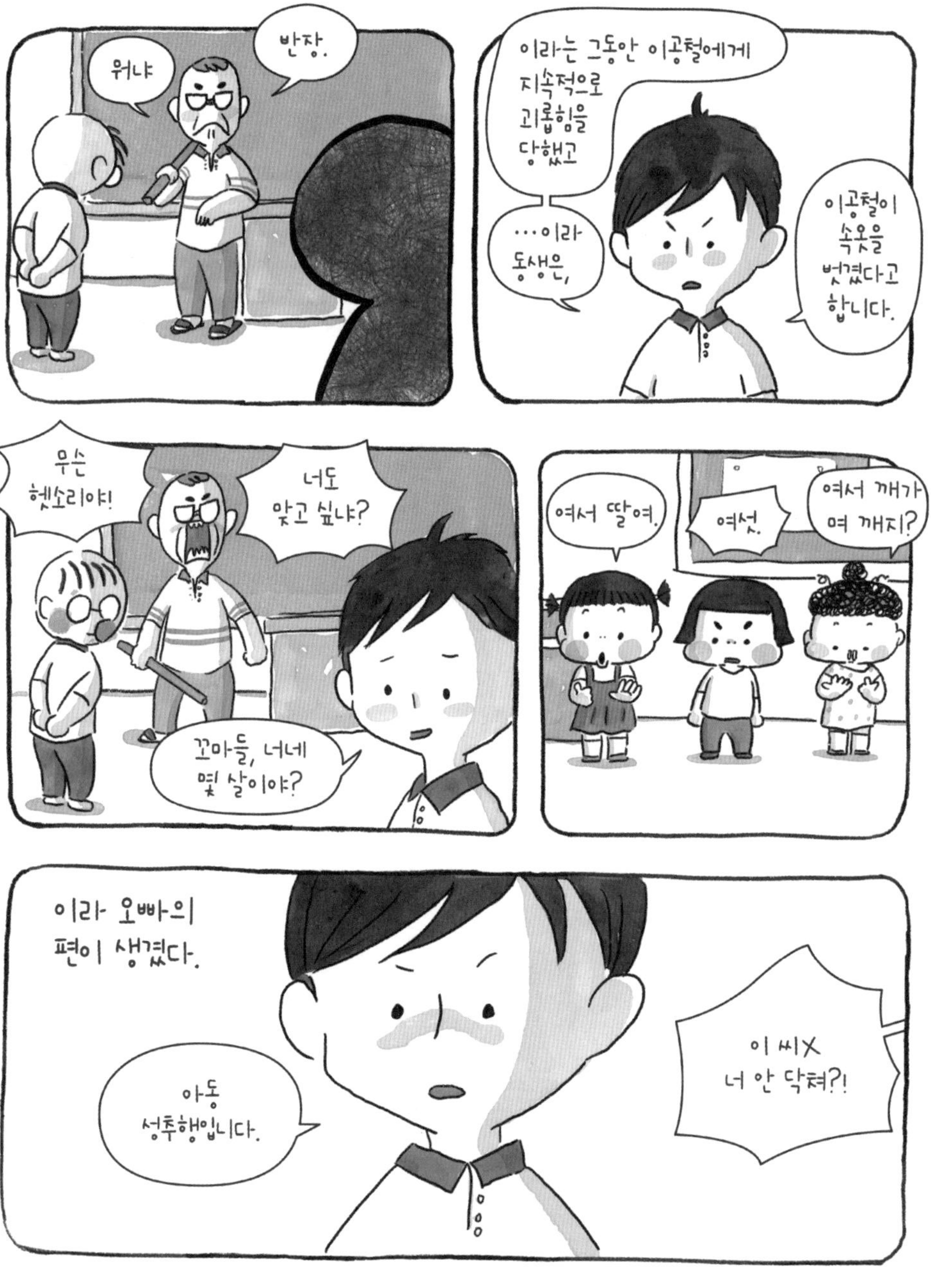
반장.
뭐냐
이라는 그동안 이공철에게 지속적으로 괴롭힘을 당했고
…이라 동생은,
이공철이 속옷을 벗겼다고 합니다.
무슨 헛소리야!
너도 맞고 싶냐?
꼬마들, 너네 몇 살이야?
여서 딸여.
여섯.
여서 깨가 며 깨지?
이라 오빠의 편이 생겼다.
아동 성추행입니다.
이 씨X 너 안 닥쳐?!

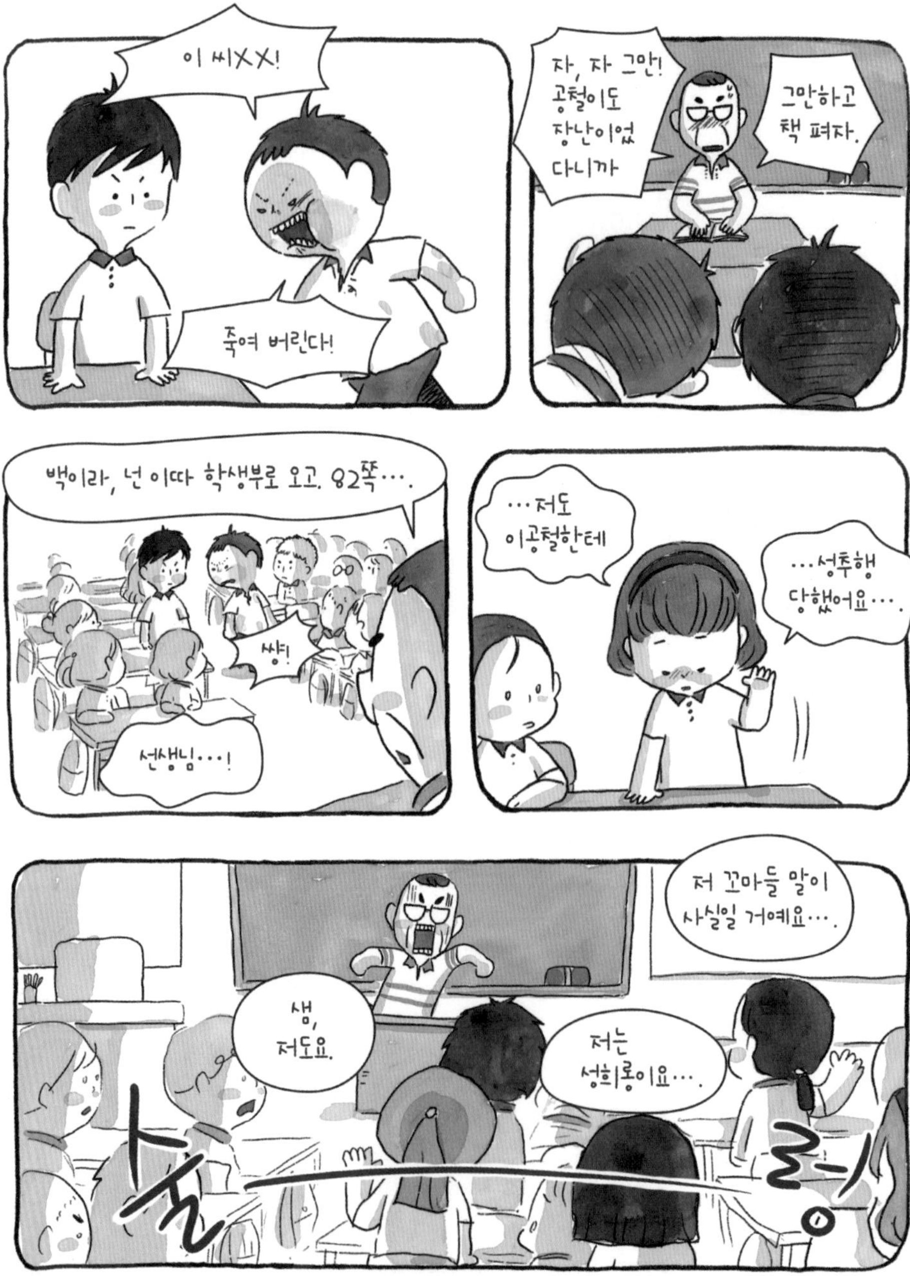
이 씨XX!
죽여 버린다!
자, 자 그만! 공철이도 장난이었다니까
그만하고 책 펴자.
백이라, 넌 이따 학생부로 오고. 82쪽….
쌩!
선생님…!
…저도 이공철한테
…성추행 당했어요….
저 꼬마들 말이 사실일 거예요….
샘, 저도요.
저는 성희롱이요….
술렁

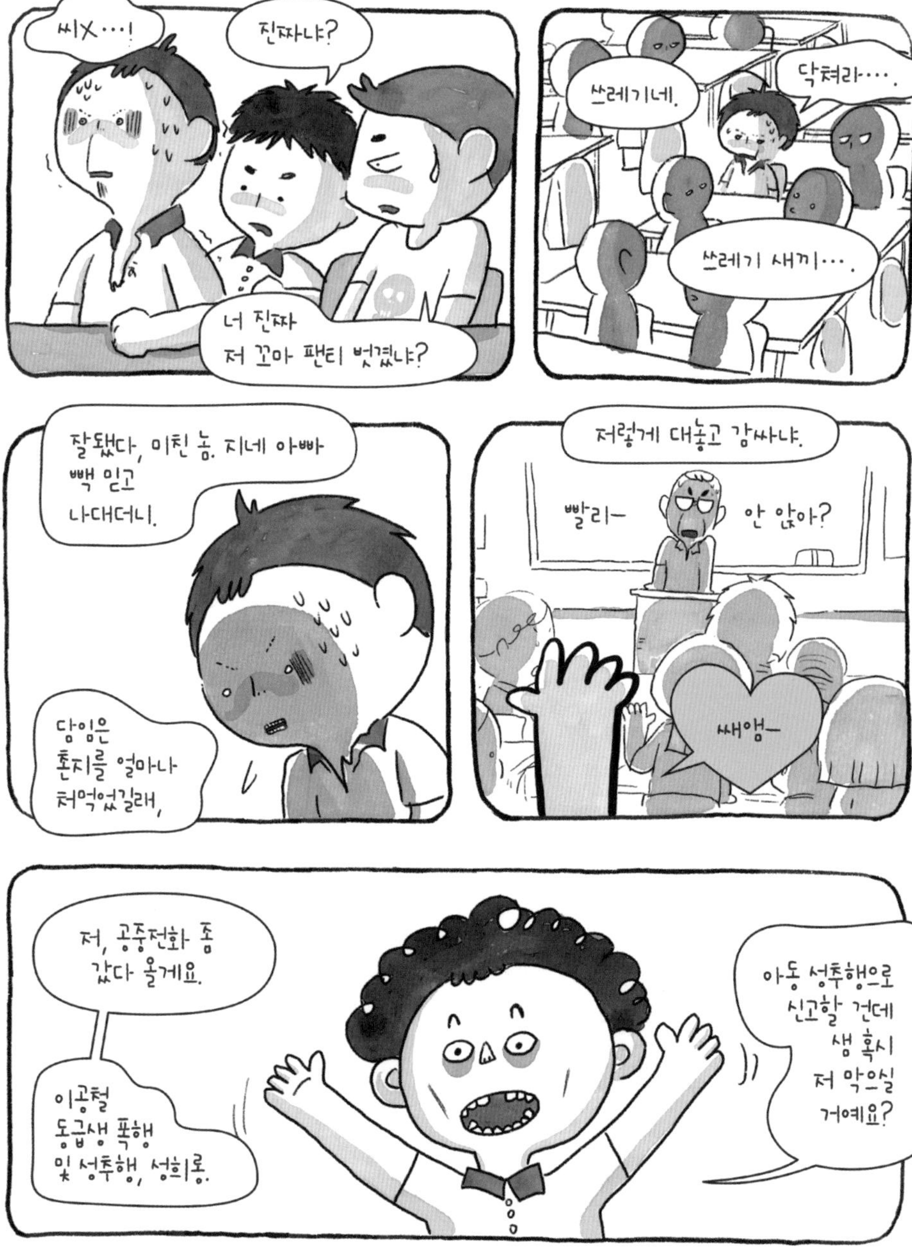
씨X…!
진짜냐?
너 진짜
저 꼬마 팬티 벗겼냐?
쓰레기네.
닥쳐라….
쓰레기 새끼….
잘됐다, 미친 놈. 지네 아빠
빽 믿고
나대더니.
담임은
촌지를 얼마나
처먹었길래,
저렇게 대놓고 감싸냐.
빨리—
안 앉아?
쌔앰—
저, 공중전화 좀
갔다 올게요.
이공철
동급생 폭행
및 성추행, 성희롱.
아동 성추행으로
신고할 건데
샘 혹시
저 막으실
거예요?

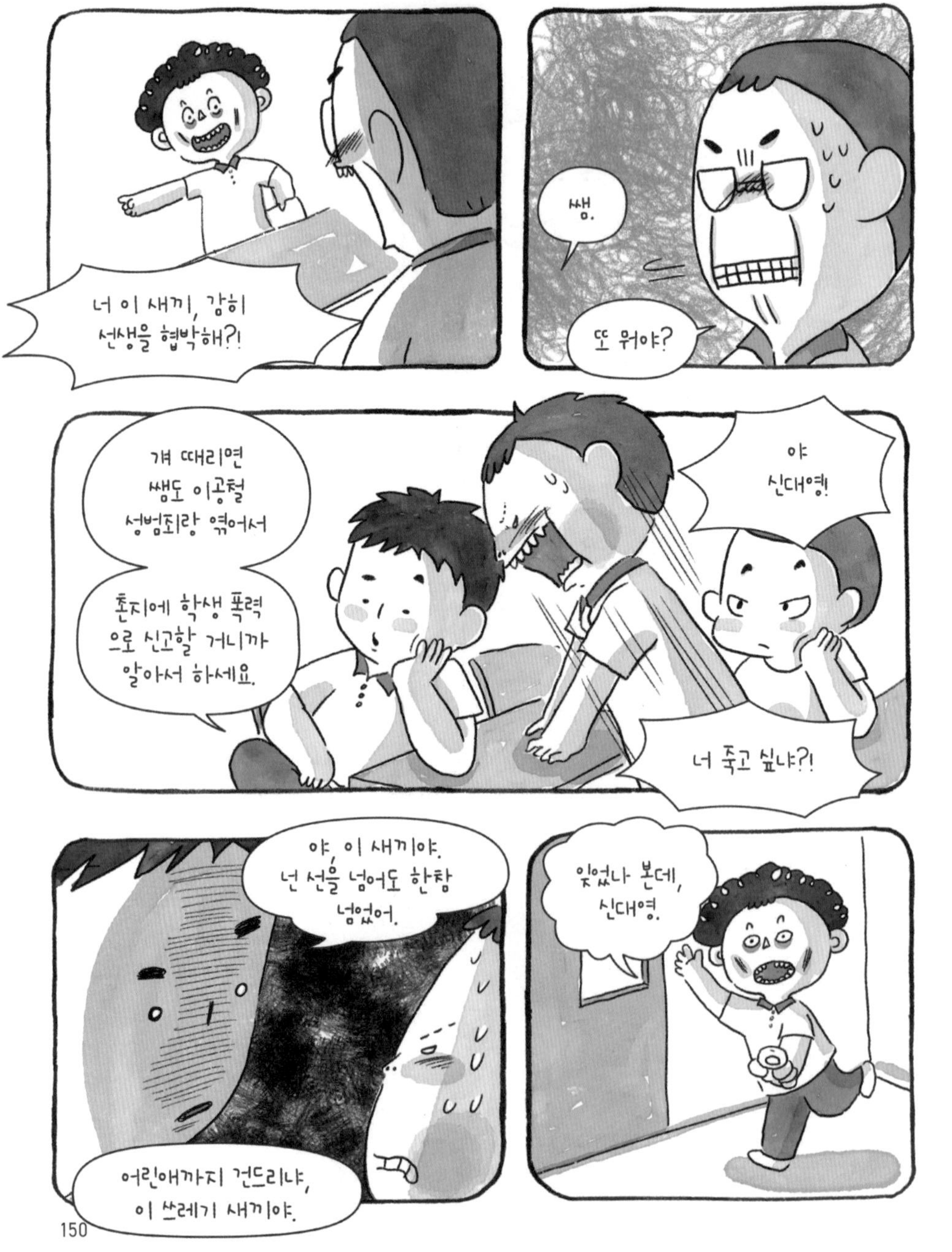
너 이 새끼, 감히 선생을 협박해?!
쌤.
또 뭐야?
걔 때리면 쌤도 이공철 성범죄랑 엮어서
촌지에 학생 폭력으로 신고할 거니까 알아서 하세요.
야 신대영!
너 죽고 싶냐?!
야, 이 새끼야. 넌 선을 넘어도 한참 넘었어.
어린애까지 건드리냐, 이 쓰레기 새끼야.
잊었나 본데, 신대영.

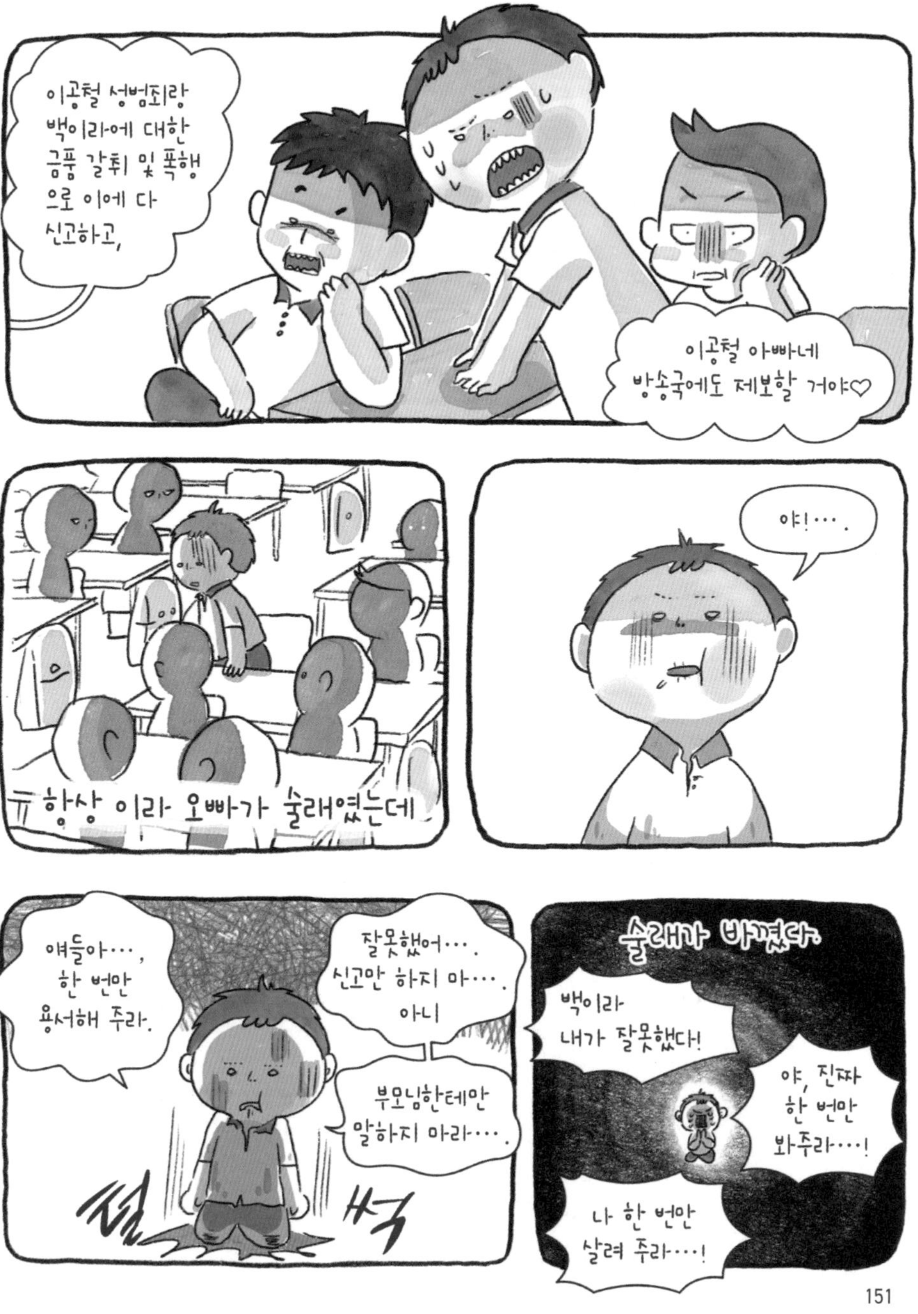
이공철 성범죄랑
백이라에 대한
금품 갈취 및 폭행
으로 이에 다
신고하고,
이공철 아빠네
방송국에도 제보할 거야♡
항상 이라 오빠가 술래였는데
야!···.
얘들아···,
한 번만
용서해 주라.
잘못했어···.
신고만 하지 마···.
아니
부모님한테만
말하지 마라···.
털
썩
술래가 바뀌었다.
백이라
내가 잘못했다!
야, 진짜
한 번만
봐주라···!
나 한 번만
살려 주라···!

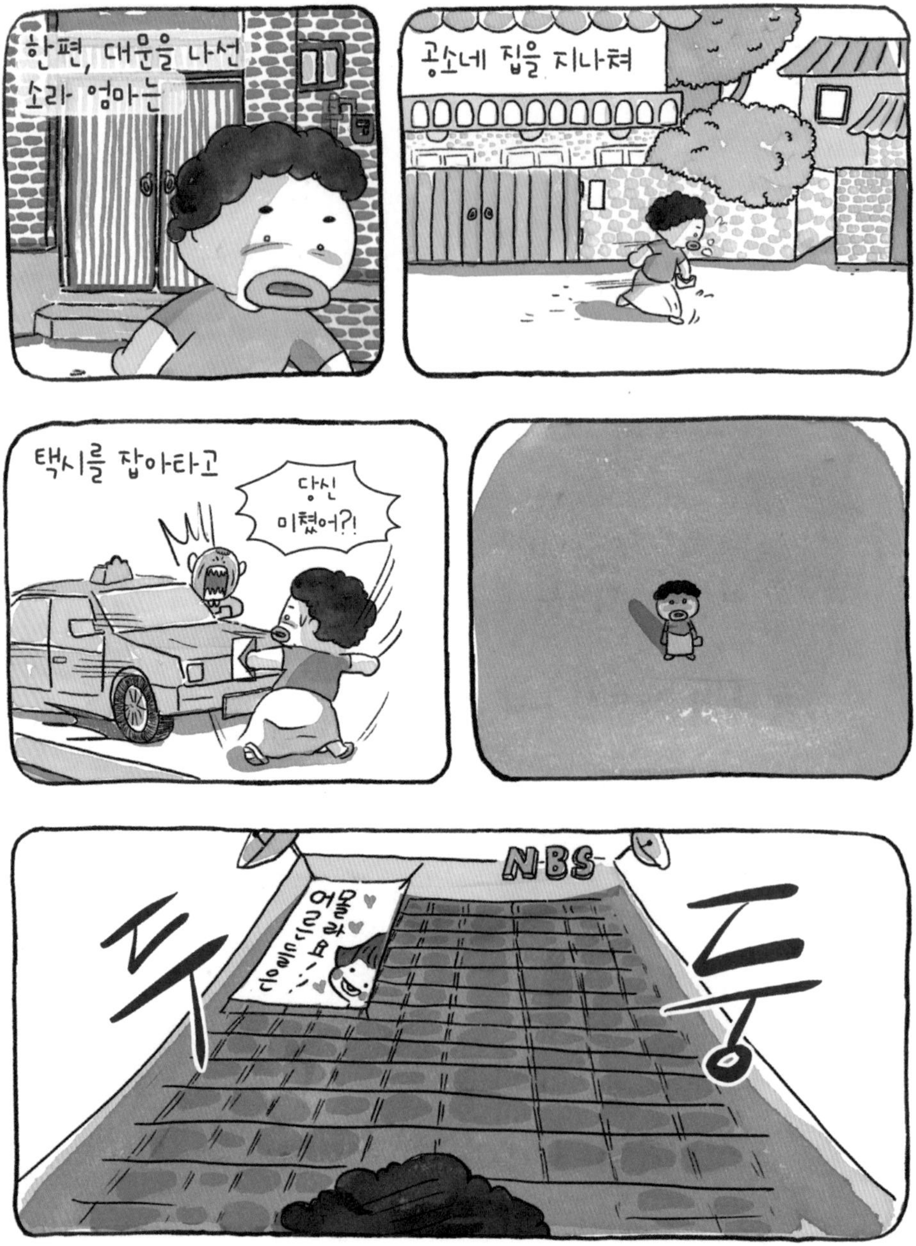
한편, 대문을 나선
소라 엄마는
공소네 집을 지나쳐
택시를 잡아타고
당신
미쳤어?!
NBS
두둥

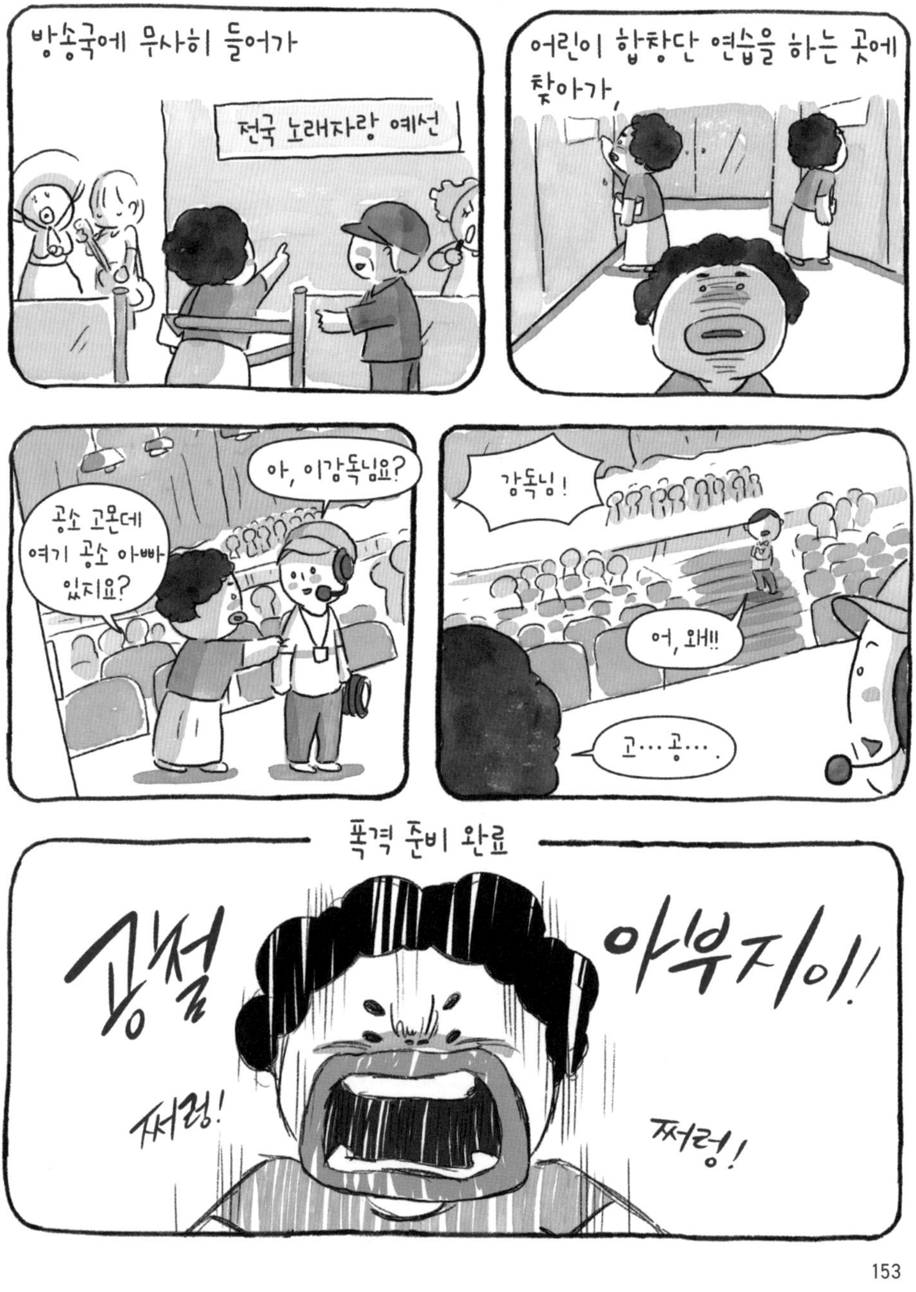
방송국에 무사히 들어가
전국 노래자랑 예선
어린이 합창단 연습을 하는 곳에 찾아가,
아, 이감독님요?
공소 고몬데
여기 공소 아빠 있지요?
감독님!
어, 왜!!
고…공….
폭격 준비 완료
공철 아부지이!
쩌렁!
쩌렁!

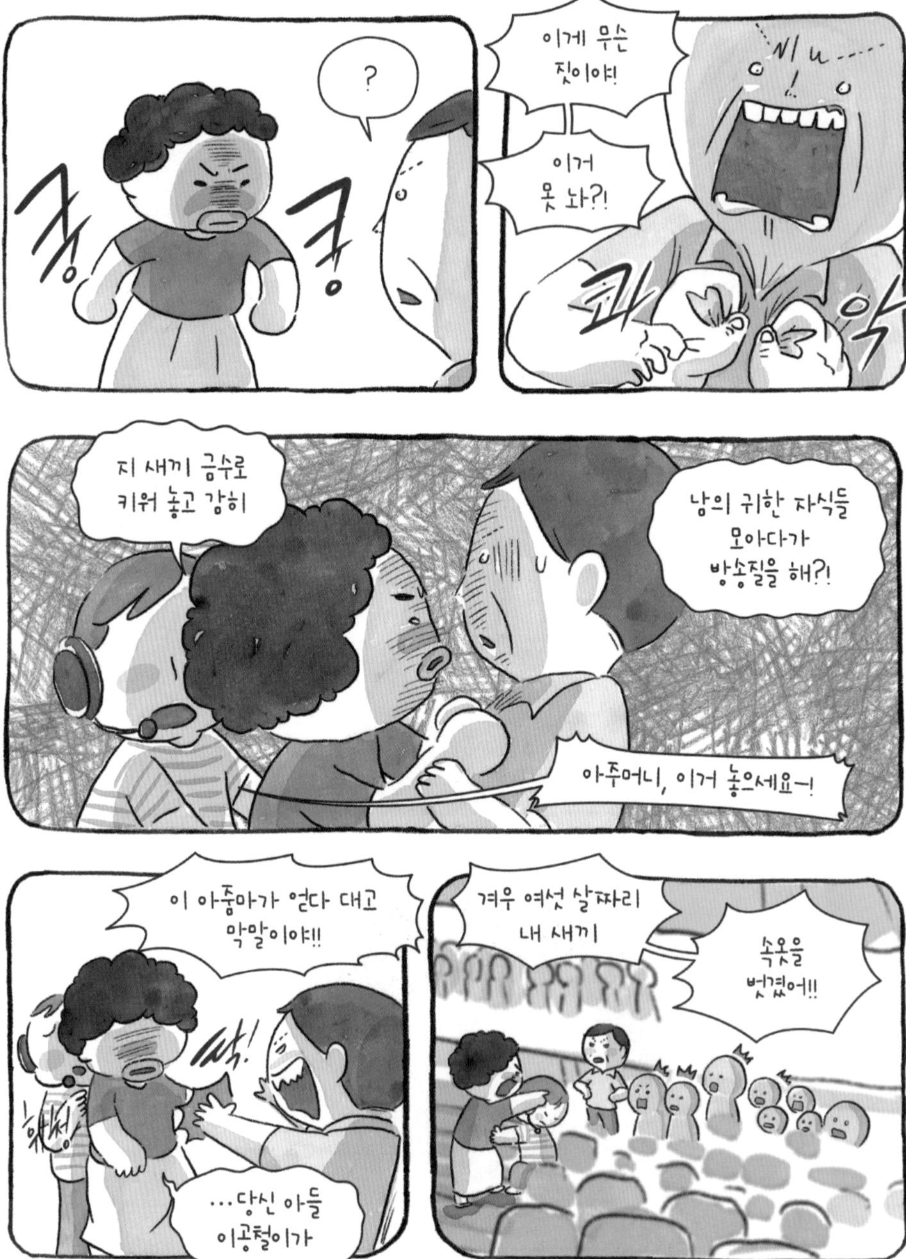
쿵
쿵
?
이게 무슨 짓이야!
이거 못 놔?!
콰악
지 새끼 금수로 키워 놓고 감히
남의 귀한 자식들 모아다가 방송질을 해?!
아주머니, 이거 놓으세요—!
이 아줌마가 얻다 대고 막말이야!!
싹!
휘청
…당신 아들 이공철이가
겨우 여섯 살짜리 내 새끼
속옷을 벗겼어!!

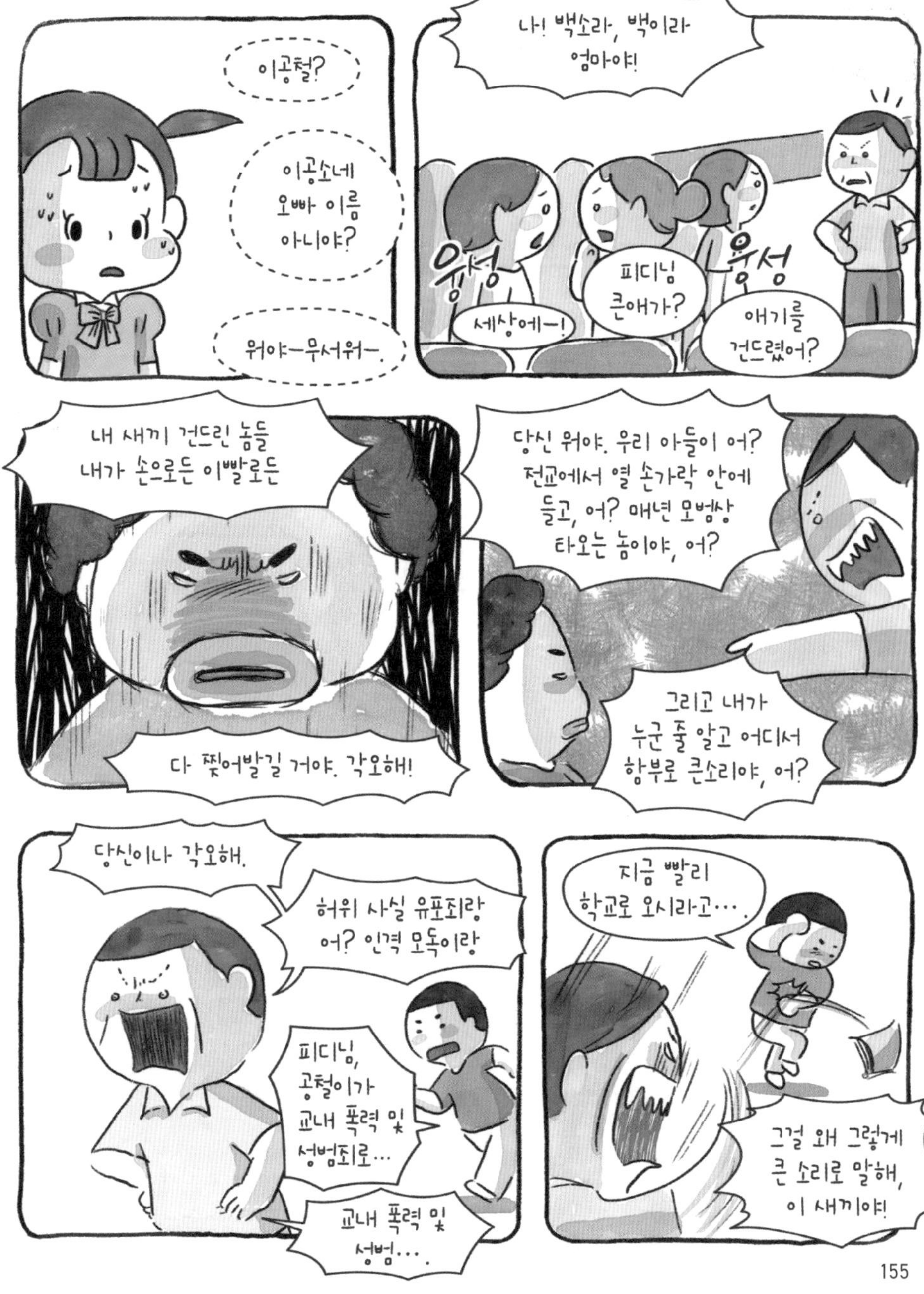
이공철?
이공소네 오빠 이름 아니야?
뭐야―무서워―.
나! 백소라, 백이라 엄마야!
웅성
세상에―!
피디님 큰애가?
웅성
애기를 건드렸어?
내 새끼 건드린 놈들 내가 손으로든 이빨로든
다 찢어발길 거야. 각오해!
당신 뭐야. 우리 아들이 어? 전교에서 열 손가락 안에 들고, 어? 매년 모범상 타오는 놈이야, 어?
그리고 내가 누군 줄 알고 어디서 함부로 큰소리야, 어?
당신이나 각오해.
허위 사실 유포죄랑 어? 인격 모독이랑
피디님, 공철이가 교내 폭력 및 성범죄로…
교내 폭력 및 성범….
지금 빨리 학교로 오시라고….
그걸 왜 그렇게 큰 소리로 말해, 이 새끼야!

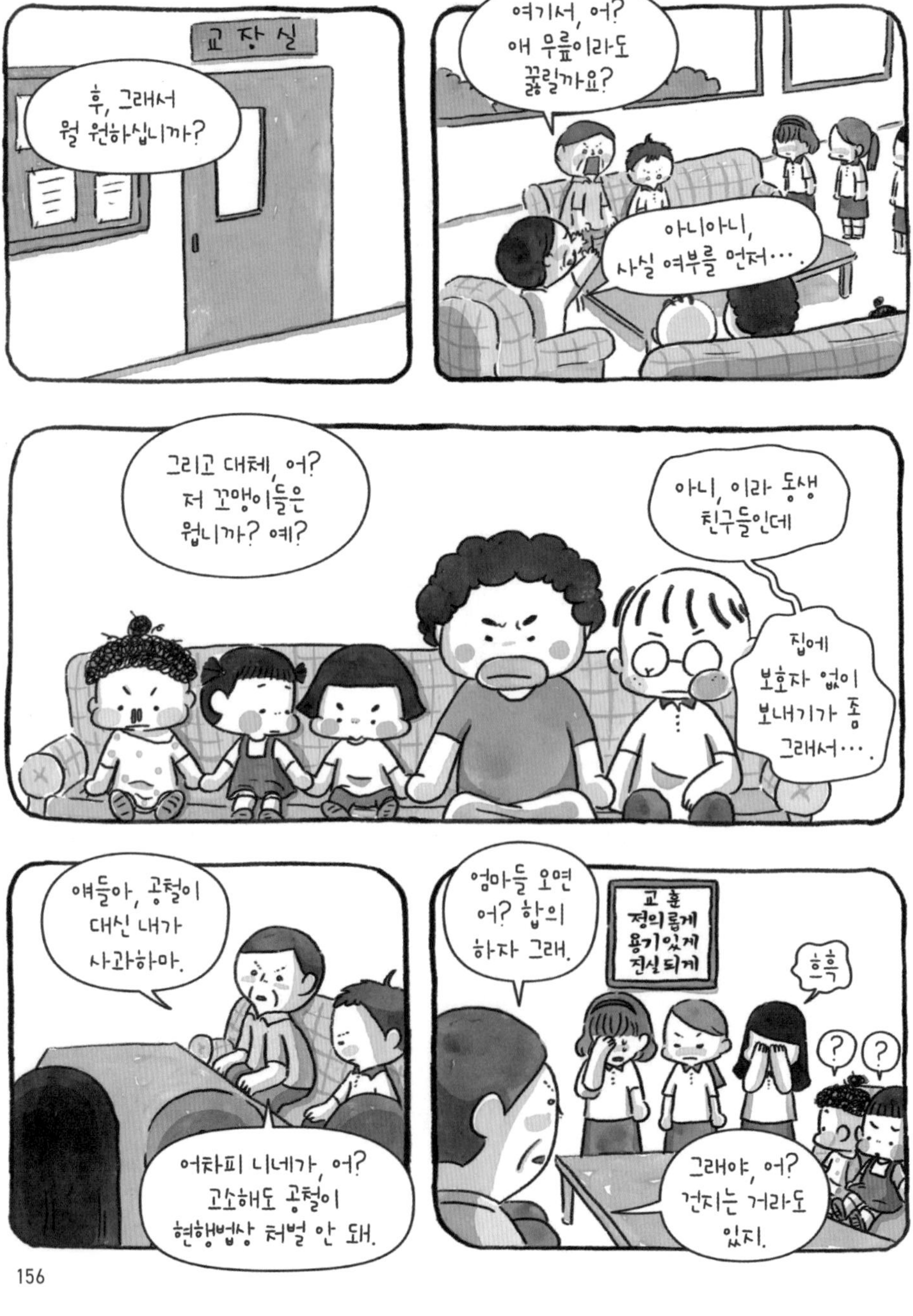
교장실
후, 그래서 뭘 원하십니까?
여기서, 어? 애 무릎이라도 꿇릴까요?
아니아니, 사실 여부를 먼저….
그리고 대체, 어? 저 꼬맹이들은 뭡니까? 예?
아니, 이라 동생 친구들인데
집에 보호자 없이 보내기가 좀 그래서….
얘들아, 공철이 대신 내가 사과하마.
어차피 니네가, 어? 고소해도 공철이 현행법상 처벌 안 돼.
엄마들 오면 어? 합의 하자 그래.
교훈 정의롭게 용기있게 진실되게
흑흑
?
?
그래야, 어? 건지는 거라도 있지.

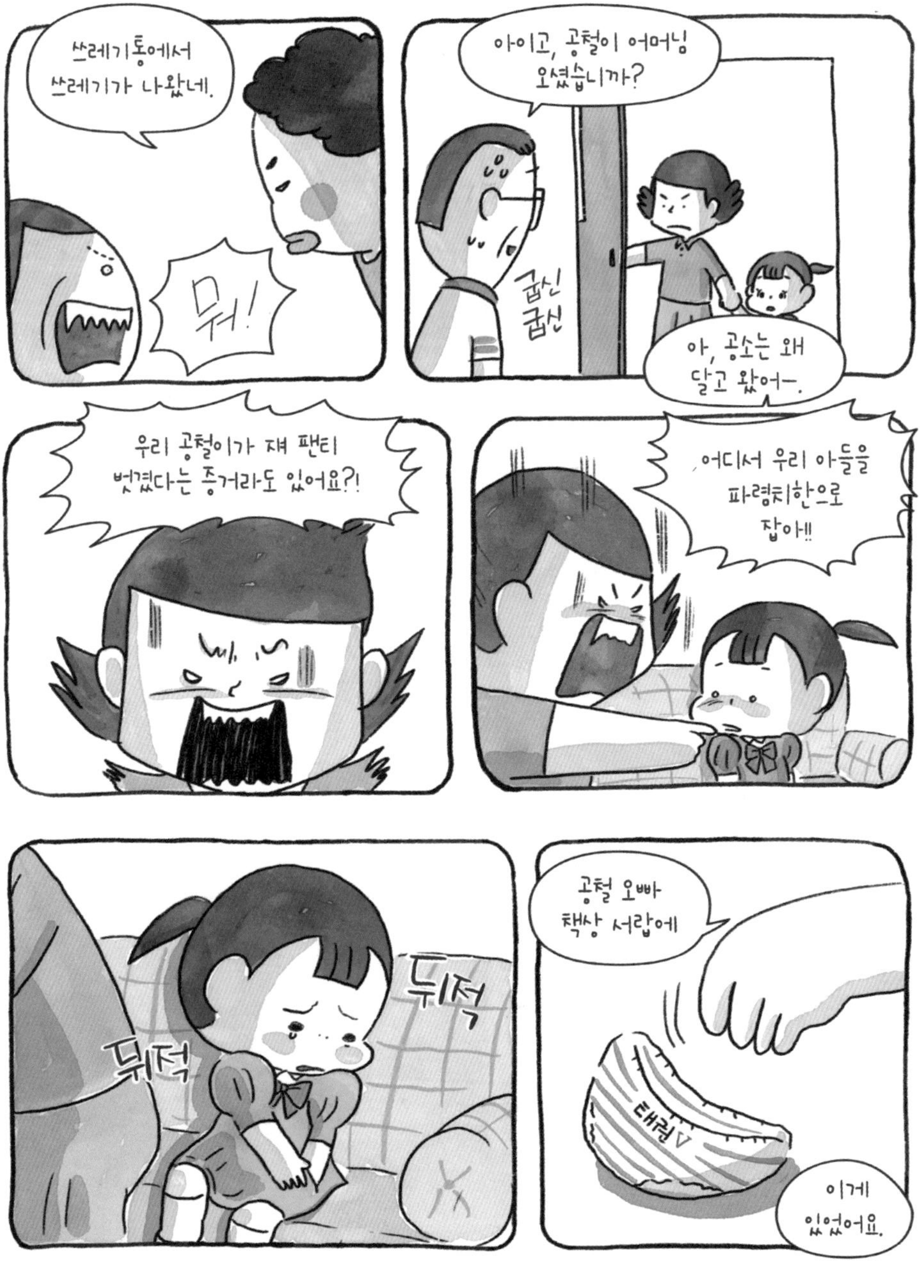
쓰레기통에서
쓰레기가 나왔네.
뭐!
아이고, 공철이 어머님
오셨습니까?
굽신
굽신
아, 공소는 왜
달고 왔어ー.
우리 공철이가 재 팬티
벗겼다는 증거라도 있어요?!
어디서 우리 아들을
파렴치한으로
잡아!!
뒤적
뒤적
공철 오빠
책상 서랍에
태권
이게
있었어요.

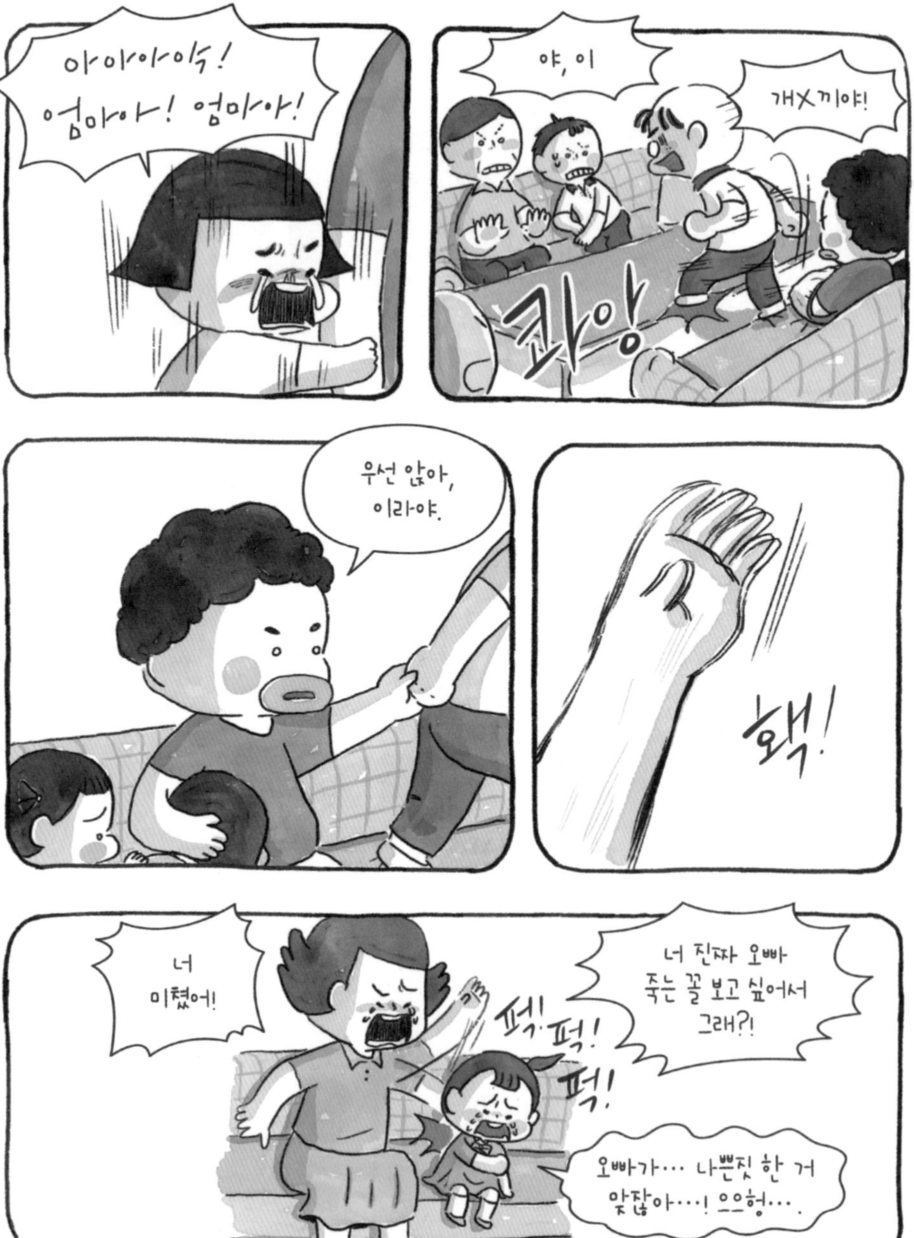
아아아아악! 엄마아! 엄마아!
야, 이
개X끼야!
콰앙
우선 앉아, 이라야.
홱!
너 미쳤어!
너 진짜 오빠 죽는 꼴 보고 싶어서 그래?!
퍽! 퍽! 퍽!
오빠가… 나쁜짓 한 거 맞잖아…! 으으헝….

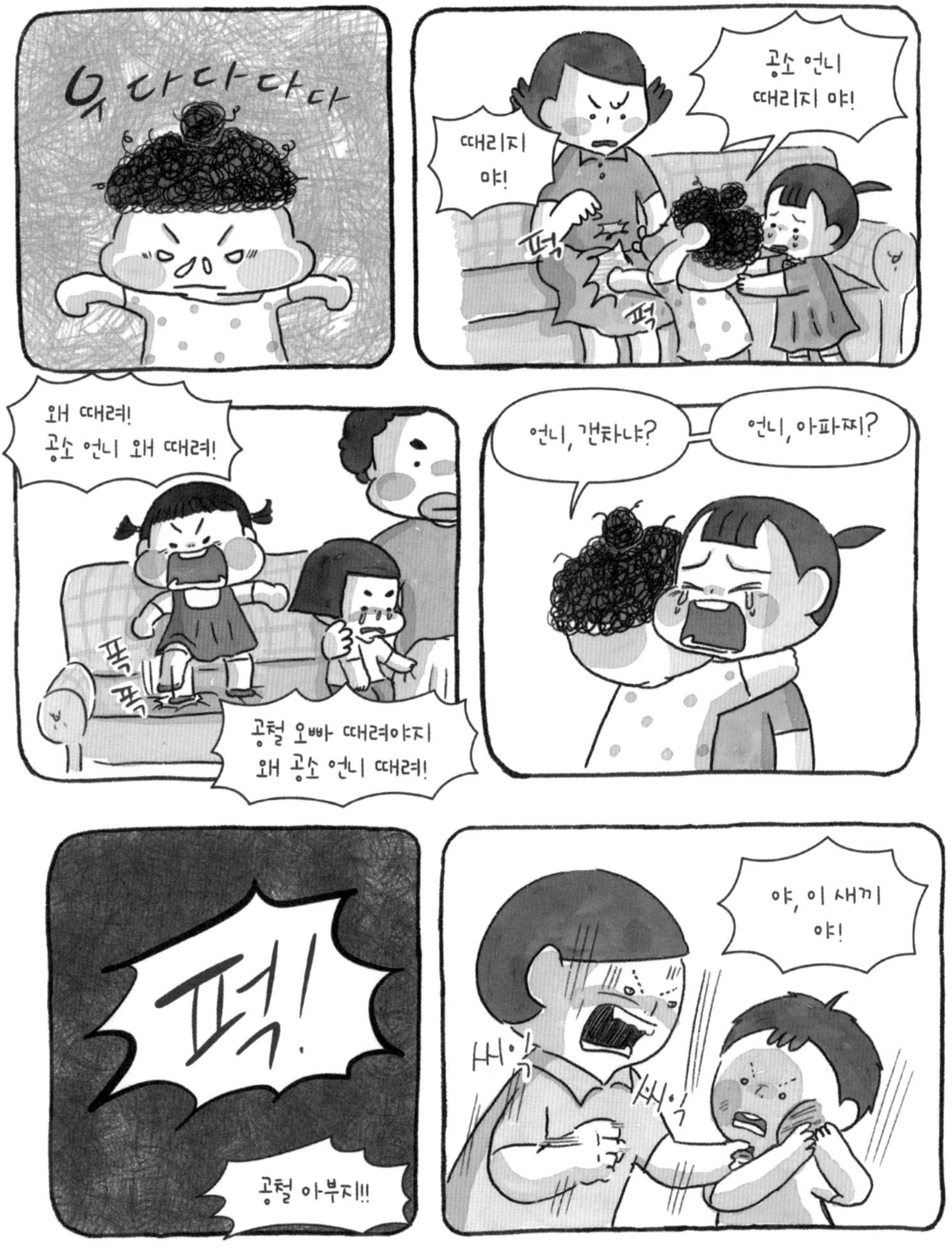
우다다다다다
때리지 야!
공소 언니 때리지 야!
퍽
퍽
왜 때려! 공소 언니 왜 때려!
퍽 퍽
공철 오빠 때려야지 왜 공소 언니 때려!
언니, 갠차냐?
언니, 아파찌?
퍽!
공철 아부지!!
야, 이 새끼 야!
씨익
씨익

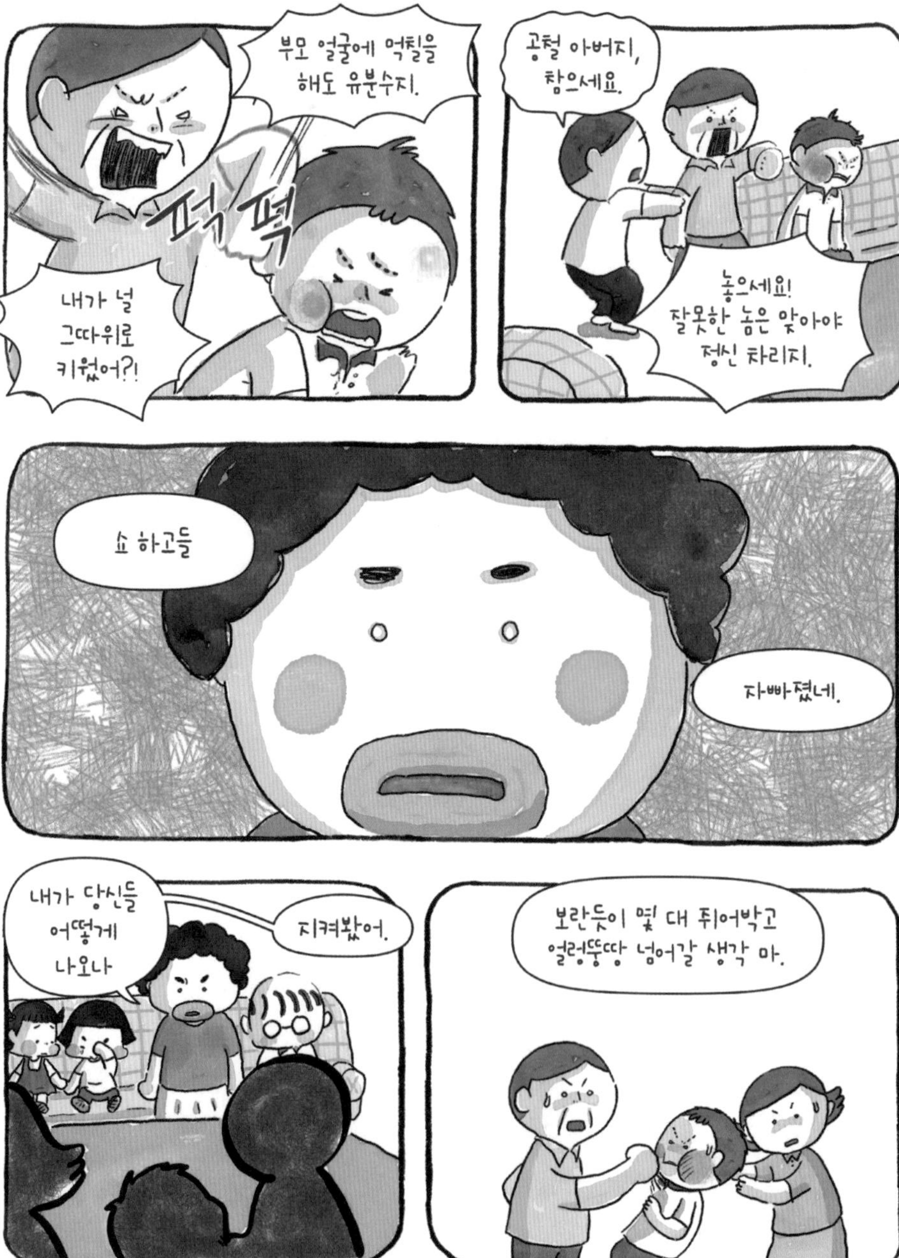
부모 얼굴에 먹칠을 해도 유분수지.
퍽 퍽
내가 널 그따위로 키웠어?!
공철 아버지, 참으세요.
놓으세요! 잘못한 놈은 맞아야 정신 차리지.
쇼 하고들
자빠졌네.
내가 당신들 어떻게 나오나
지켜봤어.
보란듯이 몇 대 쥐어박고 얼렁뚱땅 넘어갈 생각 마.

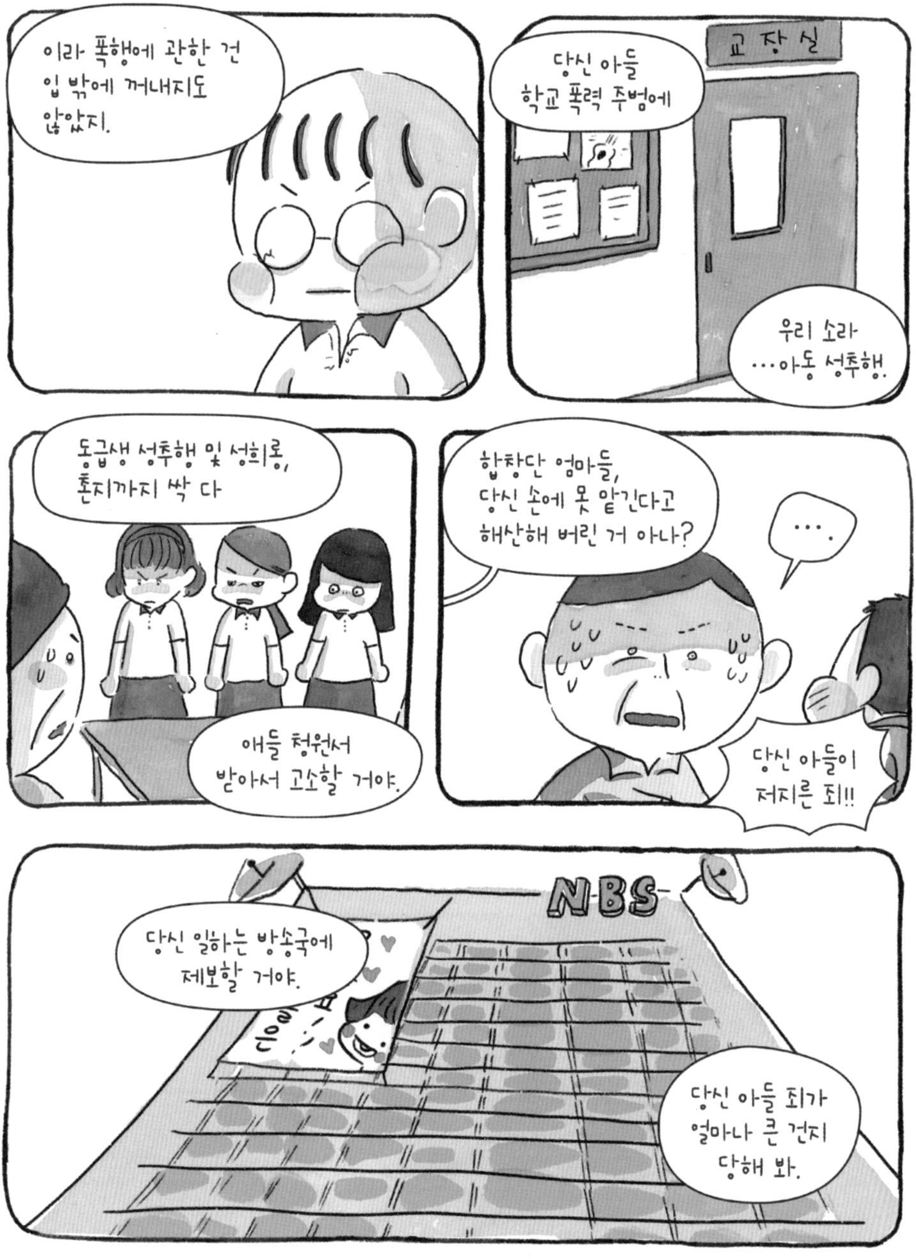
이라 폭행에 관한 건
입 밖에 꺼내지도
않았지.
교장실
당신 아들
학교 폭력 주범에
우리 소라
…아동 성추행.
동급생 성추행 및 성희롱,
촌지까지 싹 다
애들 청원서
받아서 고소할 거야.
합창단 엄마들,
당신 손에 못 맡긴다고
해산해 버린 거 아냐?
….
당신 아들이
저지른 죄!!
NBS
당신 일하는 방송국에
제보할 거야.
당신 아들 죄가
얼마나 큰 건지
당해 봐.

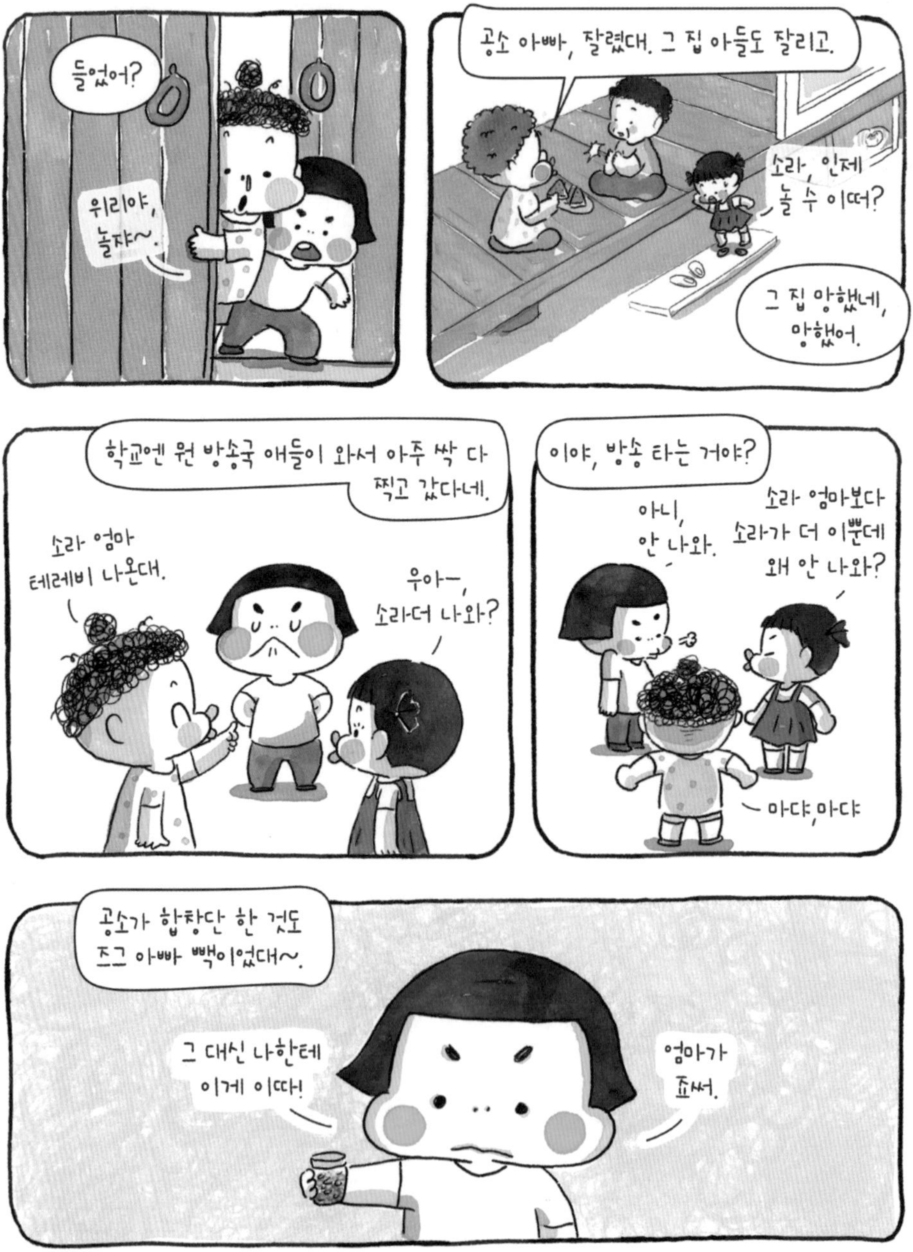
들었어?
위리야, 놀자~.
공소 아빠, 잘렸대. 그 집 아들도 잘리고.
소라, 인제 놀 수 이떠?
그 집 망했네, 망했어.
학교엔 뭔 방송국 애들이 와서 아주 싹 다 찍고 갔다네.
소라 엄마 테레비 나온대.
우아—, 소라더 나와?
이야, 방송 타는 거야?
아니, 안 나와.
소라 엄마보다 소라가 더 이뿐데 왜 안 나와?
마다,마다
공소가 합창단 한 것도 즈그 아빠 빽이었대~.
그 대신 나한테 이게 이따!
엄마가 죠써.

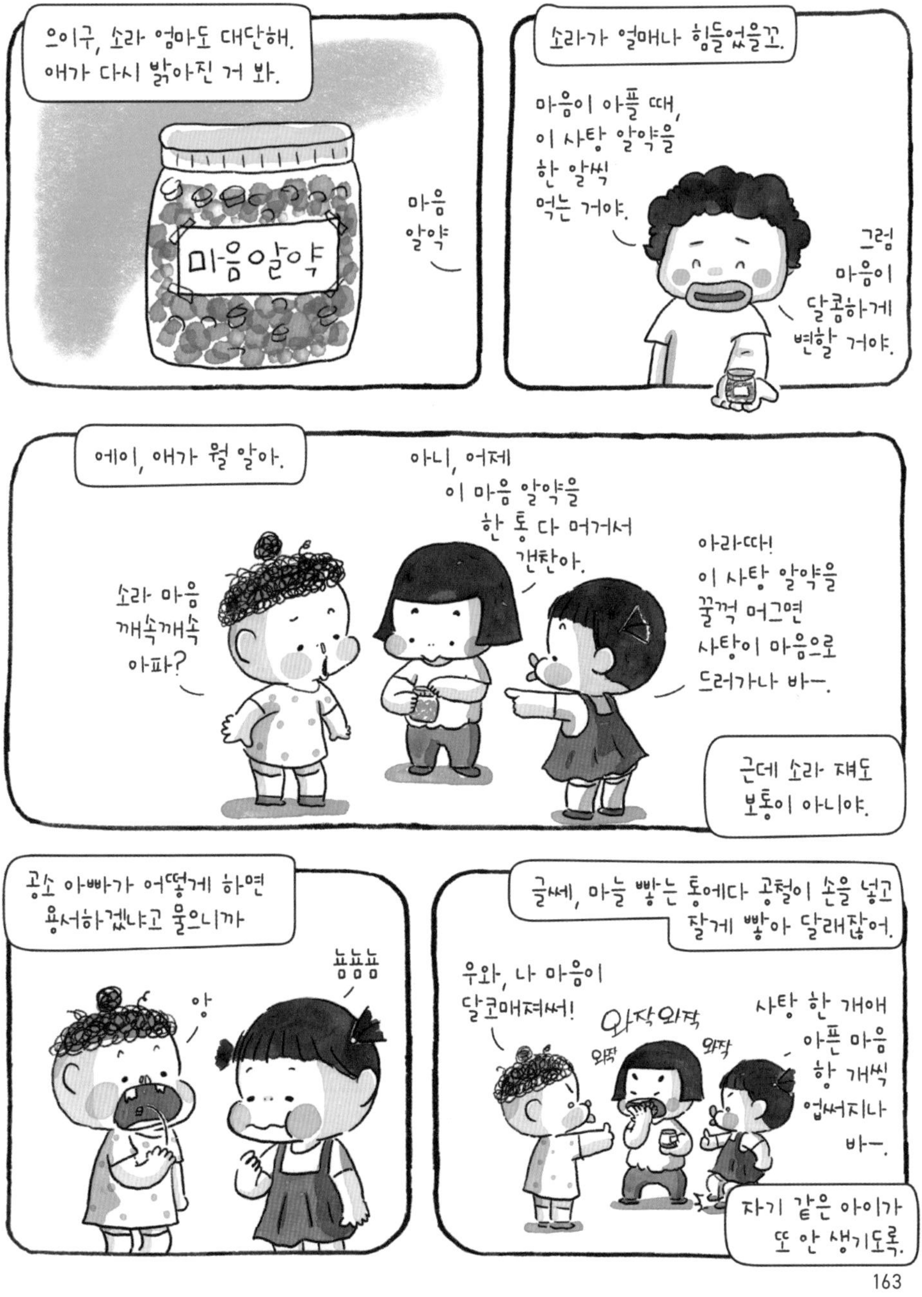

으이구, 소라 엄마도 대단해. 애가 다시 밝아진 거 봐.
마음알약
마음 알약
소라가 얼마나 힘들었을꼬.
마음이 아플 때, 이 사탕 알약을 한 알씩 먹는 거야.
그럼 마음이 달콤하게 변할 거야.
에이, 애가 뭘 알아.
소라 마음 깨속깨속 아파?
아니, 어제 이 마음 알약을 한 통 다 머거서 갠찬아.
아라따! 이 사탕 알약을 꿀꺽 머그면 사탕이 마음으로 드러가나 바ㅡ.
근데 소라 재도 보통이 아니야.
공소 아빠가 어떻게 하면 용서하겠냐고 물으니까
앙
뇸뇸뇸
글쎄, 마늘 빻는 통에다 공철이 손을 넣고 잘게 빻아 달래잖어.
우와, 나 마음이 달코매져써!
와작와작
와작
와작
사탕 한 개에 아픈 마음 항 개씩 업써지나 바ㅡ.
자기 같은 아이가 또 안 생기도록.

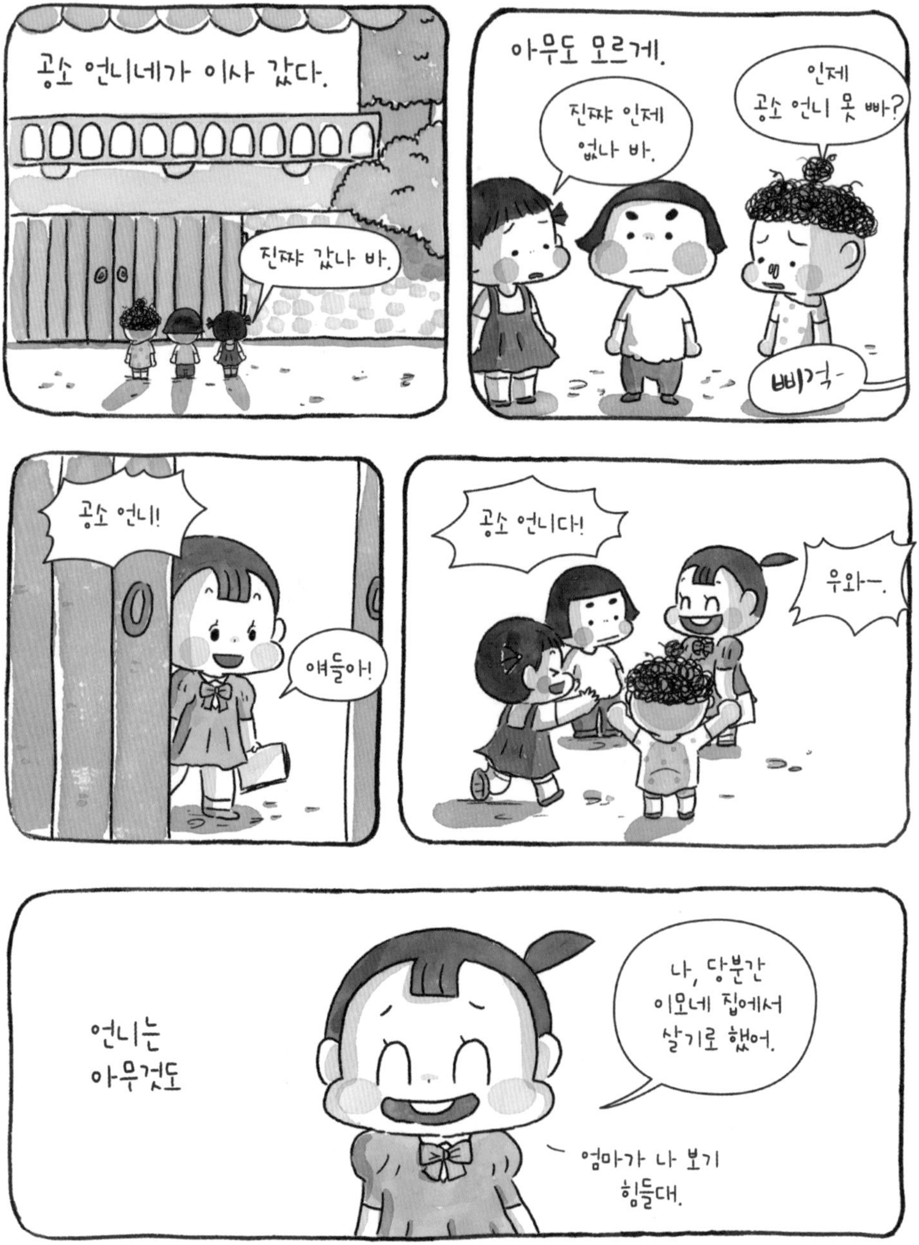

공소 언니네가 이사 갔다.
진짜 갔나 봐.
아무도 모르게.
진짜 인제 없나 봐.
인제 공소 언니 못 봐?
삐걱-
공소 언니!
얘들아!
공소 언니다!
우와-.
언니는 아무것도
나, 당분간 이모네 집에서 살기로 했어.
엄마가 나 보기 힘들대.

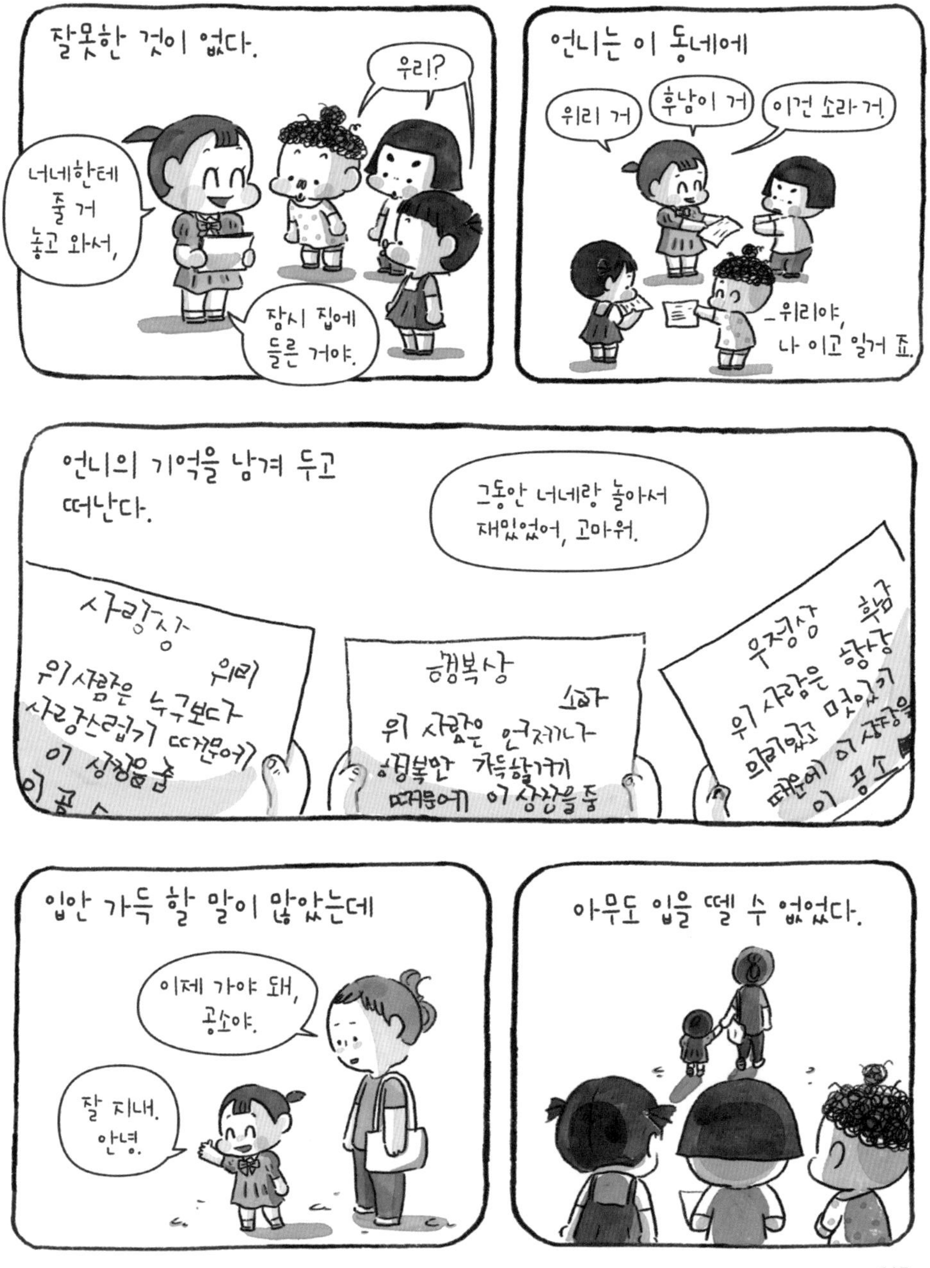

잘못한 것이 없다.
우리?
너네한테 줄 거 놓고 와서,
잠시 집에 들른 거야.
언니는 이 동네에
위리 거
후남이 거
이건 소라 거!
_위리야, 나 이고 일거 죠.
언니의 기억을 남겨 두고 떠난다.
그동안 너네랑 놀아서 재밌었어, 고마워.
사랑상
위리
위 사람은 누구보다 사랑스럽기 때문에 이 상장을 줌
이 공소
행복상
소라
위 사람은 언제나 행복만 가득하기 때문에 이 상장을 줌
우정상 후남
위 사람은 항상 의리있고 멋있기 때문에 이 상장을
이 공소
입안 가득 할 말이 많았는데
이제 가야 돼, 공소야.
잘 지내. 안녕.
아무도 입을 뗄 수 없었다.

작가의 말

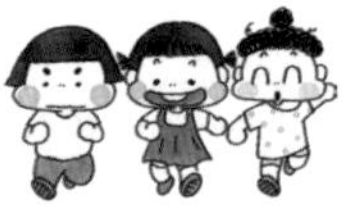

나는 사춘기가 없었습니다.

다른 사람에게 반항하는 대신 늘 나에게 반항했으니까요. 나는 내가 너무도 싫었고 언젠가는 자존감 낮고 불행한 나 자신에게서 벗어날 거라고 다짐했었습니다.

시간이 흘러 나는 어른이 되었습니다. 내가 어떤 사람인지, 무엇을 하고 싶어 하는지는 중요하지 않았습니다. 다른 사람들이 나를 어떤 사람으로 보는지가 더 중요했습니다. 타인에게 사랑받는 사람이 되기 위해 나의 진짜 모습을 숨기기도 했습니다.

삼십 대, 그제야 늦은 사춘기가 찾아왔습니다. 타인의 작은 말에도 상처받고, 조그만 실수에도 나를 탓하는 내가 가엾기도 하고 화가 나기도 했습니다. 왜 그렇게 나를 탓하고 괴로워할까를 고민했습니다. 끊임없이 고민한 끝에 결국 어릴 적 부모와 분리되면서 받은 상처가 여전히 영향을 미치고 있다는 사실을 깨달았습니다. 어렸을 때처럼 작은 돌에도 큰 상처를 입어 가며 늘 나 자신을 탓해 온 것입니다.

세상과 단절한 채 괴로워하던 어느 날, 꿈을 꾸었습니다. 골목길을 혼자 쓸쓸히 걸어가고 있는 어린아이의 뒷모습이 보였습니다. 나는 그 아이를 보자마자 알았습니다. 바로 어린 시절의 나라는 것을요. 아이는 정말 외로워 보였습니다. 목청껏 아이를 불러 보았지만 목소리가 나오지 않았습니다. 그렇게 아이는 멀어져 갔습니다.

꿈에서 본 그 아이를, 나는 그동안 한 번도 사랑해 주지 않았습니다. 너무 늦지 않기를 바라며 다짐했습니다. 이제 늘 외면하고 미워했던 나, 잊고 싶어 했던 나의 어린 시절을 사랑하고 위로해 주자. 그러면서 무작정 첫 기억을 만화로 그리기 시작했습니다. 그것이 이 만화, 「위리 이야기」의 첫 페이지가 되었습니다. (「위리 이야기」의 첫 부분은 제 이야기로 시작되었지만, 후남이와 소라 캐릭터가 나오는 곳부터는 대부분이 픽션입니다.)

'위리'라는 이름의 뜻은 'we+우리'입니다. 위리가 어른들의 마음속에 자리한 '상처받은 어린아이'라고 생각해서 붙인 이름입니다. 나만 위리가 아니라는 것을 말하고 싶었습니다. 세상에 상처받은 많은 위리와 만나고, 그들이 겪었을 법한 아픔을 폭넓게 그리고 싶고, 수많은 위리들이 어린 시절의 상처를 잘 이겨 낼 수 있도록 작은 힘을 보태고 싶었습니다.

제가 그러고 있듯, 위리를 만난 여러분들도 마음속 아이를 보듬어 줄 수 있으면 좋겠습니다.

2023년 8월

모로

위리 이야기 1

초판 1쇄 펴낸날 2023년 9월 22일

지은이 모로
펴낸이 홍지연

편집 고영완 전희선 조어진 이수진
디자인 권수아 박태연 박해연 정든해
마케팅 강점원 최은 신종연 김신애
경영지원 정상희 여주현

펴낸곳 ㈜우리학교
출판등록 제313-2009-26호(2009년 1월 5일)
주소 04029 서울시 마포구 동교로12안길 8
전화 02-6012-6094
팩스 02-6012-6092
홈페이지 www.woorischool.co.kr
이메일 woorischool@naver.com

ISBN 979-11-6755-224-2 03650

• 책값은 뒤표지에 적혀 있습니다.
• 잘못된 책은 구입한 곳에서 바꾸어 드립니다.

만든 사람들
편집 고영완
디자인 권수아